# IMPRESSIONS

TOME LIII.

# NOTA.

Deux tables, rédigées au bureau des procès-verbaux, sont jointes au tome LIII des impressions de l'Assemblée nationale.

# ASSEMBLÉE NATIONALE

ANNÉE 1874

# IMPRESSIONS

## PROJETS DE LOIS, PROPOSITIONS, RAPPORTS, ETC.

TOME LIII

NUMÉROS 2446 A 2510

VERSAILLES

CERF ET FILS, IMPRIMEURS DE L'ASSEMBLÉE NATIONALE

59, RUE DU PLESSIS, 59

1874

—

# ASSEMBLÉE NATIONALE

ANNÉE 1874.

Annexe au procès-verbal de la séance du 9 juin 1874,

# RAPPORT

FAIT

AU NOM DE LA COMMISSION * CHARGÉE D'EXAMINER LA PROPOSI-
TION DE LOI DE M. THÉOPHILE ROUSSEL, RELATIVE *à la
protection des enfants du premier âge, et en particulier
des nourrissons,*

PAR M. THÉOPHILE ROUSSEL,

Membre de l'Assemblée nationale.

—

## I

Le dénombrement de la population française en 1872, au lendemain d'un traité qui nous a enlevé 1.600.000 âmes (1), a constaté, dans les limites de notre territoire actuel, une diminution de 370.000 habitants sur les chiffres du précédent recensement. Jamais la statistique n'avait accusé un recul aussi frappant de notre population. La remarque en devait

*De la mortalité des enfants du premier âge dans ses rapports avec le mouvement de la population française.*

---

* Cette Commission est composée de MM. Schœlcher, *président*; Théophile Roussel, *secrétaire* et *rapporteur*; comte Rampon, Bouisson, Bamberger, Labélonye, Soye, de Tillancourt, de Chabrol, comte de Melun, Houssard, marquis de Gouvello, Morvan, Charton (Yonne), Amat.

(Voir les nᵒˢ 1707-1856.)

(1) 1,597,238 habitants, d'après le recensement de 1866, dans les territoires français annexés à l'Allemagne en vertu du traité de Francfort.

être d'autant plus pénible qu'en étudiant les précédents, on a cru y reconnaître l'aggravation de faits antérieurement constatés qui semblent former un mouvement soutenu, progressif pour lequel on a créé l'expression de *dépopulation de la France*. (1)

Les révélations et les plaintes, si multipliées dans ces dernières années, sur la mortalité excessive des enfants en bas-âge et en particulier des nourrissons, devaient, dans cette situation, éveiller un intérêt plus vivement senti. Ainsi s'explique la faveur unanime avec laquelle les bureaux de l'Assemblée ont accueilli la proposition de loi relative à la protection du premier âge. L'Assemblée y a vu, en même temps qu'une question d'humanité, une question d'Etat digne d'un examen sérieux.

S'il nous appartenait de traiter cette question dans ses rapports avec l'avenir de nos forces nationales (préoccupation forcée tant que le nombre (2) des soldats décidera de la destinée des nations) nous aurions à insister sur un autre fait non moins grave et qui n'échappe pas autant qu'on le pense (3) à l'action du législateur : la diminution des naissances. Mais il nous appartient seulement de noter, au début de ce rapport que, dans les vicissitudes de notre population accusées par la statistique, la diminution du nombre des mariages et la diminution de la fécondité dans les mariages, exercent

---

(1) La population totale de la France en 1866, était de 38,067,094 habitants : environ 2 millions d'âmes de plus qu'aujourd'hui. En 1866, la population de la France *actuelle* était de 36,469,866 habitants. Elle n'était plus en 1872 que de 36.102,921. On a calculé que la force ascentionnelle qui a augmenté la population française de près de 10 millions d'âmes depuis le commencement de ce siècle, s'exprimait d'abord par une augmentation annuelle de près de 200,000 âmes. Au milieu des splendeurs du second empire cette force était réduite de plus de moitié. Après nos désastres l'équilibre lui-même a semblé rompu. Il ressort, d'autre part, des recherches de M. de Watteville que de 1826 à 1853, la population avait augmenté de 1/8 ; mais dans ces 28 ars les naissances avaient diminué de 1/6 : donc l'augmentation de la population était déjà plus apparente que réelle et tenait principalement à la diminution des décès.

(2) M. Bertillon a constaté que l'accroissement de la population française est de 2 à 3 par 1,000 et par an, tandis que celui des nations anglo-saxonnes de la Prusse et de l'Angleterre est de 8 à 12, sans compter leur formidable émigration annuelle.

(3) Il n'est pas douteux, par exemple, que notre loi de recrutement, en contribuant à retarder plus que ne le fait la loi allemande, l'époque des mariages, influe sensiblement sur la natalité en France.

au moins autant d'influence que la mortalité excessive de la première enfance.

Réduite à ses proportions vraies, cette dernière question justifie encore l'émotion produite par l'affligeante série de chiffres que nous avons résumés dans l'*Exposé des motifs* de la proposition de loi présentée à l'Assemblée le 24 mars 1873.

L'un des médecins qui, les premiers, ont fait appel à l'opinion, avançait (1), en 1866, que, « sans compter les enfants assistés, cent mille nourrissons meurent annuellement en France, de faim, de misère, faute de soins, faute de surveillance. » L'Académie des Sciences a couronné l'écrit dans lequel cette accusation est portée contre notre société. Bientôt après, M. Félix Boudet renouvelait cette accusation en déclarant, devant l'Académie de Médecine, que la France perd tous les ans, par sa faute, cent vingt mille enfants du premier âge (de 0 à 1 an).

Le premier âge de la vie donne partout une proportion considérable de décès. Un statisticien éminent a donné à ce fait une expression saisissante en disant « qu'un enfant qui naît a moins de chances qu'un homme de 90 ans de vivre une semaine et moins de chances qu'un octogénaire de vivre un an. » En France, dans des conditions générales qui semblent constituer un milieu favorable à la vie, un autre calcul de M. Bertillon, donne, pour l'âge de 0 à 1 an, une moyenne de décès de 21,7 0/0, c'est-à-dire que plus d'un cinquième des enfants qui naissent est mort au bout de la première année. A Paris, sur 54.000 enfants environ qui naissent chaque année, plus de la moitié a péri avant quatre ans et, en comptant à part les enfants envoyés en nourrice, on trouve que la moitié au moins (51,6 0/0), a péri avant un an révolu. Enfin si l'on classe les enfants d'après leur origine et les conditions de leur placement en nourrice, on arrive à ces chiffres de mortalité de 75 et 80 0/0, qui semblent fabuleux, lorsqu'on les lit, même dans les statistiques officielles.

---

(1) De la mortalité des nourrissons en France, etc., par M. P. Brochard, in 8°, Paris 1866.

Causes de la mortalité des enfants du premier âge.

A moins de nier ces résultats, il faut bien admettre que, sous des dehors polis, notre société souffre encore beaucoup trop de pratiques grossières ou inhumaines. Si l'on recherche, en effet, quelle est la mortalité normale du premier âge, non dans une société idéale, mais dans les conditions les plus communes de la vie de province, on trouve que dans certains départements pris en entier, la Creuse par exemple, la mortalité de 0 à 1 an ne dépasse pas 13 0/0. Dans un grand nombre de localités, qui n'ont entr'elles qu'un seul point de ressemblance : l'allaitement maternel comme pratique générale, cette proportion se maintient au-dessous de 10 0/0 et descend jusqu'à 5 0/0 ; en sorte qu'on est fondé à dire que là où les lois de l'hygiène sont convenablement observées, la mortalité moyenne du premier âge ne dépasse pas 10 0/0.

Pour l'explication des chiffres excessifs, il faut tenir compte d'influences peu senties autrefois, et dont l'œil du médecin découvre de plus en plus les effets dans les intimités de la vie moderne : ceux, notamment, des abus de l'alcool et du tabac, des excès qui s'y joignent et des dégénérescences héréditaires qui en résultent et qui altèrent les sources de la génération, malgré l'amélioration matérielle des conditions d'existence du grand nombre. On voit naître dans ces milieux beaucoup d'enfants condamnés par une loi fatale, à mourir presqu'en naissant ; mais ce n'est pas contre l'action de ces causes profondes que nous avons à invoquer le secours de la loi.

L'Académie de Médecine, au sein de laquelle ces questions ont été discutées, a tracé un programme complet (1) de la protection de la première enfance. Ce programme mentionne comme causes générales de mortalité dont les effets peuvent être atténués par la loi :

---

(1) Rapport de M. le docteur Blot et Résumé analytique des conclusions présentées par une commission composée de MM. Husson, président, Bergeron, Boudet, Broca, Devergie, Devilliers, Jules Guérin, Jacquemier et Blot, rapporteur. Séance du 15 mars 1870.

1° Le manque d'un service de vérification des décès des nouveau-nés et des enfants en nourrice ;

2° Les transports prématurés des enfants pour la déclaration de naissance, pour le baptême et le placement en nourrice ;

3° L'absence de mesures concernant la vaccination obligatoire.

4° Le manque d'une loi sur l'industrie nourricière et surtout sur la surveillance administrative et médicale des nourrissons.

5° La persistance, surtout dans les campagnes, de pratiques vicieuses et de préjugés que l'ignorance entretient sur les soins à donner aux enfants et, en particulier, sur l'alimentation prématurée.

La Commission a reconnu qu'elle ne pouvait pas embrasser un aussi vaste programme.

La vérification médicale des décès des nouveaux-nés et des nourrissons est une question spéciale, importante qui mérite une étude séparée. *(Vérification médicale des décès des nouveaux nés et des nourrissons.)*

L'interprétation de l'article 55 du Code civil, par suite de laquelle on exige le transport des nouveaux-nés à la mairie, « dans les trois jours de l'accouchement, » donne lieu à des plaintes très-fondées, et la prescription du transport des enfants à l'église pour le baptême, produit des effets plus fâcheux *(Transports prématurés des nouveaux nés.)* encore dans beaucoup de pays froids et montagneux, à cause de la rigueur plus grande avec laquelle on l'exécute. Il y a plus d'un siècle qu'un illustre ecclésiastique, l'astronome Toaldo, demandait que les enfants fussent ondoyés à domicile et portés au baptême 40 jours plus tard. Il serait temps que ce vœu fût accueilli et que la France suivit ses voisins (1) dans une

---

(1) Il y a 30 ans que l'Académie des sciences a fait un accueil favorable aux propositions du docteur Loir formulées en ces termes : « n'est-il pas possible de faire pour les nouveau-nés ce que l'on fait pour les morts et d'envoyer constater les naissances à domicile ? et cela de la manière suivante : « L'officier de l'état civil ou la personne chargée de le représenter, viendrait au domicile de l'enfant constater la naissance et le sexe, après quoi il n'aurait qu'à remettre aux parents un bulletin imprimé avec lequel les parents iraient seuls sans l'enfant à la mairie faire dresser l'acte de naissance. »

Voir le mémoire intitulé : du service des actes de naissance en France et à l'étranger par le docteur Loir 1843, in-8°.

réforme que l'humanité exige, soit en supprimant toute obligation de transport, comme en Angleterre, soit en fixant des délais raisonnables, comme en Russie (1) où en Prusse. Mais ces questions dépassaient les justes limites de notre sujet.

*Vaccination obligatoire.* La Commission a écarté, pour le même motif, la question de la vaccination obligatoire.

Quant aux pratiques funestes trop répandues encore dans nos campagnes, la commission a pensé que c'est par l'instruction et la vulgarisation des principes de l'hygiène et non par la loi, qu'il est urgent de les combattre.

## II

*De l'allaitement maternel et de l'allaitement mercenaire.* De tout ce programme de protection légale de la première enfance, la Commission n'a mis définitivement en discussion que les questions relatives à ce qu'on appelle aujourd'hui l'industrie nourricière.

C'est là qu'on rencontre les plus importantes questions que soulève la mortalité de l'enfance et qu'on découvre les principales causes du tribut monstrueux que le premier âge de la vie paye à la mort. Nulle part, on n'a constaté en dehors de l'allaitement mercenaire, ces moyennes qui dépassent 50 décès sur 100 enfants entre un jour et un an; et ces résultats s'expliquent, si l'on remarque que l'industrie nourricière ajoute aux causes de mort précédemment indiquées, au danger des transports prématurés aggravé par les grandes distances, un fait, meurtrier entre tous et qui lui est propre : la privation du lait et des soins maternels.

Ceux qui ont traité ce sujet, ont manqué rarement d'indiquer comme la première source du mal, l'oubli croissant de cet ensemble de devoirs qui fait le fonds de la famille. Nous

---

(1) En Russie, le prêtre en venant assister l'accouchée de ses prières, donne un nom au nouveau-né et constate sa naissance. La présentation religieuse à l'église n'est obligatoire qu'après 40 jours lorsque la mère peut s'y rendre avec son enfant.

n'avons pas à disculper notre temps; mais pouvons-nous. oublier le peu de respect qu'obtenait chez les anciens la vie des nouveaux-nés? N'est-il pas juste d'opposer à leur tolérance pour l'infanticide et les abus cruels du pouvoir paternel, la révolte morale que ces maux excitent en nous, et nos propres efforts pour les combattre par la charité, par l'association et même par la loi? Il faut bien avouer toutefois, que dans sa recherche inquiète de tous les droits humains, notre génération n'a pas montré jusqu'ici assez de sollicitude pour les devoirs qui y correspondent et c'est pourquoi le droit de l'enfant à sa mère est encore si peu en honneur parmi nous.

Nous venons de nommer un droit qu'aucun Code n'a défini, tant il semble que la nature eut pris soin d'en assurer l'exercice et d'y asseoir le premier fondement de la famille. De même que les idées de famille et de mère paraissent des non-sens sans l'idée de l'enfant, de même on peut affirmer comme vérité d'expérience, que la présence de l'enfant constitue seule le foyer domestique, y donne aux actes les directions élevées et y fait naître les sentiments qui mènent au bonheur par l'accomplissement du devoir et du sacrifice.

Indépendamment de ces raisons morales, il en est dans l'ordre physique qui réclament impérieusement aussi la présence de l'enfant au foyer maternel. Le nouveau-né n'est pas encore un individu complet; détaché du sein de sa mère, il y tient par la nécessité d'y trouver sa nourriture, la chaleur qui lui manque et les soins incessants qu'exige sa frêle organisation. Aussi, tout ce qui l'en éloigne, le met en souffrance et en danger de mort.

L'observation de cette loi de la vie organique, qui cadre si bien avec les lois morales, est tellement fondamentale pour les sociétés humaines, qu'on est surpris de rencontrer dans l'allaitement mercenaire, qui en est ordinairement la violation, un fait aussi ancien et aussi répandu. A toutes les époques, il se montre comme un des tristes priviléges des familles amollies par le luxe. Dans les sociétés antiques, il s'est multiplié à mesure que ces sociétés sont entrées en décomposition. A Rome, il marche de pair, avec l'abandon et l'exposition des enfants qui deviennent, à partir de Trajan, une sorte d'institution dont la place s'élargit toujours dans les Codes. Chez les Barbares, il a fait invasion au milieu des saines traditions vantées par Tacite. L'allaitement mercenaire est devenu partout la mode des Cours, à ce point que, dans la longue liste des successeurs de Hugues-Capet, le fils de Blanche de Castille, paraît seul avoir été nourri du lait de sa mère.

Nourrices sur lieu.

L'allaitement mercenaire se pratique sous deux formes. La première, qui constitue l'industrie des *nourrices sur lieu*, est surtout à l'usage des classes riches et, comme elle s'exerce au domicile des parents du nourrisson, on a coutume de la la considérer comme la moins fâcheuse; mais dans cette manière de voir, on a coutume aussi d'oublier le sort réservé à l'enfant que la nourrice a délaissé pour vendre son lait. Il y a là un oubli injuste (1), et dont les conséquences inhumaines ont été trop fortement prouvées pour qu'il fût possible à la Commission de ne pas chercher à le réparer. En proposant, du reste, une mesure de protection en faveur des enfants des nourrices, la Commission n'a pas eu à innover ou même à prendre pour modèle certains règlements administratifs; elle n'a eu qu'à reprendre textuellement un article d'une mémorable ordonnance de 1762, en vertu duquel toute nourrice voulant se charger d'un nourrisson, devait établir, par un certificat du curé de sa paroisse, que son enfant était âgé de 7 mois ou confié à une autre nourrice pour l'allaiter. Ce point est le seul par lequel la Commission ait cru pouvoir toucher à l'allaitement mercenaire qui s'exerce dans l'intérieur des familles. Dans tout le reste de ses travaux, elle n'a

---

(1) Voir dans l'Exposé des motifs de la proposition de loi (n° 1707), p. 4 et suivantes, un extrait des curieuses études du docteur Monot, de Montsauche (Nièvre), sur les enfants des nourrices du Morvan.

porté sa sollicitude que sur le nourrisson séparé de sa mère et placé à la campagne loin de ses parents.

Cette seconde forme de l'allaitement mercenaire, qui constitue l'industrie dite des *nourrices de campagne* ou *nourrices à emporter*, est le véritable terrain du projet de loi. Ce sont les développements considérables pris, de nos jours, par cette industrie, qui ont ému l'opinion publique et motivé ces plaintes répétées sur l'affaiblissement de l'esprit de famille et du sentiment maternel. En réalité, il serait plus exact de dire que les développements du nourrissage mercenaire ont correspondu à ceux des grandes agglomérations d'hommes et ont suivi le mouvement fâcheux qui verse toujours des flots de population sur les grands centres. Ils paraissent liés surtout à des conditions de travail, de logement et à un ensemble de vie dans lequel il faut reconnaître que les influences morales sont dominées par les exigences matérielles. Il n'est pas douteux assurément, que l'affaiblissement physique presqu'inséparable de ces conditions de vie, que l'altération des forces organiques qui résulte moins de l'excès de travail que de ces abus d'alcool et autres qu'on ne saurait trop accuser et des excès qui leur font cortége, sont presqu'inséparables aussi d'altérations morales ; il n'est pas douteux que c'est dans ces conditions devenues plus communes, qu'on voit le premier des devoirs maternels plus largement déserté, et qu'on voit l'industrie *des nourrices de campagne*, l'allaitement artificiel des *garderies et des maisons de sevrage*, devenir une industrie envahissante à laquelle une partie considérable des générations qui naissent est sacrifiée.

A Paris, en ce moment, cette industrie accapare, sous ces diverses formes, plus de la moitié des nouveau-nés. Ce mal avait autrefois des proportions moindres ; mais Paris n'en a été exempt à aucune époque. L'existence d'une *rue des Recommandaresses* (1), mentionnée dans un titre de l'an 1284,

Nourrices de campagne.

---

(1) Nom des anciennes *Logeuses de nourrices* qui avaient le privilége du louage des nourrices et des *Chambrières*.

nous en montre un indice presque contemporain de Saint-Louis. L'ordonnance rendue par le roi Jean, le 30 janvier 1350, qui est le premier acte de réglementation de l'industrie nourricière, mentionne l'existence d'une classe de « nourrices *nourrissant les enfants hors de la maison du père et de la mère des enfants* ; » et la peine du *pilori* portée contre toute Recommandaresse louant une nourrice plus *d'une fois l'an*, prouve les abus de cette industrie. Le grand nombre et l'importance des actes législatifs ou administratifs qui, entre 1611 et 1776, ont fourni la matière d'un recueil publié sous le titre de *Code des nourrices* sont la meilleure des démonstrations de la gravité permanente du mal contre lequel l'opinion publique réclame avec plus d'instances depuis quelques années une protection efficace de la loi.

## III

Le programme des travaux de la Commission se trouve résumé dans les lignes suivantes du rapport officiel, en date du 16 mars 1869, qui résumait lui-même les résultats de l'enquête provoquée par l'Académie de médecine en 1867 :

« *De toutes les statistiques*, disait le Ministre de l'Intérieur, *il résulte qu'en vertu d'une loi invariable, les enfants conservés, nourris dans la famille, échappent à la plupart des causes de mortalité qui déciment au contraire les enfants envoyés en nourrice, loin de la surveillance et des soins des parents. Cette surveillance n'étant pas*, ajoutait le Ministre, *il faut qu'une autre s'y substitue.* »

Mais, avant d'aborder la discussion des mesures proposées, la Commission a cru devoir accorder aux communications de la science et de la charité, l'attention qui lui a été réclamée en leur nom. L'autorité publique n'a eu jusqu'ici à opposer aux abus de l'allaitement mercenaire que des règlements et des pénalités. L'esprit de charité et d'association, soutenu par la science, s'est préoccupé davantage de faciliter et de propager

l'allaitement maternel. La Commission ne pouvait pas méconnaître que cette dernière direction est la bonne entre toutes ; c'est pourquoi elle n'a pas cherché à se soustraire à l'examen des propositions d'amendements ou d'articles additionnels qui lui ont été présentés dans cette direction d'idées.

Bien que ceux qui ont suivi cette voie aient cherché généralement à obtenir le bien par les mœurs plutôt qu'à l'imposer
par la loi, la Commission a dû s'occuper d'abord de quelques
pétitions qui ont renouvelé auprès de (1) l'Assemblée nationale, la demande précédemment faite au Sénat, d'imposer
par une loi appuyée d'une sanction pénale, l'obligation de
l'allaitement maternel, ou, tout au moins, la présence du nourrisson au foyer maternel. Dans ces derniers termes, il ne s'agirait plus d'exiger de toutes les mères ce que la nature elle-
même interdit absolument à quelques-unes d'entr'elles. Il
s'agirait de transformer en prescription légale ces axiomes
démontrés par l'expérience universelle, prêchés par tant de
moralistes et enseignés par le cœur, à savoir : que la sollicitude
maternelle ne se supplée point ; que l'enfant a besoin des
soins de sa mère autant que de sa mamelle ; et qu'il n'y a ni
pauvreté, ni travaux, ni respect humain qui dispensent de
nourrir et d'élever ses enfants.

Il faut reconnaître qu'on parlera sans profit de reconstituer
la famille et de régénérer les parties de notre corps social
dont la statistique démontre le dépérissement, aussi longtemps que de pareilles vérités sont méconnues. Mais la loi
peut-elle opposer des prescriptions et des pénalités à des
maux qui sont, dans beaucoup de cas, l'expression de néces-

De l'allaitement
obligatoire au domi-
cile de la mère.

---

(1) Pétition adressée par M. le docteur Alexandre Mayer, le 8 juin 1871. L'article 1er
du projet de loi annexé à cette pétition est ainsi conçu : «L'allaitement maternel est obligatoire, à moins d'empêchement provenant de l'état de santé de la mère ou de l'enfant et
dûment constaté par un docteur en médecine ou un officier de santé. » Le docteur Chassinat
d'Hyères s'était adressé au Sénat dans le même but. Un autre pétitionnaire, M. Grandjean
réclame : « 1° L'allaitement obligatoire au foyer maternel, ou au moins la présence
obligatoire de l'enfant au foyer maternel ; 2° un impôt de 300 fr. par an sur chaque
famille payant ou occupant un loyer de 1,000 fr. par an, dont un enfant nouveau-né
serait élevé par une nourrice étrangère, hors du foyer maternel.

sités inéluctables? Là où les possibilités de l'existence ne comportent pas l'accomplissement des lois de la nature ; là où ce qui représente la famille ne peut pas même offrir au nouveau-né un foyer maternel, la loi doit sans doute faciliter l'action de la charité et concourir à l'assistance ; elle ne peut ni commander ni punir.

Il faut aller par des moyens plus pratiques au secours de ce nombre immense d'enfants privés par force, du lait et des soins que les mères refusent ou sont impuissantes à donner. La science et la charité ont cherché ces moyens dans deux directions. Les uns, ont voulu suppléer au lait maternel qui manque par le lait des femelles d'animaux domestiques, et ont patronné l'allaitement artificiel ; les autres se sont attachés à favoriser l'allaitement maternel, en établissant à la portée des mères, obligées de travailler pour vivre, des asiles et des auxiliaires pour la garde des enfants et pour les soins à leur donner pendant le travail.

Allaitement artificiel. Que doit-on penser de l'allaitement artificiel? Quels services peut-on en attendre? La Commission n'avait pas à traiter ni à résoudre scientifiquement ces questions. Mais l'allaitement artificiel joue un trop grand rôle en pratique; on le voit tenir dans l'industrie nourricière une trop large place, et il y donne lieu à de trop fortes accusations pour qu'il fût possible d'écarter ce sujet sans avoir recherché dans les documents scientifiques et dans les témoignages des hommes qui font autorité, quels sont les points assez solidement acquis pour pouvoir au besoin servir de guide au législateur. Au terme d'un examen qui pourrait presque s'appeler une enquête, la Commission a reconnu que les opinions contradictoires reposent également sur des observations incontestables, et elle a été amenée à cette conclusion : que, suivant les circonstances, et surtout suivant les mains auxquelles il est confié, l'allaitement artificiel peut produire de bons ou de très-mauvais résultats.

Les accusations portées contre le *biberon* et le *petit pot* ont été méritées ; il est irrévocablement prouvé que ces instruments ne peuvent être utilement employés qu'avec des soins soutenus, minutieux, tels que l'amour maternel seul les donne d'ordinaire. Pour montrer quel appoint ils ont fourni à la mortalité infantile, il suffit de citer les faits constatés en (1) Normandie : Dans le département du Calvados la mortalité générale des enfants de 0 à un an est de 17 p. 100, c'est-à-dire inférieure à la moyenne générale pour la France entière; mais si l'on décompose ce chiffre et sépare entr'eux les enfants élevés au *petit pot* et les enfants nourris au sein par leur mère, on trouve, pour les premiers, un chiffre de mortalité de 30,77 p. 100 et, pour les seconds, un chiffre de 10,89 p. 100. Une comparaison avec le département de la Manche achève la démonstration : les deux départements offrent à la vie humaine les mêmes conditions de climat et d'aisance; on y trouve la même race d'hommes, les mêmes habitudes, une seule exceptée, celle de la nourriture au *Petit-Pot*, très-répandue dans le Calvados, presqu'inconnue dans la Manche. La mortalité générale des enfants de 0 à 1 an, dans la Manche, ne dépasse pas 13 p. 0[0.

Le chiffre de mortalité d'environ 30 p. 100 relevé dans le Calvados, peut être considéré comme une expression assez exacte des effets ordinaires de l'allaitement artificiel, dans les mêmes conditions qu'en Normandie, c'est-à-dire pratiqué dans les familles, mais sans méthode rationnelle, avec des instruments défectueux, maniés par la routine. Lorsqu'à ces conditions vient s'ajouter celle de l'allaitement mercenaire, aussitôt la mortalité s'accroît notablement; elle dépasse d'ordinaire (2), 50 p. 100.

---

(1) On sait que cette belle et riche province est celle où le mouvement de *dépopulation* indiqué au début de ce rapport, s'est fait d'abord remarquer. Ce triste phénomène s'y expliquait surtout par la diminution de la fécondité des mariages. Dans le département du Calvados le conseil départemental d'hygiène publique reconnut que la mortalité des enfants par l'usage de plus en plus répandu du *Petit Pot*, y contribuait pour une part notable et les recherches du docteur Denis-Dumont, l'établirent, en 1860, d'une manière certaine.

(2) La société protectrice de l'enfance d'Indre-et-Loire a publié récemment le relevé suivant, que nous reproduisons, quoiqu'il ne porte que sur de faibles nombres, parce qu'il permet de comparer entr'elles 3 conditions de nourrissage, en même temps qu'il

En contraste avec ces résultats, on a cité des faits, en grand nombre, qui montrent l'allaitement artificiel bien dirigé, rendant de vrais services aux familles, transformant des nouveau-nés chétifs en nourrissons vigoureux et sauvant la vie à des enfants mis en danger de mort par l'allaitement mercenaire. Le vice capital de l'allaitement artificiel ne consiste donc pas dans le remplacement du lait maternel par le lait des femelles d'animaux; il tient à la manière dont le lait étranger est donné à l'enfant.

Le lait pris à sa source est un liquide vivant qu'on pourrait presque appeler de la *chair coulante*, suivant l'expression appliquée au sang par Bordeu. L'emprunt qui s'en effectue d'un organisme à l'autre, exige d'autant moins de travail que le lait subit, dans l'intervalle, moins de changements. On sait qu'il s'altère rapidement dans les vases, sous l'influence du refroidissement, de l'action de l'air, des manipulations, sans parler des coupages et des mélanges à l'aide desquels on prétend amener le lait des animaux à ressembler davantage au lait de femme. C'est avec le lait ainsi travaillé, altéré, que se pratique en règle générale l'allaitement artificiel.

Les anciens suivaient mieux les indications de la nature lorsqu'ils donnaient directement aux enfants le pis des animaux à défaut du sein maternel. Sans remonter jusqu'à la chienne qui nourrit Cambyse, ou à la louve de Romulus et Rémus, il est certain que les femelles de plusieurs espèces domestiques, surtout la chèvre, nourrice de Jupiter, ont rendu et rendent dans différents pays, d'importants services comme nourrices d'hommes. La chèvre, en particulier, en a rendus, qu'on oublie beaucoup trop, quoique leur constatation ait été

confirme les résultats fournis par un grand nombre de relevés plus anciens : 70 enfants nés en 1872 à l'hospice de Tours ont donné (de 0 à 1 an) 25 décès répartis comme il suit:

| | | | |
|---|---|---|---|
| Sur | 6 | enfants allaités par leur mère........................ | 0 |
| Sur | 15 | — nourris par leur mère au biberon.............. | 1 |
| Sur | 49 | — nourris au biberon par des nourrices mercenaires. | 24 |
| | 70 | | 25 |

entourée de garanties (1) scientifiques ; elle en rend tous les
jours parmi nous, en dépit du préjugé qui porte à croire
que cet animal, admirablement propre à l'allaitement, perd
ses qualités par la stabulation. Elle en rendra davantage
lorsqu'on saura (2) l'utiliser mieux et on y trouvera pour le
premier âge, une ample ressource dont le prix sera mieux
senti, à mesure que l'allaitement mercenaire diminuant toujours avec la misère et l'infériorité de culture morale qui
l'alimentent, on devra trouver d'autres moyens de nourrissage.

Quoi qu'il en soit, nous sommes aujourd'hui, en face de
la nécessité et du devoir d'arracher l'allaitement artificiel
aux routines et de le doter de procédés rationnels. Quelque
opinion que l'on professe : que l'on persiste, avec les détrac-
teurs de ce mode de nourriture à le considérer comme un
des fléaux qui déciment l'enfance ; que l'on soutienne, au contraire, qu'il constitue la meilleure ressource pour suppléer à
l'insuffisance de l'allaitement maternel, on est obligé de
reconnaître, en fait, que le biberon joue présentement un rôle
tel que l'on peut dire qu'il fait le fonds de l'industrie
nourricière. Lorsqu'on examine de près l'allaitement mercenaire pratiqué loin des familles des nourrissons, on n'y trouve
le plus souvent qu'un allaitement artificiel déguisé. L'allaitement maternel, tel qu'il se pratique dans les crèches, n'est
lui même d'ordinaire qu'un allaitement mixte où le biberon

---

(1) Richard de Nancy a fait connaître en 1823 les résultats très avantageux des essais
faits par l'administration des hôpitaux de Lyon pour élever avec le pis des chèvres des
enfants atteints de maladies contagieuses,

On ne saurait trouver des exemples plus décisifs que ceux qui résultent de l'expérience soutenue faite à Aix en Provence à la suite de la consultation demandée en 1773,
à la Faculté de Paris, par les administrateurs des hospices d'Aix sur la meilleure manière
de conserver les enfants abandonnés. La Faculté ayant conseillé de nourrir ces enfants
au *pis de la chèvre*, ce mode d'allaitement fut organisé conformément aux conclusions
d'un rapport d'Alphonse Leroy, qui a constaté plus tard les résultats. « On donne, dit-il,
ce lait vivant. Les berceaux sont disposés dans une grande salle sur deux rangs ; chaque
chèvre qui vient de paître entre en bêlant, va chercher son nourrisson, enjambe le
berceau pour donner à têter. Depuis lors on les éleva en cet hôpital en très grand nombre. »
Médecine maternelle, an XI (1803) n° 31.

(2) Voir physiologie de la chèvre nourrice par M. Boudart. Gannat, 1873.

permet d'attendre le retour de la mère qui travaille. Cette nécessité d'un large recours au lait des animaux dans le nourrissage, résulte forcément de cette loi physiologique qui
n'accorde qu'à titre d'exception rare à une femme le lait
suffisant pour nourrir deux enfants à la fois. Or, sous l'empire de cette loi, il faut bien admettre que toute femme qui,
nourrissant son enfant, se charge d'un nourrisson étranger,
est obligée de priver son enfant d'une partie du lait qui lui
est nécessaire et qu'elle frustre l'étranger d'une partie du lait
qu'elle lui a vendu; il faut alors tirer d'une vache ou d'une
chèvre le lait qui fait défaut. Telle est, en pratique, la situation ordinaire des *nourrices de campagne*. On est donc
en présence de ce fait : que l'allaitement artificiel, qu'on l'accepte ou qu'on le repousse, fournit dans les conditions actuelles de l'industrie nourricière, une partie très-considérable de l'aliment indispensable et que lui seul permet l'alimentation de ces deux êtres suspendus à une même mamelle
et qu'on a appelés les *frères ennemis* par une appréciation
trop vraie de leur situation respective.

La nécessité de recourir aux animaux dans le nourrissage
de l'homme est tellement reconnue, qu'on a inscrit à l'art. 16
de *l'Instruction générale sur le service de la Direction municipale des nourrices de Paris*, la prescription de choisir de
préférence pour nourrices des femmes possédant une vache
ou une chèvre. La part faite par les administrations nourricières à l'allaitement artificiel ne se borne pas là : elles en
ont fait, par force, une pratique régulière. Il arrive chaque
année à Paris, comme dans toutes les grandes villes, un
moment où les travaux pressants de la campagne, entravent
le recrutement des nourrices. La plupart des bureaux de placement ont recours alors sciemment aux *nourrices sèches*,
c'est-à-dire au biberon. La Direction municipale de Paris et,
à plus forte raison, la plupart des services d'enfants assistés,
à cause du taux partout trop faible (1) des salaires fixés par

_______________

(1) Un conseiller municipal de Saint-Omer écrivait, le 25 avril 1873, aux conseillers

les règlements n'ont pas d'autre ressource. Il a été démontré que ce sont alors trop souvent des vieilles femmes pauvres ou même des vieillards (1) infirmes qui ont tous les soins et la responsabilité du nourrissage. Faut-il chercher d'autres explications de l'effroyable mortalité des nourrissons?

Ces points n'étant pas sujets à contestation, la Commission pense qu'on ne saurait plus admettre désormais que les administrations publiques qui sont responsables de la vie d'un grand nombre de nourrissons, aient le droit de rester inactives en présence de la nécessité qui les a condamnés jusqu'ici à de pareils placements en nourrice. Elles ont le devoir, non-seulement d'écouter les avis de la science, mais encore de réclamer son concours pour les guider dans de meilleures pratiques. La Commission n'a pas tenté, quoiqu'elle y ait été sollicitée, d'apprécier la valeur de différents projets particuliers qui, sous le nom de *colonies maternelles, fermes-nourrices, fermes-crèches, pensionnats du premier âge,* etc., ont été conçus en vue d'une organisation plus rationnelle, soit de l'allaitement artificiel au moyen de *vacheries* et surtout de *chèvreries,* soit de l'allaitement mixte ou naturel, avec les conditions de contrôle médical qui ont fait défaut jusqu'ici. La Commission était sans compétence pour juger ces (2) projets comme sans

---

généraux du département du Pas-de-Calais pour demander une augmentation de l'allocation faite au service des enfants assistés : « Ces enfants, dit-il, sont en nourrice au prix de 9 fr. par mois, ce qui fait 30 c. par jour : le prix d'une canette de bière. »

(1) Le cardinal Donnet a cité, devant le Sénat, le 21 juin 1856, le fait suivant constaté par un évêque : une femme de 67 ans, sortie de prison pour vol, avait reçu chez elle cinq nourrissons. Aucun n'a vécu plus de 8 jours. Voici ce qu'a écrit M. Bettmann, adjoint au maire de Bordeaux : « Des rumeurs graves, nous apprirent qu'une mortalité effrayante régnait parmi les enfants des filles-mères nourris artificiellement. L'économe de l'hospice y fut envoyé ; il déclara que tous les faits étaient vrais et qu'un des personnages les plus notables de la commune était persuadé que l'administration plaçait les enfants de cette manière dans l'intention d'en débarrasser la société. Ces enfants étaient confiés aux habitants les plus pauvres et souvent laissés aux soins des vieillards, les femmes travaillant aux champs. » (Note sur le service des enfants assistés de la Gironde 1863, Bordeaux.)

(2) On compte beaucoup de ces projets. Malheureusement, la plupart de ceux dont la mise à exécution a été tentée ont échoué. M. le docteur Brochard rapporte avoir visité un

mandat pour les patronner. Élle a reconnu, d'une manière
générale, les dangers inhérents à toute agglomération de petits
enfants, et il lui a paru, en tout cas, que les meilleurs de ces
projets doivent être encouragés seulement dans la mesure des
besoins démontrés des populations urbaines, et qu'il importe de ne pas y offrir une nouvelle occasion d'abandon de
l'allaitement maternel aux mères qui ne sont pas dans l'im-
puissance ou l'impossibilité absolues de nourrir et de garder
leurs enfants. Ces réserves faites, la Commission a jugé
dignes d'une expérimentation sérieuse les idées dont deux (1)
de ses membres ont pris la défense, l'un en vue de la création
de crèches appropriées aux besoins des classes moyennes,
l'autre pour créer autour des grandes villes des établissements dans lesquels l'allaitement naturel, artificiel ou
mixte se pratiquerait à la proximité des familles et à la portée de leur contrôle habituel.

établissement formé dans le département d'Eure-et-Loir, à Bonneval, sous le nom de *Colonie maternelle.* « Jamais, dit-il, site ne fut plus propice pour une semblable destination : cloître vaste et magnifique, ombrages séculaires, eau vive et limpide ; tout était réuni
pour faire de ce lieu une colonie modèle. L'essai cependant ne fut pas heureux : sur 20 enfants qui y furent envoyés, 18 étaient morts au bout de quelques mois. L'un des plus dignes
d'intérêt parmi les projets récemment produits, est celui de MM. Chalvet et Proust, professeurs
agrégés à la faculté de médecine de Paris, tendant à la création de ce qu'ils ont appelé une
*ferme nourrice.* Leur point de départ étant *l'impossibilité constatée* de mettre le nombre
des bonnes nourrices au niveau des besoins de la population parisienne, et comme ils
s'étaient, d'autre part, assurés par leur propre expérience que l'allaitement artificiel bien
pratiqué, avait sauvé un certain nombre d'enfants mis en danger de mort par l'allaitement
mercenaire, ils proposaient de créer un établissement modèle, où les nourrissons, privés
par la force des choses, du sein de leur mère ou d'une bonne nourrice, seraient nourris
avec le lait des animaux. C'est une tentative sérieuse dans ce sens qu'il y aurait lieu
d'obtenir de l'administration de l'assistance publique de la Seine ou de la Direction municipale des nourrices de Paris.

(1) Voir Annexes au rapport, opinions de MM. de Gouvello et Soye.

## IV

Aïnsi, de toutes les données acquises par l'expérience, on a vu ressortir cette conclusion pratique : que la protection du premier âge consiste, avant tout, à assurer à l'enfant le lait maternel qui est son aliment par excellence et les soins maternels, non moins indispensables que le lait. Hors de cette condition, la vie des enfants manque des garanties qui lui sont dues, et la mortalité anormale, qui se constate partout, prouve la nécessité d'une protection spéciale.

Avant de rechercher jusqu'à quel point l'action de l'autorité publique et la loi peuvent s'appliquer à cette protection, la Commission a été mise en demeure d'examiner ce que la charité et l'esprit d'association ont fait dans le même but.

Il existe en France trois groupes de sociétés de bienfaisance qui ont pour objet principal de protéger l'enfance et de favoriser l'allaitement maternel.

Le premier, dans l'ordre chronologique (1788), est celui des *Sociétés de charité maternelle*, à l'origine desquelles se rattache le nom de Marie-Antoinette. Créées pour éviter aux femmes pauvres les périls de l'accouchement dans les hôpitaux, et leur fournir les moyens de nourrir elles-mêmes leur enfant ; placées constamment sous les plus hauts patronages, ces Sociétés ont reçu une organisation officielle (1) sans cesser d'appartenir à la charité privée ; elles ont une part régulière aux subventions de l'Etat, et souvent des départements et des municipalités. On en compte aujourd'hui 76 (2), qui ont distribué,

Associations ayant pour but de protéger le 1<sup>er</sup> âge et de favoriser l'allaitement maternel.

Société de charité maternelle.

---

(1) Les sociétés de Charité maternelle sont régies par 4 décrets, des 5 mai 1810, 25 juillet 1811, 2 février et 15 avril 1853 et par une ordonnance royale du 21 octobre 1824.

(2) La plus importante de ces Sociétés, celle de Paris, a dépensé en 1873, 142,180 fr. à l'aide desquels elle a secouru 2,778 mères, ayant eu 2,802 enfants, ce qui fait un secours moyen de 49 fr. par enfant.

La Société de charité maternelle de Lyon n'exige pas l'allaitement maternel en 1866, une somme de 610.000 francs entre 13,808 familles. Peut-être ces associations si utiles le seraient-elles davantage, si elles fonctionnaient avec des règlements moins chargés de restriction (1). Telles qu'elles sont, on peut apprécier l'excellence de l'idée qui les a créées d'après le chiffre de la mortalité des enfants qui reçoivent leurs secours. Le compte-rendu des opérations de la Société de Paris, en 1873, constate que sur 2,802 enfants, il n'y a eu que 212 décès, soit 7,50 0|0. Il n'est pas possible de produire, à Paris, une plus éloquente démonstration du bienfait de l'allaitement des enfants sous le toit maternel. Il ne serait pas possible de donner un plus fort argument à l'appui d'une augmentation des subventions accordées annuellement à ces Sociétés. Ces subventions figurent au chapitre XVIII du Budget des dépenses du Ministère de l'Intérieur pour l'exercice de 1875, pour la somme totale de 120.000 francs sur laquelle la Société de Paris reçoit 40,000 francs (2). On a calculé que si les subventions de l'Etat, de la

---

comme condition rigoureuse pour l'obtention d'un secours. Elle a secouru, en 1872, 567 femmes légitimes et continue ses secours à 570, soit en tout : 1,150 enfants secourus. Elle a distribué ainsi 44,223 fr. Elle reçoit annuellement 4,300 fr. de l'Etat ; 30,000 fr. du département du Rhône et 10,000 fr. de la ville de Lyon. Le produit de ses souscriptions est de 8,640 fr.

(1) D'après leurs statuts, les sociétés de charité maternelle secourent ; 1° les femmes devenues veuves pendant leur grossesse et ayant au moins un enfant vivant ; 2° les femmes ayant déjà un enfant vivant et un mari estropié ou atteint d'une maladie chronique ; 3° celles qui sont infirmes et ont déjà deux enfants vivants ; celles qui ayant deux enfants accouchent de deux jumeaux ; 5° celles qui ont déjà trois enfants vivants dont l'ainé a moins de 13 ans. — Les femmes qui réclament les secours de l'œuvre doivent se faire inscrire dans le dernier mois de leur grossesse et présenter : 1° un certificat d'indigence et de bonne vie et mœurs délivré par le maire ; 2° l'acte civil et religieux de leur mariage.

Les femmes secourues reçoivent habituellement une somme de 90 fr. savoir :

10 fr. en argent au moment de l'accouchement ;

20 fr. pour fourniture d'une layette complète ;

50 fr. en argent, à raison de 5 fr. par mois, pour 10 mois d'allaitement ;

10 fr. pour un habillement du 1er âge.

La Société de charité maternelle de Lyon donne ses secours pendant douze mois et accorde 100 fr. à toute mère secourue par elle.

(2) D'après les calculs faits par les administrateurs de la Société, avec une subvention de 150,000 fr. jointe aux ressources provenant des souscriptions ou dons des membres de la Société, on arriverait à une somme totale à dépenser de 400,000 fr. qui permettrait d'assister près de 8.000 mères pauvres. On en assisterait au moins 6,000 en élevant de 5 à 8 fr. le secours mensuel pendant plus de 10 mois.

ville et du département étaient portées ensemble au chiffre de 150,000 francs, les secours de la Société pourraient s'étendre à plus de 8,000 enfants pauvres. Ce chiffre représente environ le tiers des nourrissons que la population parisienne livre chaque année aux nourrices de campagne, et il est à peu près égal au nombre de ceux qui sont soumis à une mortalité de plus de 50 0[0.

Les Crèches viennent après les *Sociétés de Charité maternelle* dans l'ordre chronologique des œuvres de la charité française (1844) (1).

Un homme d'Etat anglais disait récemment (2) qu'il considérerait comme le plus grand bienfaiteur de son pays, celui qui inventerait une industrie donnant à chaque mère de famille le moyen de gagner quelque chose sans quitter son domicile. On comprend bien cette pensée lorsqu'on a vu de près dans les centres manufacturiers de l'Angleterre : « *ces pauvres femmes*, qu'un membre du parlement (M. Mundella), parlant il y a quelques mois au Congrès de Sheffield, montrait *sortant de leurs maisons à 5 heures du matin avec leurs maris pour se rendre au travail et portant dans leurs bras leurs petits enfants pour les livrer aux gardeuses qui ont coutume de leur faire boire un somnifère pour qu'ils se tiennent tranquilles.* » Quand on a rencontré ces réalités, on aime à se réfugier vers l'idéal rêvé par M. Gladstone, et à côté duquel la *crèche* ne semble plus qu'un mal nécessaire. Mais lorsque, dans notre milieu social, on voit sur place, comme nous l'avons vu autour de Paris, dans quelles conditions des milliers de mères, obligées d'aller en journée pour vivre, abandonnent leurs enfants en bas âge dans les bouges ou les cloaques appelés des *garderies* ou *des maisons de sevrage*, l'œuvre des Crèches apparaît comme un bienfait assez grand

Crèches.

---

(1) La première Crèche a été ouverte à Chaillot, par M. Marbeau, le 14 novembre 1844.
(2) De la situation des ouvriers, etc., par le comte de Paris, 1873, p. 221.

pour assurer une place à son auteur parmi les grands hommes de bien de notre pays.

Les Crèches ont été, comme institution, l'objet d'attaques injustes. En fait, beaucoup d'entr'elles sont encore l'objet de reproches trop fondés; mais quelque défectueuse que soit assez souvent la pratique; quelque facheuse que soit là règle trop souvent appliquée, qui exclut les enfants naturels, il n'est pas permis d'oublier qu'en donnant aux mères qui travaillent hors de leur domicile, le moyen de réserver à leur enfant tout leur lait, de garder avec elles et de soigner cet enfant pendant la nuit et les jours fériés, les Crèches sont pour l'enfance pauvre, dans les classes ouvrières, un préservatif contre l'abandon et contre le nourrissage lointain. Aussi, lorsque l'honorable M. Marbeau, dont le zèle charitable ne connaît pas la fatigue, est venu demander à la Commission de faire entrer la question des Crèches dans son programme, a-t-il rencontré la respectueuse sympathie qui lui était due.

Les Crèches, comme les Sociétés de charité maternelle, sont des créations de la charité privée que l'Etat (1) a mises sous son patronage et qu'il encourage par des subventions. De même que les Sociétés de charité maternelle, elles n'ont pas reçu des développements proportionnés à l'étendue des besoins (2) et ne rendent encore que des services restreints. Le nombre d'enfants admis en 1872 dans les 63 Crèches dont l'existence est constatée par la statistique officielle dans 30 de nos départements, n'a été que de 2,266.

Le budget total des recettes de ces établissements, dans la même année, n'atteint pas 200,000 (198,550) fr., dans lesquels l'allocation de l'Etat entre pour 5,550 francs, celle des départements pour 4,400 francs, et celle des municipalités et des bureaux de bienfaisance pour 24,300 francs. Le produit total de la rétribution maternelle, qui représente le payement de

---

(1) En vertu d'un décret du 26 février 1862. Un réglement en date du 20 juin suivant a déterminé les conditions de l'établissement des crèches et les garanties à exiger.

(2) En 1868, il y avait 85 crèches. A une époque antérieure M. d'Escodeca de Boisse disait qu'il existait 400 crèches dans 65 départements.

20 c., par jour, que toute mère doit prélever sur son salaire, d'après le règlement, s'est élevé à 25,528 francs. Plus de la moitié de ces chiffres se rapporte à l'agglomération parisienne, qui compte 24 Crèches dont la recette totale a été, en 1872, de 106,057 francs et la dépense de 100,984 francs. La rétribution maternelle y a produit 16,350 francs.

L'hygiène exige plus impérieusement pour l'enfance que pour les autres âges de la vie, une habitation salubre ; c'est pourquoi la première nécessité pour établir une crèche est d'avoir un local assez spacieux pour assurer à la respiration de chaque enfant un cube d'air suffisant. Malheureusement la cherté des loyers dans les grandes villes a créé des obstacles que les ressources de la charité ont été souvent impuissantes à surmonter. A Paris, les visites auxquelles M. le Président et M. le comte de Melun ont pris part avec nous, ont confirmé les rapports (1) des médecins des Crèches sur tout ce qui manque à beaucoup de ces asiles au point de vue des conditions hygiéniques. Plusieurs fois, en outre, nous avons pu constater l'insuffisance du service intérieur et, aussi, le défaut d'un contrôle médical sérieux, défaut d'autant plus grave que nous avons vu partout le biberon jouer un rôle plus important. M. Marbeau, qui fait tant d'efforts pour parer à ces inconvénients, montre qu'ils se résument tous en une question de budget et réclame l'intervention de la loi pour en affranchir l'enfance. Il a proposé à la Commission un article additionnel au projet de loi, par lequel l'établissement d'une Crèche serait rendu obligatoire dans toute localité comptant plus de cent femmes obligées de travailler à journée hors de leur domicile. C'était poser un principe nouveau dans cette partie du libre domaine de la charité. La Commission a pensé qu'il ne lui appartenait ni de discuter ce principe, ni de rechercher toutes les conséquences qui résul-

---

(1) Voir notamment les deux rapports publiés sur les années 1872 et 1873, le premier par M. le docteur Léon Duchesne, le 2ᵉ par M. le docteur Despaulx Ader. La question de l'hygiène des crèches a été remarquablement traitée par M. le docteur Delpech, dans un rapport présenté en 1870 à l'Académie de médecine.

teraient de son application. Il lui appartient incontestablement d'exprimer le regret que des établissements aussi utiles aient une part si minime dans les secours de l'Etat. Dans le chapitre cité plus haut du budget de 1875, la part des Crèches, dans la dotation totale des institutions de bienfaisance, qui s'élève à 706.000 fr., ne figure que pour 6.000 fr. Ne devrait-elle pas égaler au moins le produit des centimes payés par les mères pauvres sur le salaire de leur travail?

Parmi les documents dont la Commission a disposé, un grand nombre ne sont ni assez explicites, ni assez probants pour permettre de déterminer avec précision l'influence du régime des Crèches sur la mortalité du premier âge. Ces documents prouvent que les chiffres varient beaucoup suivant les conditions; ils prouvent aussi que lorsqu'une Crèche est bien établie et bien dirigée, la mortalité descend au niveau que nous avons appelé normal, c'est-à-dire au niveau que l'on retrouve partout lorsque l'allaitement maternel domine. A Paris la mortalité s'est souvent abaissée à (1) 8 p. 100. Ce chiffre est encore ici le plus éloquent des plaidoyers. Il prouve mieux qu'aucun discours l'influence salutaire d'une Crèche bien tenue, et les avantages qu'il y aurait à étendre par des combinaisons nouvelles, à l'usage de cette partie de la population vouée au petit commerce ou aux diverses industries des grandes villes qui s'adresse aux nourrices de campagne, les avantages de l'allaitement maternel ou mixte suivant le système des Crèches.

*Sociétés protectrices de l'enfance.* — Les révélations récentes de la statistique sur l'excessive mortalité des enfants confiés aux nourrices de campagne, ont, en montrant l'insuffisance du secours des Crèches et des Sociétés de charité maternelle, provoqué contre l'allaitement

---

(1) M. Marbeau a fait part à la commission du rapport sur la crèche-asile Saint-Philippe pour 1873, qui commence par la déclaration : « *Qu'aucun décès n'a eu lieu pendant cette année.* » « C'est la première fois depuis trente ans, ajoute M. Marbeau, que j'ai le plaisir de voir : 0 décès ! »

mercenaire et en faveur de l'allaitement maternel, un nouveau mouvement d'opinion, qui s'est fortement prononcé vers 1866 et duquel est née la *Société* (1) *protectrice de l'Enfance de Paris*. Secondé par les discussions de l'Académie de médecine et par les résultats de l'enquête provoquée par ces discussions, ce mouvement s'est étendu rapidement. Lyon d'abord (1866); puis Tours, le Havre, Rouen, Pontoise, Marseille ont eu leurs Sociétés protectrices, établies sur le patron de celle de Paris. Bordeaux fonde en ce moment la sienne.

Toutes ces associations poursuivent, avec des moyens peu différents, le même but, indiqué dans les articles suivants de leurs statuts :

1° Mettre en honneur et propager l'allaitement maternel.

2° Préserver les [enfants des dangers qui les menacent en nourrice loin de leurs familles.

3° Les protéger contre l'abandon, l'incurie, les mauvais soins, les mauvais traitements.

4° Vulgariser les préceptes de l'hygiène physique et morale de l'enfance.

Il faut rendre à la médecine française un juste témoignage : c'est à elle qu'est due la part principale dans l'initiative (2) et la direction du mouvement soutenu qui s'est produit en faveur des nourrissons, et l'honneur des résultats pratiques, revient aussi presque tout entier au personnel dévoué qu'elle a fourni dans l'inspection médicale gratuite qui fonctionne en ce moment sur plusieurs points du territoire.

---

(1) Cette société constituée sous l'impulsion du docteur Alex. Mayer, son promoteur et sous la présidence de M. Félix Boudet, a été autorisée en août 1867 et reconnue comme établissement d'utilité publique par décret du 15 mai 1868. Aux premiers débuts de la propagande active qui a abouti à la création des Sociétés protectrices de l'enfance, nous devons rattacher une publication faite à Tours en 1853, sous ce titre : *Observations sur l'alimentation du premier âge* par A. Bodart. L'auteur, qui est aujourd'hui secrétaire général de la Société protectrice de l'enfance d'Indre-et-Loire, demandait déjà une réglementation de l'industrie nourricière en province et l'organisation d'une inspection des enfants en nourrice.

(2) Les Sociétés protectrices des départements ont eu pour principaux fondateurs : à Lyon, le docteur Rodet ; au Hâvre, le docteur Lecadre ; à Tours, M. Bodart, ancien pharmacien ; à Rouen, le docteur Laurent ; à Pontoise, le docteur Bibart ; à Marseille, le docteur Maurin.

Tout ce zèle déployé depuis quelques années par ces sociétés nouvelles, explique l'émotion vive avec laquelle elles ont accueilli un projet de loi que plusieurs d'entre elles avaient sollicité, de concert avec les Conseils généraux de différents (1) départements. Les délégués des Sociétés protectrices françaises se sont réunis à Paris, en conférence, au moment où la Commission commençait ses travaux et, sur leur demande, ils ont été admis à exposer devant elle les résultats de leurs délibérations et à soutenir différents amendements au projet de loi. Les extraits des procès-verbaux de ses séances, que la Commission a jugé utile d'annexer à ce rapport, font connaître les détails principaux de ces communications et de la décision en vertu de laquelle il est proposé dans l'art. 2 du Projet de loi, d'admettre les administrateurs des Sociétés protectrices de l'enfance, au même titre que ceux des Crèches et des Sociétés de charité maternelle, à faire partie, de droit, des Comités départementaux de protection des nourrissons.

Une participation plus directe à l'exécution de la loi avait été d'abord réclamée. Mais elle aurait entraîné avec elle une part proportionnelle de la responsabilité qui ne convient qu'à l'autorité publique. A cet inconvénient majeur, au point de vue des principes, s'ajoutaient des impossibilités pratiques. Comment obtenir la généralité, la régularité, la fixité d'action

---

(1) Les vœux suivants ont été émis pendant l'année 1872 :

« Que l'industrie nourricière soit réglementée et, qu'en attendant, une surveillance plus active soit exercée par l'autorité locale sur les nourrices et sur ceux qui les leur amènent dans toutes les communes où existent des nourrissons de Paris. (Département du Cher).

— » Que la commission sur la mortalité des nouveau-nés instituée en 1869, et dont les travaux ont été interrompus par la guerre, soit reconstituée. (Loir-et-Cher).

— » Qu'une loi intervienne pour réglementer l'industrie nourricière. (Indre-et-Loire).

— » Qu'une loi instituant une sévère surveillance administrative et médicale de l'industrie nourricière et édictant des pénalités contre les faits d'incurie notoire qui sont la cause de l'effroyable mortalité des enfants mis en nourrice ou en sevrage, soit présentée d'urgence à l'Assemblée nationale (Seine).

— » Que l'étude sur la mortalité des nourrissons soit reprise et qu'un projet de loi soit présenté à l'Assemblée nationale, pour que l'industrie des nourrices soit réglementée et surveillée comme le sont les industries réputées dangereuses (Seine-et-Oise).

— » Surveillance sur le transport des enfants assistés et des enfants placés en nourrice par les parents non-domiciliés dans la contrée, comme des enfants envoyés de Paris en province (Sarthe). »

qu'exige l'exécution de la loi, de sociétés encore peu nombreuses, ayant une consistance inégale et soumises à toutes les chances de l'imprévu? Aussi tout esprit non prévenu, reconnaîtra-t-il sans peine qu'il a été fait dans le Projet de loi, non-seulement tout ce que permettait l'intérêt supérieur des nourrissons, mais tout ce qui était possible pour utiliser, en l'honorant, le zèle des Sociétés protectrices et, en même temps, ce qui est le plus désirable pour leur prospérité qui trouvera toujours sa meilleure garantie dans le maintien de leur indépendance originelle.

## V.

Après avoir demandé à la science des données pratiques incontestables sur les principales questions du nourrissage; après avoir examiné dans quelle mesure les forces libres de la charité et de l'association peuvent concourir à l'exécution de la loi, la Commission a complété la première partie de sa tâche par l'étude de ce qu'on pourrait appeler l'ancienne législation de l'industrie nourricière.

*Anciennes lois et ordonnances concernant le louage des nourrices.*

Les documents en sont nombreux. Nous avons déjà cité le Recueil qui en a été fait, sur la fin du règne de Louis XV, sous le titre de *Code* (1) *des nourrices*. Ces documents présentent en effet un ensemble assez complet pour mériter ce nom. Les extraits qui suivent suffiront pour établir que

---

(1) *Code des nourrices*, ou Recueil des Déclarations du roi, Arrêts du parlement, Ordonnances et Sentences de police, concernant les nourrices, les Recommandaresses, les meneurs et meneuses. A Paris, de l'imprimerie de Philippe Denys Pierre, imprimeur du roi et de la police, rue Saint-Jacques. MDCCLXXXI, in-12.

L'administration de l'assistance publique possède un exemplaire de ce petit livre très-rare, que M. du Bourgneuf a bien voulu mettre à notre disposition. La *Note* in-4° publiée par ordre de la préfecture de police, sur la demande de la commission instituée en 1869 au ministère de l'intérieur, n'est, à part la mention sommaire de quelques actes antérieurs à la déclaration du roi de 1715 et des actes postérieurs à la révolution, qu'une reproduction abrégée de ce *Code des nourrices.*

parmi les dispositions soumises à l'Assemblée, il n'en est presque aucune qui n'ait été suggérée à nos devanciers par l'expérience. La plupart des prescriptions concernant les certificats, les registres de déclarations, les conditions à imposer aux agents des placements, ont été mises en pratique sous l'ancienne monarchie. Lorsque le préfet de police a voulu faire, en 1842, un effort devenu nécessaire pour réprimer les abus criants du régime de liberté appliqué au trafic des nourrissons parisiens, il n'a eu qu'à remettre en vigueur les plus importantes de ces prescriptions. Nous pouvons ajouter que l'œuvre proposée en ce moment à l'Assemblée, aura pour principal effet de faire revivre ces dispositions anciennes, donnant une application plus générale et mieux combinée que par le passé.

On remarque, dans ce qui vient d'être appelé *l'ancienne législation*, deux défauts, sans parler des dispositions surannées et des pénalités excessives. Les actes dont elle se compose n'avaient qu'un caractère local ; inspirés par les besoins de la population parisienne, ils ne visaient pas à étendre leur bienfait au-delà du ressort du Parlement de Paris et de la juridiction effective du Lieutenant-général de police, auquel l'exécution était confiée. En second lieu, les moyens d'exécution n'ont jamais été en rapport avec l'importance du but proposé. On était trop enclin à attendre de l'intimidation et de la menace de peines corporelles, l'efficacité d'action que peuvent seuls produire un contrôle exact et une surveillance aussi étendue que les abus à réprimer.

Sous ce double rapport il est impossible de méconnaître l'insuffisance de l'œuvre de l'ancien régime. Pour le reste (nous devons cette justice au passé) les réglements mis en vigueur de notre temps et le travail législatif commencé en 1869 et qu'il s'agit de terminer, n'ont eu le plus souvent qu'à la prendre pour modèle.

Déjà, en plein moyen-âge, les inconvénients et les dangers de livrer un nourrisson à une femme qui devait lui faire partager avec un autre enfant son lait et ses soins, avaient dicté au roi Jean l'article de son Ordonnance qui interdit aux *Re-commandaresses*, sous peine du Pilori, de confier plus d'un enfant *par an* à la même nourrice.

La règlementation du privilége des Recommandaresses, ébauchée dans cette même Ordonnance, ne pouvait pas parer aux abus que facilitait la concurrence des Recommandaresses entr'elles ; des Lettres patentes de Louis XIII, datées de 1615, tentèrent d'y porter remède, d'abord en limitant à 4 le nombre des Bureaux privilégiés, ensuite en multipliant les moyens de contrôle, sous forme de déclarations et de certificats à exiger des nourrices, en même temps que des parents des nourrissons. La principale garantie jugée dès lors necessaire aux familles, consistait dans un certificat delivré par les Curés aux nourrices de leur paroisse pour établir leur état-civil, leurs mœurs et leur religion. Les Recommandaresses, de leur côté, c'est à dire les Bureaux de placement, devaient tenir un registre, coté et paraphé par l'autorité et sur lequel le contenu des certificats des Curés était transcrit.

*Certificats délivrés par les curés.*

Nous éviterons toute citation de luxe en rappelant ces précédents législatifs. Mais en arrivant à la dernière année du règne de Louis XIV, nous trouvons dans la *Déclaration* royale donnée à Versailles le 29 janvier, et par laquelle les bureaux des Recommandaresses étaient placés sous la surveil-lance d'un des commissaires du Châtelet, un de ces modèles à citer dont on peut dire que le cadre seul a vieilli :

Les garanties exigées pour les familles par la Déclaration de 1715 sont les suivantes :

La Déclaration exige (art. IV) que le certificat contienne « l'âge de l'enfant dont la nourrice est accouchée ; qu'il éta-blisse s'il est vivant ou mort ; si la nourrice a ou n'a point d'autre nourrisson. (art. V). »

Elle exige « qu'il soit pareillement fait mention sur les » registres, tant du nom et de l'âge de l'enfant qui sera donné » à la nourrice, que du nom, de la demeure et de la profession » de son père ou de la personne de qui elle aura reçu l'enfant ; » qu'il soit délivré une copie du tout à chaque nourrice par

» la Recommandaresse et que cette copie soit visée par le
» commissaire (art. VII); que ladite copie soit présentée par
» la nourrice à son curé qui lui en donnera un certificat,
» lequel doit être envoyé au Lieutenant général de Police qui
» le fera remettre à chacune des Recommandaresses pour être
» joint au premier certificat du curé, dont sera fait note sur
» le registre en marge de l'article, à quoi le commissaire tien-
» dra la main » (art. VIII).

Par d'autres articles, « défense est faite aux nourrices d'avoir
» en même temps deux nourrissons, à peine du fouet contre
» la nourrice et de 50 livres d'amende contre son mari (art. XI).»
Il leur est prescrit, sous les mêmes peines, « d'avertir les
» pères, mères ou autres personnes, de qui elles auront reçu les
» enfants, des empêchements qui ne permettront plus d'en con-
» tinuer la nourriture et des raisons qui les auront obligées de
» les remettre à d'autres dont elles indiqueront, en ce cas, le
» nom, la demeure et la profession ; — en cas de grossesse, d'en
» donner avis, au moins dans le deuxième mois ; — en cas de
» décès des enfants, d'en avertir de même et d'envoyer aux pa-
» rents l'extrait mortuaire desdits enfants (art. XII). — Défense
» est faite aux nourrices de renvoyer leur nourisson, même
» pour défaut de paiement, sans en avoir averti les parents et
» reçu un ordre exprès de leur part; avec ordre, en cas de
» négligence des parents à répondre, de s'adresser au Lieute-
» nant-général de police qui y pourvoira, soit en faisant payer
» les mois échus, soit en faisant remettre l'enfant en d'autres
» mains (art. XIV). »

Une Déclaration du Roi donnée à Versailles le 1ᵉʳ Mars 1727,
fixait le délai de quinzaine pour l'envoi aux familles, en cas
de mort, des certificats de mort des enfants (art. II). Elle imposait aux meneurs et meneuses de nourrices un certificat du
curé de leur paroisse, comme aux nourrices elles-mêmes; elle
ordonnait l'inscription du contenu des certificats sur un registre tenu par les Recommandaresses (art. III); elle défendait à
toute personne ne remplissant pas ces conditions de faire
la profession de meneur ou meneuse, à peine de 50 livres

d'amende et d'emprisonnement (art. V); elle imposait aux meneurs et meneuses le Registre particulier que la police exige d'eux aujourd'hui (art. VII); elle punissait de peines corporelles les faux certificats produits par les nourrices, meneurs ou meneuses (art. VIII). En cas de mort des enfants en chemin, elle leur ordonnait d'en faire leur déclaration sur le champ au premier juge ou curé du plus prochain village qui leur en donnera un certificat et d'envoyer ensuite l'extrait mortuaire, conformément à l'article XII de la déclaration de 1715.

Le préambule d'une Ordonnance de police du 13 février 1740 donne la preuve que les prescriptions relatives aux certificats étaient souvent mal observées; que les nourrices de campagne venaient sans certificats des curés prendre des nourrissons aux bureaux des Recommandaresses, et que leurs meneurs et meneuses continuaient à ne point remettre aux curés des paroisses les certificats de renvoi délivrés par les Recommandaresses, *» ce qui mettait lesdits curés non seulement hors d'état de connaître les parents des nourissons pour les informer du bon ou du mauvais état de ces enfants, mais les empêchait, quand ils venaient à mourir dans leurs paroisses de remplir convenablement leurs registres mortuaires.* « Pour obvier à cet inconvénient la nouvelle Ordonnance ajoutait aux prescriptions antérieures, l'ordre aux meneurs et meneuses, à peine de 60 livres d'amende, d'apporter, à leur retour, au bureau de la Recommandaresse, une attestation des curés de la remise à lui faite des certificats de renvoi.

Une Ordonnance de police du 9 mai 1749, étend l'obligation des certificats « aux nourrices de la campagne qui viendront prendre à Paris des nourrissons dans les maisons des bourgeois, lorsqu'elles en seront requises par les pères et mères des enfants, sans se présenter au bureau des Recommandaresses. » Défense leur était faite, à peine de 50 livres d'amende, de se charger desdits enfants et de partir de Paris sans être munies d'un certificat des pères et mères des enfants analogue aux certificats de renvoi donnés par les bureaux de Recommandaresses.

Une Ordonnance beaucoup plus importante, portant la date du 17 Décembre 1762 et la signature du Lieutenant-général de Police, de Sartine, renouvela les anciennes prescriptions relatives aux certificats et en ajouta de nouvelles.

Le certificat délivré aux nourrices par le curé, vicaire ou desservant de leur paroisse, doit désormais indiquer « le jour » de la mort du dernier enfant de la nourrice s'il est décédé; » déclarer si elles ont chez elles un berceau ou couchette pour » pouvoir y coucher leur nourrisson, et afin d'éviter toute » surprise de la part des nourrices sur l'âge de leur dernier » enfant, elles seront tenues de faire mettre en tête du dit » certificat l'extrait baptistaire du dit enfant. »

L'article 2 porte : « Ne pourront, lesdites nourrices, se » charger d'aucun nourrisson que leur dernier enfant ne soit » sevré et âgé de 7 mois, à moins qu'elles ne l'aient confié à une » autre nourrice pour l'allaiter, ce qui sera attesté par un cer- » tificat du curé, vicaire ou desservant; leur défendons de » prendre un nouveau nourrisson deux ans après être accou- » chées, le tout à peine d'être privées de leurs salaires et de » 50 livres d'amende contre le mari. »

L'article 5 marque un autre progrès : « Ordonnons que les » nourrices qui viendront à Paris chercher des nourrissons » seront visitées par le médecin et le chirurgien que nous » avons commis à cet effet, lorsque les parents le requerront » ou que les recommandaresses ou l'officier par nous chargé » de l'inspection le jugeront à propos..... Pourront égale- » ment, les nourrices, même les meneurs et meneuses, faire » visiter par lesdits médecins et chirurgiens les enfants qui » leur seront confiés, et les pères et mères ou autres person- » nes faire faire par les mêmes médecin et chirurgien la vi- » site desdits enfants lorsqu'ils leur seront rapportés, les- » quelles visites seront faites gratuitement et sans frais..., » et il sera fait des rapports desdites visites, lesquels nous » seront remis. »

Avec la Déclaration du Roi du 24 juillet 1769, qui rempla- ça l'ancienne industrie des Recommandaresses par un véri-

table service administratif, commence une nouvelle période. Le texte de cet acte témoigne qu'on s'était enfin convaincu que là où les moyens d'exécution et de contrôle font défaut, les prescriptions les plus judicieuses demeurent stériles. Déjà, auparavant, le lieutenant-général de Sartine semblait avoir reconnu que tout le système de garanties établi par les Ordonnances était miné dans la pratique par l'insuffisance des moyens de surveillance. Il avait tenté de parer à ce défaut en utilisant pour cette surveillance les meneurs et meneuses, dont il avait cherché à mieux réglementer le recrutement et les fonctions. Il avait, en conséquence, dans l'ordonnance de 1762, prescrit à ces agents « de veiller avec soin sur les nourrices
» de leur département; et s'il survient à quelques-unes,
» était-il dit, des empêchements d'allaiter, ou que lesdits
» nourrissons soient en mauvais état, lesdits meneurs et
» meneuses en donneront avis aux curés des paroisses, afin
» qu'ils puissent informer les pères et mères, faire même re-
» mettre les nourrissons à d'autres nourrices, si le cas le re-
» quiert. Leur défendons de changer aucun enfant de nour-
» rice sans en avoir reçu l'ordre des parents ou du curé de
» la nourrice auquel il avait été confié; desquels ordres il
» sera fait mention au bas du certificat de renvoi de la pre-
» mière nourrice, ainsi que du nom de la femme auquel il
» sera confié et du nom, profession et demeure de son mari;
» et ledit certificat sera porté par le meneur ou meneuse de
» la seconde nourrice, si elle ne demeure pas dans la même
» paroisse que la première. »

En réalité, ces mesures n'ajoutèrent rien aux garanties des familles; mais comme, d'autre part, elles livrèrent le louage des nourrices à la discrétion des meneurs, elles eurent des inconvénients si graves que le roi crut devoir prononcer, par la Déclaration donnée à Compiègne le 24 juillet 1769, la suppression des quatre bureaux des Recommandaresses et l'établissement « d'un *Bureau général capable de contenir avec ordre et propreté toutes les femmes de campagne qui viendraient y chercher un nourrisson.* »

A cet essai de transformer l'industrie nourricière en un service public, la Déclaration de Compiègne en joignit une autre innovation, indiquée comme il suit dans l'article 14 :

« Il sera préposé par le lieutenant-général de police un ou
» plusieurs inspecteurs de tournée, qui se transporteront
» dans tous les endroits où il y aura des nourrissons de Paris,
» à l'effet de visiter ces nourrissons et d'exécuter tout ce qui
» leur sera ordonné par ledit lieutenant-général de police. »

Quels ont été, dans la pratique, les résultats de cette inspection? L'auteur d'un travail (1) remarquable sur la Direction municipale des nourrices a dit « qu'elle semble n'avoir existé que sur le papier. » Il ajoute que quelques inspecteurs nommés en exécution de la Déclaration du roi, « furent remplacés par des médecins pris sur les lieux. » « Nous n'avons trouvé, dit-il enfin, aucune trace de l'action de ceux-ci. »

VI.

Dispositions du projet de loi empruntées à la législation ancienne.

On n'a pas besoin d'invoquer d'autres textes pour être en droit de conclure que le louage des nourrices et le placement des nourrissons à la campagne n'ont jamais été considérés comme une industrie libre et que tous les efforts de l'autorité publique ont tendu, au contraire, à les assimiler à un service public, dans lequel l'expérience a révélé de plus en plus la nécessité d'une sévère réglementation, et surtout d'une surveillance attentive.

La tâche qui s'impose à l'Assemblée, consistant à étendre par une loi à tous les nourrissons français, la protection que les anciennes *Ordonnances*, *Déclarations*, *Lettres-patentes* du roi, les *Arrêts de Parlement*, les *Ordonnances* et *Sentences* de police, tendaient à assurer aux nourrissons parisiens, la Commission a dû chercher, d'une part, ce qui peut être profi-

---

(1) Rapport sur la Direction municipale des nourrices, par M. Vée, chef de la division des secours et des enfants assistés. (7 janvier 1863). Imprimé en 1866, in-4°.

tablement emprunté à cette législation ancienne ; d'autre part, ce qu'il est nécessaire d'y ajouter. Les articles cités plus haut, rapprochés des articles du Projet de loi, font connaître, sans que nous ayons à y joindre aucun commentaire, les mesures empruntées à la législation du siècle dernier, et celles qui constituent des additions indispensables pour adapter ces mesures à notre temps et assurer l'efficacité de la loi nouvelle.

On reconnaîtra par la simple lecture des articles 6, 8, 9, 10, 11, 12 et 14 du Projet de loi que la Commission (1) ministérielle de 1869 (du travail de laquelle ces articles proviennent, sauf des modifications secondaires de rédaction) s'était bornée à mettre à profit des règles consacrées dans le siècle dernier et appliquées du reste aujourd'hui avec plus ou moins de précision, soit dans le service des Enfants assistés de la Seine, soit dans celui de la Direction municipale des nourrices de Paris, soit même dans les bureaux particuliers régis par l'Ordonnance de police du 20 juin 1842.

Ces articles ont principalement pour objet :

De déclarer soumis à la surveillance spéciale instituée par la loi toute personne recevant chez elle, moyennant salaire, un nourrisson ou un ou plusieurs enfants en sevrage ; les bureaux de placement et tout intermédiaire de profession qui effectue des placements (article 6).

De spécifier les garanties à exiger des nourrices et des gardeuses, au moyen de certificats des maires et des médecins (article 8).

De spécifier les obligations à imposer aux nourrices, à partir du moment où l'enfant leur est confié jusqu'au terme du nourrissage (article 9). Ici se présentent : la déclaration à la mairie dans le délai de trois jours, remplaçant la déclaration au curé, et la remise d'un bulletin contenant un extrait de

---

(1) Cette Commission était formée de MM. Le Royer, président ; de Mentque, Le Pelletier d'Aunay, de Beauverger, de Makau, Merruau, Genteur, de Bosredon, Husson, Marbeau, Chauchat, Durangel, Bucquet, Mettetal, F. Boudet, Broca, Blot, Lenoir, Follet et Burin des Roziers.

l'acte de naissance, à la place de la remise au curé d'un extrait baptistaire; l'obligation de déclarer tout changement de résidénce, le retrait ou tout autre déplacement de l'enfant, ainsi que son décès, s'il y a lieu.

De prescrire l'ouverture dans les mairies d'un registre spécial pour les déclarations précédentes (art. 10).

D'imposer à l'ouverture d'un bureau de nourrices et à l'exercice de la profession d'intermédiaire pour le placement, la condition de l'autorisationn préalable (art. 11).

De laisser en réserve pour un règlement d'administration publique tous les points non réglés expressément par la loi; l'organisation du service de surveillance, de l'inspection médicale qui pourra être institué dans certains départements, et les autres mesures d'exécution de la loi (art. 12).

Dans tout ce système de mesures, on rencontre une seule innovation : l'établissement obligatoire dans les mairies d'un registre spécial pour les nourrissons et les nourrices. Encore la nouveauté consiste-t-elle dans un mode d'application différent, c'est-à-dire plus rigoureux et généralisé, d'un contrôle dont la nécessité s'est imposée, il y a plus d'un siècle, et forçait l'autorité de réclamer des chefs spirituels des paroisses, la plus grande partie de ce que la loi va exiger des chefs civils des communes. Sans cette mesure le reste de la loi serait inutile; seule elle permet d'en assurer l'application, de même que la statistique spéciale, instituée par un autre article peut seule faire connaître les résultats de cette application.

Dans les autres articles qui le composent, le Projet de la Commission s'écarte davantage de l'ancien *Code des nourrices* et même de la rédaction de la Commission de 1869, présentée par nous le 24 mars 1873, à l'Assemblée. Des motifs de convenance indiqués dans l'*Exposé des motifs* empêchaient alors l'auteur de cet *Exposé* d'y apporter des modifications qu'il se réservait de proposer en temps utile. Aussi lorsque les discussions ont commencé au sein de la Commission, le texte de la Proposition première s'est-il trouvé en face de plusieurs contre-projets. Les *Extraits* des procès-verbaux joints à ce rapport, contiennent ces rédactions nouvelles dont l'une, proposée par l'auteur de ce rapport a été choisie, comme texte de discussion parce qu'elle a paru, en posant plus nettement les principes, écarter des détails secondaires et des dispositions d'un caractère plutôt réglementaire que législatif.

Le projet de la Commission de 1869 nous a offert une idée qui pourrait être appelée nouvelle, en ce sens qu'elle n'a pas de précédents dans l'ancien *Code des nourrices:* celle d'asseoir la protection des nourrissons sur la création de Comités départementaux et locaux de surveillance et d'un Comité supérieur siégeant à Paris, au Ministère de l'Intérieur. L'expérience, si imparfaite et incomplète qu'elle ait été jusqu'à ce jour, des comités de patronage des enfants assistés, institués en exécution d'une instruction ministérielle de 1862, recommandait d'une manière particulière cette question à notre attention. Elle a été longuement discutée, et, de même que ses devanciers de 1869, la Commission y a trouvé une des parties vitales de la nouvelle loi.

L'expérience de l'ancien régime, en montrant le peu d'efficacité de tant de sages mesures, portait un enseignement rendu plus décisif par l'expérience des bons effets obtenus, dans plusieurs départements, de l'application de l'instruction ministérielle du 2 novembre 1862. Des insuccés du dernier siècle et des bons résultats obtenus localement depuis dix ans, il sortait en effet cette conclusion: qu'une solide organisation locale des moyens de surveillance peut seule faire fructifier la nouvelle loi, et que pour obtenir tous les éléments nécessaires à cette surveillance, il est nécessaire de mettre à contribution toutes les forces sociales. Il faut recourir d'abord à l'autorité publique qui seule peut généraliser l'action de la loi et répondre de son égale application ; il faut s'adresser ensuite à la charité et à l'association, en rattachant étroitement à l'action de l'autorité publique des comités dans lesquels les sociétés qui s'occupent spécialement du premier âge auront place de droit. Enfin cette organisation doit être soutenue, partout où le développement de l'industrie nourricière l'exige, par une inspection médicale indispensable pour exercer un contrôle rigoureux. Telle est la partie essentielle du programme de la protection légale des nourrissons à laquelle les cinq premiers articles du Projet de la Commission sont principalement consacrés.

L'article 1er, donne à l'établissement d'une surveillance confiée à l'autorité publique la forme d'une déclaration de principe ; il porte que « *tout enfant âgé de moins de deux ans, qui est placé moyennant salaire en nourrice, en sevrage ou en garde, hors du domicile de ses parents, devient, par ce fait, l'objet d'une surveillance de l'autorité publique dans le but de protéger sa vie et sa santé.* » La Commission a attaché à cette formule un double intérêt. Elle a pensé que dans des lois de cette espèce, l'effet moral ne saurait être dédaigné et qu'il faut s'en préoccuper presqu'autant que des moyens de répression. S'il est vrai que la science et l'expérience ont établi comme vérité de fait, que les mères qui n'ont pas assez de lait pour nourrir leur enfant, peuvent néanmoins remplir avec avantage pour l'enfant et pour elles, leur devoir de maternité en s'aidant de l'allaitement artificiel, il ne saurait être inutile d'agir par le texte même de la loi contre la facilité trop commune avec laquelle les mères livrent loin d'elles leurs enfants à des soins mercenaires, d'aider le sentiment maternel à reprendre son empire et de marquer la direction dans laquelle les mœurs, l'opinion et l'assistance sociale ont à faire un effort courageux.

La Commission a considéré également comme d'un bon effet moral, en même temps qu'elle y a trouvé un moyen de contrôle sur la vie des nourrissons, la disposition empruntée à l'ancien régime, par laquelle on exigeait des parents, comme condition préalable au placement de leur enfant en nourrice, le dépôt d'un extrait baptistaire de cet enfant. L'article IV de l'Ordonnance de 1762 portait : « Toutes personnes qui se présenteront au bureau des recommandaresses pour y prendre des nourrices seront tenues d'y déposer l'extrait baptistaire des nourrissons —

défendons aux recommandaresses, de procurer des nourrices à ceux qui ne leur auront pas remis ledit extrait baptistaire. » L'article 7, du Projet de loi porte : « Toute personne qui place un enfant en nourrice, en sevrage ou en garde, moyennant salaire, est tenue d'en faire la déclaration à la mairie de la commune où a été faite la déclaration de naissance de l'enfant et de remettre à la nourrice un bulletin contenant un extrait de l'acte de naissance de l'enfant qui lui est confié. »

Le dépôt exigé par l'Ordonnance de 1762 avait pour but de prévenir des erreurs de nom qui avaient été constatées, et « *d'assurer l'état des enfants et la tranquillité des familles.* » La Commission a eu le même but dans la rédaction de l'art. 7 du projet, complétée par le § 2 de l'article 9, lequel prescrit à la nourrice la remise au maire de la commune de son domicile, de l'extrait de l'acte de naissance du nourrisson. Elle a voulu par ces mesures et par la déclaration imposée aux parents, non-seulement assurer l'état civil de l'enfant, mais aussi donner à la statistique les moyens d'établir une véritable comptabilité des nourrissons. Elle a voulu enfin que par l'obligation de déclarer à la mairie tout placement en nourrice, il ne soit plus possible à aucune famille d'ignorer que la séparation de la mère et de son enfant nouveau-né, et la remise de celui-ci à une femme mercenaire qui l'emporte au loin, sont considérées comme des actes dont la société s'inquiète, que la loi surveille et dont elle exige la constatation.

Deux points sont encore à noter dans l'article 1 du projet de loi : 1° *l'âge de deux ans* comme limite légale de la protection spéciale instituée en faveur du 1er âge; 2° l'adjonction à la catégorie *des enfants en nourrice*, d'une catégorie appelée : *enfants en sevrage ou en garde.*

La Commission s'est moins préoccupée de la définition scientifique du premier âge que d'une délimitation pratiquement utile de la période pendant laquelle la vie de l'enfant n'est pas encore entourée des garanties communes. Dans le langage habituel des médecins, le 1er âge correspond à la durée de l'allaitement, qui est le plus généralement d'environ 12 mois ; mais l'étude des faits a démontré qu'en enfermant la loi dans cette limite, on laisserait sans protection un grand nombre d'enfants qui en ont le plus urgent besoin. D'abord, dans certaines provinces, notamment dans le midi, l'allaitement se poursuit très-avant dans la 2ᵉ année ; en outre, dans tous les grands centres, les enfants dont les mères travaillent ne sont reçus à la salle d'asile qu'après la 2ᵉ année révolue. Jusqu'à ce moment, ils n'ont contre le délaissement d'autre refuge que les crèches, lesquelles n'ont reçu en 1872 que 1.359 enfants à Paris, et 2,266 dans la France entière. Ainsi s'explique ce nombre si considérable, encore incalculé et inconnu d'enfants en bas âge qu'on trouve réunis et entassés par groupes, dans ces misérables demeures qui tiennent lieu de Crèches, et que nous avons déjà mentionnées sous les noms de *Garderies* et *Maisons de sevrage*.

Garderies et maisons de sevrage.

L'attention de la Commission avait été trop sérieusement éveillée sur ces faits pour qu'elle n'ait pas cherché à porter son investigation directe sur ceux qui s'offraient à sa portée dans le rayon de Paris. Elle s'est assurée d'abord qu'il n'est pas possible, dans les conditions présentes, de connaître exactement l'étendue du mal. Le nombre des maisons de sevrage soumises à l'inspection de la police est considérable ; mais il est fort au-dessous du nombre réel. Si l'on en jugeait par certaines parties de la banlieue, on pourrait dire qu'il n'en représente pas la moitié. Enfin, en y regardant encore de plus près, nous avons pu voir que les établissements connus de la police échappent presqu'aussi complètement à sa surveillance que ceux qui lui sont inconnus. L'évidence de ce fait apparaît lorsqu'on met en parallèle l'étendue de la tâche à remplir avec le personnel qui en est chargé. La préfecture de police n'a que deux inspecteurs des maisons de santé du département de la Seine. L'une des deux circonscriptions d'inspection compte 544 établissements au nombre desquels figurent 48 maisons de sevrage dans Paris et 60 dans la banlieue. L'autre circonscription compte 270 établissements, dont 25 maisons de sevrage dans

Paris et 40 dans la banlieue. Aussi, pendant notre visite des crèches, dans les environs de Paris, nous a-t-il été facile de découvrir des garderies inconnues de la police ; et tout ce que nous avons pu constater ou apercevoir par la suite (1) nous a donné la conviction que le bienfait de la loi serait perdu pour

---

(1) L'exemple suivant permettra d'apprécier ces situations par un de leurs traits caractéristiques : Le 10 mars 1874, le président et le secrétaire de la commission visitaient la crèche de Saint-Vincent-de-Paul, à Clichy-la-Garenne. La religieuse directrice leur dit, à leur grande satisfaction, qu'on recevait, sans difficulté, les enfants des filles-mères qui se présentaient. Elle leur montra, comme preuve, une jeune ouvrière en passementerie, âgée de 20 ans à peine, qui allaitait son enfant âgé de 6 mois environ. Les visiteurs s'étant approchés de la jeune mère pour la questionner, apprirent qu'obligée de mettre son enfant en garde le jour, pour pouvoir travailler, elle s'était d'abord adressée à une gardeuse dont elle donna le nom et l'adresse et qui gardait l'enfant au prix de 0 fr. 80 par jour. C'était très cher et la jeune mère suivit, par économie, le conseil qui lui fut donné de s'adresser à la crèche qui exige 20 c. seulement

Le nom et l'adresse de la gardeuse ne figuraient pas sur la liste des garderies autorisées de la circonscription de l'inspecteur qui accompagnait les membres de la commission. C'était une occasion de surprendre un de ces établissements dans son fonctionnement clandestin. Les membres de la commission s'y firent conduire par l'inspecteur. Au fond d'une allée, un escalier étroit et humide, les conduisit au deuxième étage, sous le toit, dans une pièce étroite et basse où une femme de 60 ans environ paraissait faire une sorte de lessive. Trois lits ou plutôt trois grabats occupaient la plus grande partie de la chambre ; deux étaient occupés, l'un par un petit garçon d'environ 15 mois, dont la face était livide et qui semblait endormi par un narcotique : « il buvait, disait la gardeuse, une potion portée par sa mère, qui travaillait en journée, et dont le mari, poitrinaire, était à l'hôpital pour n'en pas revenir. » La mère emportait l'enfant chaque soir et payait 80 c. par jour. L'autre enfant, presque du même âge, était gardé à demeure au prix de 25 fr. par mois ; il était nourri au biberon avec du lait acheté chez la laitière voisine au prix de 0 fr. 20 c. le litre ; il était chétif, blême, de chairs flasques, le ventre développé, les membres grêles, la physionomie sans regard, immobile et couché sur le dos. Deux autres enfants, un garçon de 5 ans et une petite fille de 6 à 7 ans, qui erraient dans la cour ou les escaliers lorsque les membres de la commission sont arrivés, complétaient la garderie.

La gardeuse est une ancienne blanchisseuse qui prend depuis 16 ans des enfants en garde à la journée ou au mois. Elle en a eu jusqu'à 6 dans le logement qu'elle occupe. Jamais elle n'avait songé à demander une autorisation à la police et jamais personne ne l'a inquiétée, quoiqu'on sache bien dans le quartier qu'elle prend des enfants en garde. Il lui faut 4 enfants au moins pour gagner sa vie, aujourd'hui qu'elle ne peut plus faire son ancien état. Sur cette question : comment trouvez-vous facilement des enfants à garder au prix de 0 fr. 80 c., lorsque tout près de vous la crèche ne prend que 0 fr. 20 c., elle répond : « parce que je reçois les enfants de meilleure heure, que je les garde plus tard, que je les reçois les dimanches et les fêtes, que je ne demande pas d'extrait de naissance ni d'autres papiers, que je n'exige qu'une chose : être payée. »

Près de la moitié des enfants qu'on lui confie sont des nourrissons. Elle emploie le petit pot, jamais le biberon. Elle se loue beaucoup du lait de chèvre, qu'on se procure facilement à Clichy, où il y a une femme qui entretient plusieurs de ces animaux pour le nourrissage ; moyennant 10 c. elle peut faire remplir une petite tasse qu'elle nous montre et qui peut beaucoup de nourrissons, livrés à l'allaitement artificiel dans les pires conditions, si cette loi ne pénètre pas dans ces milieux malsains des garderies et des maisons de sevrage, où, faute de surveillance, tous les règlements administratifs, sont impunément violés, en même temps que les règles de l'hygiène et les devoirs les plus élémentaires de l'humanité.

L'attribution à l'autorité publique du pouvoir supérieur de surveillance et de la responsabilité inséparable de ce pouvoir, n'a pas fourni matière à discussion. Il n'en est pas de même du rôle à donner, à côté de l'autorité publique, aux divers éléments dont le concours est réclamé et, en particulier aux sociétés de bienfaisance s'occupant du premier âge. Ce qui a été dit précédemment sur ces questions, dispense de motiver les dispositions qui, après de longues discussions, ont été inscrites dans le texte de l'article 2 du projet de loi. - Nous notons seulement que cet article ne se borne pas, comme l'article correspondant (article 9), de la première Proposition à instituer au chef-lieu de chaque département un *Comité de protection ou patronage* : il définit les attributions principales de ce comité et il en règle la composition comme il suit :

La participation des départements aux dépenses occasionnées par l'exécution de la loi, suffit pour justifier la présence dans le Comité de deux membres du Conseil général, désignés par ce conseil.

La présence de l'inspecteur du service des enfants assistés est fondée sur des motifs non moins importants en pratique. Les chiffres si élevés de la mortalité des nourrissons appartenant à cette catégorie d'enfants, ne permettait pas à la Commission d'hésiter sur la question de savoir si les dispositions de la nouvelle loi leur seront applicables, nonobstant la protection qui semble devoir résulter pour eux du régime parti-

---

suffire pour une journée pour chaque enfant. Il faut conclure de cette déclaration qu'elle ajoute au lait d'autres aliments.

Cette gardeuse a indiqué aux membres de la commission, d'autres femmes faisant le même métier qu'elle et qui ont été visitées; toutes étaient inconnues de la police et aucune n'avait d'autorisation.

culier sous lequel ils se trouvent placés en vertu des lois spéciales qui les concernent. Des difficultés cependant pouvaient
être prévue dans la pratique. Le fonctionnement des nouveaux
comités et de l'inspection médicale, en s'étendant sur les nourrissons du service des enfants assistés, pouvaient faire naître
des conflits avec l'inspection particulière de ce service. Il a
été proposé de prévenir ces conflits en associant par une prescription légale, l'inspecteur départemental des enfants assistés
à l'action du comité départemental de protection des enfants
du premier âge. La discussion a fait tomber les objections
que cette proposition avait d'abord fait naître et a amené la
Commission toute entière, de même que le Gouvernement,
à considérer cette disposition comme réunissant à l'avantage
d'éviter des tiraillements celui d'assurer au comité le concours
d'un fonctionnaire très-compétent et parfaitement renseigné
sur les faits locaux.

La présence d'un médecin était de nécessité évidente. La
Commission a cru devoir laisser au Préfet le choix de la personne ; mais avec cette réserve que le choix portera sur un des
membres du corps médical faisant partie du conseil départemental d'hygiène et de salubrité.

La Commission a cru devoir entourer des mêmes garanties,
quant au choix des personnes, l'admission de trois membres
(sur neuf dont se compose le comité départemental), pris dans
les conseils d'administration des sociétés de charité maternelle, des crèches, et des sociétés protectrices de l'enfance ou,
à leur défaut, dans les commissions administratives des hospices et des bureaux de bienfaisance.

Pour assurer l'exécution uniforme de la loi, le Projet de
1869-70, disposait (art. 10) « qu'il est institué à Paris une Commission supérieure d'encouragement et de surveillance. Cette
Commission est nommée par décret du Président de la République. »

L'article 18 définissait les principales attributions de ce Comité supérieur, dans les termes suivants :

« Des subventions et des encouragements pourront être accordés sur les fonds de l'Etat, après avis de la Commission supérieure, aux comités locaux et départementaux dont les ressources seront reconnues insuffisantes, pour les aider à remplir leur mission et principalement pour favoriser l'allaitement maternel. »

« Indépendamment des secours accordés par les comités locaux et départementaux, des prix en argent, des médailles et des mentions honorables seront décernés par le Ministre de l'Intérieur, sur l'avis de la Commission supérieure, aux nourrices qui auront mérité d'être signalées pour les soins donnés par elles aux enfants qui leur étaient confiés. »

Il s'agissait donc d'établir et de faire fonctionner en faveur des enfants du premier âge, un rouage analogue à celui qu'on applique avec succès dans le département de l'instruction publique, à l'encouragement des travaux littéraires et scientifiques en province, sous le titre de *Comité des sociétés savantes*. Centraliser à Paris, auprès du Ministre de l'Intérieur, tous les rapports annuels émanés des comités départementaux et tous les documents nécessaires pour suivre partout, avec la même certitude les effets de la loi ; constater l'influence de cette loi sur la mortalité ; régler l'intervention du Gouvernement d'après une connaissance exacte des situations ; proportionner ses secours aux vrais besoins ; encourager le zèle et récompenser les services les plus signalés ; tel est le but de l'institution, proposée par la Commission de 1869, pour occuper, si l'on peut ainsi dire, le sommet de la surveillance et imprimer la haute direction aux agents d'exécution de la loi.

La Commission législative ne pouvait pas méconnaître la valeur de cette partie du travail de ses devanciers. Elle a cherché à en assurer les bons effets pratiques dans la rédaction de l'art. 3 du Projet de loi. Ici encore, elle a cru indispensable de régler, par la loi même, dans une juste mesure, la composition du Comité ; d'y admettre, de droit, un membre de l'Académie de médecine désigné par cette académie, ainsi que les présidents des trois principales associations de Bienfaisance qui pratiquent spécialement la protection de l'enfance.

La Commission de 1869 avait complété son œuvre par une autre disposition fort importante, ainsi conçue (art. 19) :

« Il est publié, chaque année, par les soins du Ministre de l'Intérieur une statistique détaillée de la mortalité des enfants en bas âge et spécialement de ceux qui sont placés en nourrice. »

« Tous les ans le Ministre de l'Intérieur adressera au Président de la République un rapport sur l'exécution de la présente loi. Ce rapport sera publié au *Journal officiel*. »

La Commission a fait de cette disposition l'objet de son article 4 et elle a été unanime à reconnaître qu'il ne pouvait pas être fait un meilleur emprunt au projet élaboré en 1869-70.

Nous avons montré, dans l'*Exposé des Motifs* (1) présenté le 24 mars 1873, comment les pratiques usitées dans nos statistiques officielles consacrent de graves erreurs par suite desquelles la mortalité réelle des nourrissons parisiens est notablement atténuée et ses chiffres exacts demeurent forcément inconnus. Nous avons indiqué qu'il en est de même dans les grands centres de population, et montré comment, par suite de cette ignorance, la carte de mortalité du premier âge, empruntée à la *Démographie* de M. Bertillon et qui figure aux Annexes de ce rapport, nous présente un X, à la place des départements de la Seine et du Rhône (2) qui ont tant d'importance dans la question de la mortalité infantile.

> Bureau de statistique du premier âge.

---

(1) Voir p. 11 et 12.

(2) L'administration du département du Rhône s'est préoccupée de cette situation. Dans une circulaire aux Maires, en date du 28 mars 1872, M. le Préfet Pascal réclamait instamment leur concours « afin de mettre la statistique en mesure d'analyser avec fruit, à l'aide de documents certains, le fait douloureux de la décroissance progressive de la population. » Il signalait ce fait que, « dans les relevés des enfants décédés, on omet de tenir compte des *absents*, c'est-à-dire des enfants qui ont succombé après avoir été envoyés à la campagne. Vous voudrez bien, ajoutait-il, faire préciser avec plus de soin qu'on n'en met sur les registres de l'état-civil, le lieu d'origine des enfants morts dans votre commune, et adresser tous les trois mois ces renseignements aux maires des communes auxquelles appartiennent les enfants décédés. Vous voudrez bien, d'autre part, tenir un registre de statistique sur lequel vous inscrirez avec soin les renseignements de cet ordre qui pourraient vous parvenir. » L'inspecteur départemental du service e enfants assistés du

L'application de la nouvelle loi doit entraîner, comme conséquence nécessaire, l'organisation d'un système de constatation rigoureuse des décès des nourrissons, qui mette fin à un état de choses indigne d'un grand pays civilisé. Les modèles (1) d'ailleurs nous en sont offerts par des pays qui ont mis leur honneur dans ce qui représente véritablement la civilisation. Pour que les salutaires effets de la loi s'obtiennent et pour qu'on en ait la certitude, il faut que le Comité supérieur puisse être informé sans cesse des mouvements de la mortalité des enfants avec assez de précision pour y découvrir, par la diminution ou l'accroissement des chiffres, les bonnes ou les mauvaises influences et diriger en conséquence son action. Ces résultats ne peuvent être obtenus qu'à la condition qu'il sera établi, auprès du Comité supérieur et sous sa dépendance, un *Bureau sanitaire et statistique du premier âge*, dans lequel seront réunis tous les documents résultant de l'application de la loi, et qui constitueront une véritable *comptabilité* des nourrissons français. Cette comptabilité des personnes, appliquée à ce que la société a de plus précieux, permettant d'avoir, d'une manière permanente, la lumière,

---

Rhône, en nous communiquant cette circulaire ajoute : « je voudrais pouvoir vous dire qu'elle a produit quelqu'effet ; mais, renseignements pris, et sauf quelques rares exceptions, les maires de Lyon n'ont pas été mieux informés que précédemment des décès des enfants placés en nourrice dans cette ville. »

La Société protectrice de l'enfance de Lyon s'était occupée déjà de cette question. Dans une lettre au Préfet, (du 4 mai 1872) son président, le docteur Rodet, dit : « si l'on consulte les registres de l'état-civil à Lyon, on s'apperçoit bien vite que la statistique obituaire de cette ville y est incomplète et entachée d'erreur, par suite de l'omission *persistante des décès survenus parmi les petits enfants placés en nourrice dans les campagnes.* » Remerciant ensuite le préfet du Rhône de l'initiative prise par la circulaire du 28 mars, M. Rodet fait remarquer « que le résultat plein d'enseignement qu'on en attend ne saurait être obtenu, si les informations restaient circonscrites au seul département du Rhône ; si des dispositions analogues n'étaient adoptées en même temps dans les divers départements où les enfants lyonnais sont envoyés pour recevoir les soins de l'allaitement ou du sevrage. » Après avoir demandé que le Préfet fît appel, dans ce but, à ses collègues des départements voisins, M. Rodet ajoute : « pour que la lumière se fît tout entière sur ce triste et urgent sujet, nous ne le sentons que trop, une loi serait nécessaire, qui généralisât ces sages dispositions et rendît la statistique obligatoire. »

(1) Voir aux annexes les notes fournies par M. Bertillon sur la Suède.

l'ordre, la sincérité dans tous les faits qui concernent l'enfance, peut être établi à peu de frais et d'une manière aussi exacte que si elle s'appliquait aux écus. La Commission, après mûr examen, a pleinement partagé à cet égard l'opinion de la Commission de 1869 et celle des hommes savants qui ont soutenu devant elle que l'article qui institue le Bureau sanitaire et statistique est un des plus essentiels de la loi.

Dans les départements où le nourrissage mercenaire est très-développé, un Comité dont le personnel est concentré au chef-lieu, ne saurait suffire à tous les besoins de la surveillance. La Commission propose, pour ces situations, l'institution de *Commissions locales*, dont les circonscriptions varieront suivant les circonstances et qui auront à veiller à l'exécution de la loi, de concert avec le Comité départemental. Il a été admis, d'un avis unanime, que les mères de famille, qui apportent partout un concours si fécond à l'œuvre charitable des crèches et des sociétés de bienfaisance, doivent avoir place, de droit, dans ces Commissions d'un caractère tout pratique.

Il fallait quelque chose de plus pour les contrées où les statistiques de la mortalité révèlent les plus affligeants ravages de l'industrie nourricière. Des commissions locales peuvent être insuffisantes dans ces conditions et il faut que l'autorité soit en mesure d'y exercer un contrôle spécial par l'inspection médicale dont la nécessité a été si bien reconnue dans les grands services des Enfants assistés de la Seine et du Rhône, et de la Direction municipale des nourrices de Paris.

Cette inspection médicale, spéciale, indispensable partout où l'allaitement mercenaire est très-concentré, ne doit pas être considéré comme un rouage d'un emploi général, mais comme le plus important moyen de contrôle partout où, sur la demande même des comités départementaux et sur l'avis du Comité supérieur, le Ministre de l'Intérieur reconnaîtra que les moyens locaux sont insuffisants. Pour le personnel de cette inspection, il a paru que l'attribution aux préfets de la nomination des inspecteurs pourrait assurer de meilleurs choix et parer aux inconvénients de la faveur et des sollicitations qui affluent vers le pouvoir central.

Pénalités.

La Commission ne s'est pas notablement écartée du travail de la Commission de 1869, dans la détermination des pénalités. Elle a répondu à un vœu depuis longtemps émis par les médecins, en punissant les négligences des nourrices qui occasionnent la mort des nourrissons, en les assimilant à l'homicide involontaire.

Question financière.

Elle s'en est écartée au contraire dans la détermination des voies et moyens financiers d'exécution de la loi que la Commission de 1869 imputait entièrement à la charge de l'Etat. Quoi qu'il s'agisse, en réalité, d'une faible dépense, toute question financière doit être attentivement examinée aujourd'hui et il a paru, après mûr examen, qu'il y a convenance et justice à partager les frais d'exécution entre l'Etat et les départements intéressés. Ces frais sont les suivants : 1° Etablissement d'un bureau statistique et sanitaire auprès du Comité supérieur ; 2° Création d'un certain nombre d'inspections médicales ; 3° Vote d'un fonds d'encouragement à attribuer aux comités départementaux dont les besoins seraient trop manifestement au-dessus des ressources locales. Il a paru que le partage entre l'Etat et les départements était un moyen de maintenir dans leurs plus justes limites toutes les demandes ayant trait à ces dépenses éventuelles, sur lesquelles du reste, l'article 4 du projet de loi, assure le contrôle direct de l'Assemblée législative, en exigeant que, chaque année, le Ministre de l'Intérieur lui communique un rapport officiel sur l'exécution de la loi.

Tel est le projet de loi que nous soumettons à l'Assemblée. Nous nous sommes attachés à montrer qu'il n'y faut pas chercher une œuvre originale sur une question nouvelle ; mais seulement la dernière expression et le résumé pratique d'un travail législatif, souvent repris, sur une question pendante depuis des siècles et dont l'intérêt public et l'humanité ne permettent plus d'ajourner la solution. Le Gouvernement appelé à donner son opinion sur ce projet, a déclaré, par son organe le plus autorisé, qu'il le trouvait conçu dans des vues très-pratiques et susceptible de réaliser de notables bienfaits. L'Assemblée peut être assurée du moins, en le votant, d'obtenir avec une dépense minime une épargne précieuse de vie humaine et en même temps un grand bien moral.

## PROJET DE LOI.

### Article premier.

Tout enfant, âgé de moins de deux ans, qui est placé, moyennant salaire, en nourrice, en sevrage ou en garde, hors du domicile de ses parents, devient, par ce fait, l'objet d'une surveillance de l'autorité publique, ayant pour but de protéger sa vie et sa santé.

### Art. 2.

La surveillance instituée par la présente loi est confiée, dans le département de la Seine au préfet de police, et dans les autres départements, aux préfets.

Ces fonctionnaires sont assistés d'un *Comité* ayant pour mission d'étudier et de proposer les mesures à prendre et composé comme il suit :

Deux Membres du Conseil général, désignés par ce Conseil ;

L'inspecteur du service des Enfants assistés ;

Six autres membres, nommés par le préfet, dont un pris parmi les médecins membres du Conseil départemental d'hygiène publique et trois pris parmi les administrateurs des sociétés légalement reconnus qui s'occupent de l'enfance, notamment des *Sociétés protectrices de l'Enfance*, des *Sociétés de Charité maternelle*, des *Crèches* ou des *Sociétés des Crèches*

, à leur défaut, parmi les membres des Commissions administratives des hospices et des bureaux de bienfaisance.

Des *Commissions locales* sont instituées, par un arrêté du préfet, après avis du Comité départemental, dans les parties du département où l'utilité en sera reconnue, pour concourir à l'application des mesures de protection des enfants et de surveillance des nourrices et gardeuses d'enfants.

Deux mères de famille font partie de chaque Commission locale.

Les fonctions instituées par le présent article sont gratuites.

### Art. 3.

Il est institué, près le Ministère de l'Intérieur, un *Comité supérieur de protection des enfants du premier âge* qui a pour mission de réunir et coordonner les documents transmis par les Comités départementaux, d'adresser, chaque année, au Ministre un rapport sur les travaux de ces comités, sur la mortalité des enfants et sur les mesures les plus propres à assurer et étendre les bienfaits de la loi et de proposer, s'il y a lieu, d'accorder des récompenses honorifiques aux personnes qui se sont distinguées par leur dévouement et leurs services.

Un membre de l'Académie de médecine désigné par cette Académie, les présidents de la *Société protectrice de l'Enfance de Paris*, de la *Société de Charité maternelle* et de la *Société des Crèches*, font partie de ce comité.

Les autres membres, au nombre de sept, sont nommés par décret du Président de la République.

Les fonctions de membre du Comité supérieur sont gratuites.

### Art. 4.

Il est publié, chaque année, par les soins du Ministre de l'Intérieur, une statistique détaillée de la mortalité des enfants du premier âge et spécialement des enfants placés en nourrice, en sevrage ou en garde.

Le Ministre adresse, en outre, chaque année, au Président de la République, un rapport officiel sur l'exécution de la présente loi.

### Art. 5.

Dans les départements où l'utilité d'établir une *inspection médicale* des enfants en nourrice, en sevrage ou en garde est reconnue par le Ministre de l'Intérieur, le Comité supérieur consulté, un ou plusieurs médecins sont chargés de cette inspection.

La nomination de ces inspecteurs appartient aux préfets.

### Art. 6.

Sont soumis à la surveillance instituée par la présente loi : toute personne ayant un nourrisson ou un ou plusieurs enfants en sevrage ou en garde, placés chez elle, moyennant salaire; les bureaux de placement et tous les intermédiaires qui s'emploient au placement des enfants en nourrice, en sevrage ou en garde.

Le refus de recevoir la visite du médecin inspecteur, du maire de la commune, ou de toutes autres personnes déléguées ou autorisées en vertu de la présente loi, est punie d'une amende de 5 à 15 fr.

Un emprisonnement de un à cinq jours peut être prononcé si le refus dont il s'agit est accompagné d'injures ou de violences.

### Art. 7.

Toute personne qui place un enfant en nourrice, en sevrage ou en garde, moyennant salaire, est tenue, sous les peines portées par l'article 346 du Code pénal, d'en faire la déclaration à la mairie de la commune où a été faite la déclaration de naissance de l'enfant, et de remettre à la nourrice ou à la gardeuse un bulletin contenant un extrait de l'acte de naissance de l'enfant qui leur est confié.

### Art. 8.

Toute personne qui veut se procurer un nourrisson ou un

ou plusieurs enfants en sevrage ou en garde, est tenue de se munir préalablement des certificats exigés par les réglements, pour indiquer son état-civil et justifier de son aptitude à nourrir ou à recevoir des enfants en sevrage ou en garde.

Toute personne qui veut se placer comme *nourrice sur lieu*, est tenue de se munir d'un certificat du maire de sa commune, indiquant si son dernier enfant est vivant ou décédé, et, s'il est vivant, constatant qu'il est âgé de sept mois révolus, ou, s'il n'a pas atteint cet âge, qu'il est allaité par une nourrice qui n'a pas d'autre nourrisson.

Toute déclaration ou énonciation reconnue fausse dans lesdits certificats, entraîne l'application au certificateur des peines portées au paragraphe premier l'article 155 du Code pénal.

## Art. 9.

Toute personne qui a reçu chez elle, moyennant salaire, un nourrisson ou un enfant en sevrage ou en garde, est tenue, sous les peines portées à l'article 346 du Code pénal :

1° D'en faire la déclaration à la mairie de la commune de son domicile, dans les trois jours de l'arrivée de l'enfant et de remettre le bulletin mentionné en l'article 7.

2° De faire, en cas de changement de résidence, la même déclaration à la mairie de sa nouvelle résidence.

3° De déclarer, dans le même délai, le retrait de l'enfant par ses parents ou la remise de cet enfant à une autre personne, pour quelque cause que cette remise ait lieu.

4° En cas de décès de l'enfant, de déclarer ce décès dans les 24 heures.

Après avoir inscrit ces déclarations au registre mentionné à l'article suivant, le maire en donne avis, dans le délai de trois jours, au maire de la commune où la déclaration de naissance a été faite.

## Art. 10.

Il est ouvert dans les mairies un registre spécial pour les déclarations ci-dessus prescrites.

Ce registre est coté, paraphé et vérifié tous les ans par le juge de paix. Ce magistrat fait un rapport annuel au procureur de la République qui le transmet au Préfet, sur les résultats de cette vérification.

En cas d'absence ou de tenue irrégulière du Registre, le maire est passible de la peine édictée à l'art. 50 du Code civil.

## Art. 11.

Nul ne peut ouvrir ou diriger un bureau de nourrices, ni exercer la profession d'intermédiaire pour le placement des enfants en nourrice, en sevrage ou en garde et le louage des nourrices, sans en avoir obtenu l'autorisation préalable du Préfet de police, dans le département de la Seine ou du Préfet dans les autres départements.

Toute personne qui exerce, sans autorisation, l'une ou l'autre de ces professions, ou qui néglige de se conformer aux conditions de l'autorisation ou aux prescriptions des règlements est punie d'une amende de 16 fr. à 100 fr. En cas de récidive, la peine d'emprisonnement prévue par l'art. 480 du Code pénal peut être prononcée.

Ces mêmes peines sont applicables à toute sage-femme et à tout autre intermédiaire qui entreprend, sans autorisation, de placer des enfants en nourrice, en sevrage ou en garde.

Si, par suite de la contravention, ou par suite d'une négligence de la part d'une nourrice ou d'une gardeuse, il est résulté un dommage pour la santé d'un ou de plusieurs enfants, la peine de l'emprisonnement de 1 à 5 jours peut être prononcée.

En cas de décès d'un enfant, l'application des peines portées à l'art. 319 du Code pénal peut être prononcée.

## Art. 12.

Un règlement d'administration publique déterminera :

1° Les modes d'organisation du service de surveillance institué par la présente loi; l'organisation de l'inspection médicale; les attributions et les devoirs des médecins-inspecteurs; le traitement de ces inspecteurs; les attributions et devoirs de toutes les personnes chargées des visites.

2° Les obligations imposées aux nourrices, aux directeurs des bureaux de placement et à tous les intermédiaires du placement des enfants.

3° La forme des déclarations, registres, certificats des maires et des médecins, et autres pièces exigées par les règlements.

Le préfet peut, après avis du comité départemental, prescrire par un Règlement particulier, des dispositions en rapport avec les circonstances et les besoins locaux.

## Art. 13.

En dehors des pénalités spécifiées dans les articles précédents, toute infraction aux dispositions de la présente loi et des règlements d'administration publique qui s'y rattachent, est punie d'une amende de cinq à quinze francs.

Sont applicables à tous les cas prévus par la présente loi le dernier paragraphe de l'art. 463 du Code pénal et les articles 482, 483 du même Code.

## Art. 14.

Les mois de nourrice dus par les parents ou par toute autre personne, font partie des créances privilégiées sur la généralité des meubles, et prennent rang entre les nᵒˢ 3 et 4 de l'art. 2101 du Code civil.

### Art. 15.

Les dépenses auxquelles l'exécution de la présente loi donnera lieu, sont mises, par moitié, à la charge de l'Etat et des départements intéressés.

La portion à la charge des départements est supportée par les départements d'origine des enfants et par ceux où les enfants sont placés en nourrice, en sevrage ou en garde proportionnellement au nombre desdits enfants.

Les bases de cette répartition sont arrêtées tous les trois ans par le Ministre de l'Intérieur.

Pour la première fois, la répartition sera faite d'après le nombre des enfants en nourrice, en sevrage ou en garde existant dans chaque département, au moment de la promulgation de la présente loi.

# ANNEXES

# ANNEXES

———

## Extraits des procès-verbaux des séances de la Commission.

### I

#### Résumé de la discussion dans les bureaux de l'Assemblée.

Le Président invite les membres de la Commission à faire connaître le résultat de la discussion de la Proposition de loi dans leurs bureaux res-
pectifs.

M. Schœlcher, nommé commissaire par le 1ᵉʳ bureau, expose qu'il s'est
prononcé en faveur de la proposition. « Je ne pense pas, dit-il, qu'il existe
en France des abominations comparables à celles de la criminelle industrie
connue en Angleterre sous le nom de *Baby-Farming*, qui se charge, moyennant salaire, de faire mourir un enfant dans un temps donné. Je crois néanmoins qu'il y a autour de nous des maux suffisants pour rendre nécessaire
et urgente l'adoption des mesures protectrices qui nous sont proposées. »
Le 1ᵉʳ bureau a été favorable à cette manière de voir et, à l'unanimité, a
chargé M. Schœlcher de la soutenir au sein de la Commission.

M. le comte Rampon a exprimé une opinion semblable dans le 2ᵉ bureau.
Il a été, de même, nommé commissaire à l'unanimité.

M. Bouisson a soutenu la proposition dans le 3ᵉ bureau. Il a insisté sur la
nécessité pressante de s'occuper sérieusement des moyens propres à assurer
le développement physique et moral de l'homme et à protéger efficacement
sa vie dans la première enfance. Le bureau s'est associé à cette manière de
voir, en le nommant commissaire à l'unanimité.

M. Bamberger a pris la parole en faveur de la proposition dans le 4ᵉ bureau. Il n'a pas eu de contradicteur et a été élu commissaire à l'unanimité.

M. Labélonye a défendu la proposition dans le 5ᵉ bureau et cherché à
démontrer la nécessité de protéger, par une intervention législative, le sort
des nouveau-nés. Il a été élu commissaire à l'unanimité.

Séance du 17 novem
bre 1873.

M. Soye dit qu'il en a été de même dans la 6ᵉ bureau qui l'a nommé commissaire à l'unanimité, sans débats, après avoir entendu de courtes observations sur la nécessité de mesures législatives et administratives protectrices de la vie des nourrissons.

M. DE TILLANCOURT a appuyé la proposition de M. Roussel dans le 7ᵉ bureau. Il considère comme très-urgent de mettre en pratique les mesures qui y sont indiquées. Il pense qu'elles ne forment pas encore un ensemble assez complet. Il croit, notamment, qu'il n'est pas accordé une suffisante protection aux propres enfants des nourrices que leurs mères abandonnent pour trafiquer de leur lait et dont le sort est déplorable et la mortalité effrayante. Le 7ᵉ bureau s'est prononcé tout entier en faveur de cette manière de voir.

M. LE COMTE DE MELUN, nommé commissaire par le 9ᵉ bureau, s'est borné à rappeler les appréciations favorables à la proposition qu'il a exprimées dans son rapport sommaire présenté à l'Assemblée au nom de la 13ᵉ commission d'initiative parlementaire.

M. LE MARQUIS DE GOUVELLO, commissaire élu par le 11ᵉ bureau, a émis une opinion très-favorable à la proposition et en particulier à la création de comités cantonaux pour surveiller les enfants en nourrice, et le sort des petits enfants en général. Il a soutenu qu'il y a lieu d'étendre le plus possible le cercle de la loi de protection qu'on va faire et de la rattacher autant que possible aux autres questions si importantes d'assistance publique soumises à l'examen de l'Assemblée. Il a reçu du 11ᵉ bureau la mission de soutenir cette opinion au sein de la Commission.

M. MORVAN a été nommé commissaire par le 12ᵉ bureau, après avoir soutenu la proposition dans son ensemble, et avec quelques réserves sur les détails. Il y aura lieu d'examiner, par exemple, si les mêmes mesures sont applicables à toutes les parties de la France.

M. E. CHARTON a appuyé la proposition dans le 13ᵉ bureau. Il en croit l'adoption nécessaire et urgente. Il n'a pas eu de contradicteur.

M. THÉOPHILE ROUSSEL dit que ses collègues du 14ᵉ bureau ont bien voulu lui donner, commé auteur de la proposition, un témoignage particulier de bienveillance, en le nommant commissaire, sans aucun débat.

M. AMAT dit que la proposition a provoqué au contraire un assez long débat dans le 15ᵉ bureau. M. Ancelon a pris la parole le premier et déclaré l'approuver sans restrictions. MM. Aubry, Dupont et Amat, qui ont parlé ensuite, ont déclaré aussi l'approuver en principe et reconnaître la nécessité d'une loi protectrice des enfants du premier âge; mais ils se sont préoccupés des difficultés de la mise en pratique et à cet égard leur sentiment n'a pas été le même. M. Aubry a réclamé la plus grande part possible d'action pour l'initiative privée et demandé de restreindre autant que possible, l'intervention administrative. M. Dupont a été d'avis, au contraire, que la loi ne serait bien appliquée qu'autant que l'autorité administrative serait mise en mesure de tenir énergiquement la main à son application. M. Amat enfin, sans demander que l'action de l'administration soit écartée ou trop restreinte, a soutenu qu'il convient de faire une bonne part à l'initiative bienfaisante des citoyens et à l'esprit d'association, notamment aux *Sociétés protectrices de l'enfance*. Le 15e bureau s'est partagé entre ces opinions et celle que M. Amat représente n'a prévalu qu'au 3e tour de scrutin.

---

M. DE CHABROL expose que la proposition n'a rencontré dans le 8e bureau aucun contradicteur, Un membre toutefois ayant exprimé la crainte que les réglementations qu'elle contient ne portent atteinte à la liberté individuelle, M. de Chabrol a cru devoir combattre cette appréciation. L'indispensable et urgente nécessité de mesures sérieuses étant bien reconnue, pourrait-on écarter les précieuses ressources que nous offre la proposition et s'arrêter devant des considérations chimériques ou des objections secondaires? M. de Chabrol a signalé comme particulièrement dignes d'intérêt les deux articles dans lesquels il est porté que des *mères de famille et des femmes respectables*, feront partie des comités locaux. L'intervention des femmes dans l'œuvre dont il s'agit est d'une haute importance et l'expérience qui s'en est faite en divers pays, notamment en Allemagne et à Berlin, prouve les immenses services qu'on peut en obtenir. M. de Chabrol a été élu à l'unanimité par le 8e bureau.

M. HOUSSARD dit qu'il a été élu commissaire à l'unanimité par le 10e bureau après avoir parlé en faveur de la proposition. Il ajoute qu'il a insisté pour demander que la loi proposée soit, non pas un nouvel instrument de réglementation administrative, mais un moyen de soutenir et de diriger la charité privée. Il pense notamment qu'il importe d'utiliser les *Sociétés protectrices de l'enfance* et d'étendre leur action.

Séance du 28 novembre 1873.

---

## II

### Discussion sur l'autorisation préalable à l'établissement des bureaux de nourrices.

M. LE PRÉSIDENT invite la Commission à fixer l'ordre de ses délibérations.

M. AMAT est d'avis que la Commission abrégera utilement sa tâche en évitant d'entrer dans la voie des réglementations. Au premier rang des questions à écarter il cite celle à laquelle se rapporte l'article 6 dans lequel il est dit : *Que nul ne peut ouvrir ou diriger un bureau de nourrices, ni exercer la profession d'intermédiaire pour le placement des nourrices et des enfants sans en avoir obtenu l'autorisation du préfet de police dans le département de la Seine ou du préfet dans les autres départements.* M. Amat voudrait que la loi fût tenue en dehors des prescriptions excessives, suivant lui, du décret-loi du 25 mars 1852. Ce décret impose, d'une part, aux divers agents de placement l'obligation d'une *autorisation préalable* et interdit d'ouvrir un *bureau de placement* sans cette autorisation ; d'autre part, il confère au maire le droit de fixer, par un règlement préventif, les conditions de cet établissement. Cette dernière mesure serait suffisante comme garantie à donner à la société et, en se contentant d'un règlement sévère, on éviterait l'atteinte que le décret de 1852 porte à la liberté de l'industrie et tous les inconvénients de l'autorisation préalable dont le plus saillant est l'arbitraire. M. Amat propose en conséquence de supprimer l'autorisation préalable pour l'établissement des bureaux de nourrices.

M. DE CHABROL est d'un avis opposé. Il juge très-nécessaire le maintien de l'article 6 de la proposition. « Ce n'est pas ici, dit-il, le lieu d'invoquer le principe de la liberté de l'industrie, en admettant que le décret de 1852 puisse porter atteinte à cette liberté. Aucune des professions que ce décret concerne, ne saurait être mise plus justement en suspicion, au point de vue de l'intérêt social, que celles qui se rattachent à l'industrie nourricière. On a dit des bureaux d'émigration : que ce n'est jamais la philantrophie, ni l'intérêt de l'Etat qui président à leur création. Ne peut-on pas le dire avec plus de raison des bureaux de nourrices ? Ne sont-ils pas au centre, en quelque sorte, d'une industrie trop souvent malfaisante et autour de laquelle il ne faut pas craindre de multiplier les moyens de contrôle ? Aussi, M. de Chabrol, même en reconnaissant que l'autorisation préalable est mauvaise en principe, soutient-il que si l'on veut faire une loi efficace en faveur des nourrissons, il faut la maintenir.

M. AMAT cite, à l'appui de sa proposition, l'exemple de ce qui se passe pour l'instruction primaire. L'instruction et l'éducation des enfants sont certainement un des premiers intérêts des familles et de l'État. Que fait la loi cependant pour le sauvegarder ? Exige-t-elle une autorisation préalable ? Non, elle exige que celui qui prétend donner l'instruction fournisse des garanties et remplisse les conditions voulues par la loi. Ces conditions remplies, la loi ne demande pas autre chose. C'est dans cette mesure que M. Amat réclame la liberté pour ce qui touche les nourrissons.

M. DE CHABROL répond que les situations ne sont pas comparables. On peut dire que l'instruction est un bien reconnu de tous et qu'on ne saurait trop multiplier les moyens de la propager. L'allaitement mercenaire, au contraire, est un mal chaque jour plus senti, mal nécessaire sans doute dans une mesure, mais qu'on doit chercher à restreindre dans les limites de la nécessité. Les professions qui tendent vers l'instruction ont toujours quelque chose de relevé et de bienfaisant, tant dans leur objet que dans les mobiles de ceux qui les pratiquent ou qui y ont recours. Et n'est-ce pas malheureusement le contraire dans l'industrie du placement des nourrices ?

M. DE TILLANCOURT reconnaît la parfaite exactitude de ces dernières appréciations. Il est d'avis de maintenir l'autorisation préalable en prenant toutefois des précautions pour limiter l'arbitraire des autorités locales.

M. Schœlcher déclare n'être pas disposé à faire intervenir l'autorité administrative là où il ne lui est pas démontré que l'intérêt public peut être compromis par l'action libre des particuliers. Est-il bien certain, dans le cas qui nous occupe, que ce serait un mal de laisser libre la création des bureaux de nourrices avec cette précaution que cette création, ainsi que la tenue des bureaux, seraient soumises à un règlement ayant force de loi et dont l'application serait convenablement surveillée? C'est en ces termes qu'il faudrait du moins examiner d'abord la question, avant de se prononcer en faveur de l'autorisation préalable.

M. de Tillancourt insiste sur la nécessité de ne pas perdre de vue le terrain particulier sur lequel la Commission est placée. Revenant à la comparaison entre la question des nourrissons et celle de l'instruction publique, il fait remarquer qu'un père et une mère s'attacheront toujours à rechercher le maître qui doit faire profiter leur enfant. Dans les bureaux de placement, on voit trop souvent qu'un bureau est d'autant plus recherché qu'il semble offrir plus de chances de mort pour un nourrisson. Il ne faut pas se faire d'illusions en cette triste matière. M. de Tillancourt a pu voir, dans son pays, les faits de trop près et en trop grand nombre pour n'être pas fortement convaincu de la nécessité de ne pas abandonner une pareille industrie à la libre concurrence et à l'exploitation d'un grand nombre d'individus. Les malfaiteurs, dans ces conditions, déjoueront facilement toute espèce de surveillance et continueront leurs pratiques dans l'impunité. Il faut maintenir l'autorisation préalable parce que la première garantie à exiger ici des individus, c'est la moralité : cette moralité qui se prouve moins sûrement par des pièces et des formalités remplies, que par des appréciations individuelles que les autorités peuvent faire convenablement. Sans doute, on ne doit pas livrer l'autorisation à l'arbitraire. On doit chercher à parer à cet inconvénient; mais il est essentiel de conserver le principe.

M. Amat dit que l'autorisation préalable, quoiqu'on fasse, sera toujours l'arbitraire et qu'elle en aura tous les inconvénients. Celui de qui elle dépend favorisera toujours ses amis et repoussera ses ennemis. Une bonne réglementation suffirait pour le but qu'on se propose. Que cherche-t-on au moyen de l'autorisation préalable? Évidemment, des garanties pour la vie des enfants. Inscrivez donc clairement ces garanties dans un texte de règlement et exigez-les rigoureusement et également de tous, et votre but sera atteint sans détriment pour la justice et la liberté.

M. Théophile Roussel dit qu'il regrette que la Commission ait été amenée à traiter prématurément ce point particulier; mais puisque la discussion est ouverte, il regrette plus encore de voir apparaître cette préoccupation de la liberté de l'industrie, à propos des enfants en nourrice, et lorsqu'il s'agit précisément de défendre ces enfants contre les abus reconnus de cette liberté! Si l'on va au fond des choses et si l'on s'attache aux faits plus qu'aux théories et aux mots, quel est l'intérêt dominant en vue duquel nous sommes réunis ici et auquel nous avons à sacrifier sans hésiter, toute considération secondaire ? N'est-ce pas celui de la vie humaine dans ce qu'elle a de plus touchant ? Ne nous est-il pas prouvé que, dans les conditions actuelles, la première enfance est sacrifiée sans suffisante protection à la liberté de l'industrie, et n'est-ce pas précisément contre les pratiques malfaisantes de cette liberté que nous cherchons la protection d'une nouvelle loi ?

M. de Chabrol s'est placé sur le vrai terrain lorsqu'il a dit que l'industrie nourricière devait être tenue pour suspecte et que les plus criminels abus y seraient toujours inséparables de la liberté en dépit des règlementations. M. de Tillancourt a aussi opposé l'expérience aux théories lorsqu'il a dit qu'il importe de n'admettre dans cette industrie qu'un petit nombre d'individus, et que le point essentiel est de s'assurer préalablement de leur moralité. « J'évite, dit M. Th. Roussel, d'insister sur les affligeantes révélations qui, depuis quelques années, ont si justement ému l'opinion publique et m'ont amené à saisir l'Assemblée nationale de cette question ; mais j'insiste sur ce point qui ne peut faire un doute pour quiconque a examiné les faits, à savoir : que s'il est une industrie qu'il faut circonscrire, restreindre, entourer de garanties et de précautions, c'est celle des agents du placement des nourrices et des nourrissons. On a proposé, à différentes reprises, comme un moyen de diminuer la mortalité excessive du premier âge, le rachat et la suppression de tous les bureaux particuliers de placement et la création de bureaux municipaux dans toutes les localités importantes. Je suis loin de réclamer une mesure aussi radicale, et ce n'est pas, d'ailleurs, le moment de discuter cette question. Mais, j'affirme que si nous voulons faire une bonne loi, il est nécessaire d'écarter, dès à présent de notre esprit, toute préoccupation de la liberté industrielle. Le principe de la liberté industrielle est excellent et m'est cher ; mais il y a des situations exceptionnelles où les meilleurs principes ne peuvent pas recevoir d'application, et c'est ici le cas incontestablement ? »

M. Soye demande si l'on ne pourrait pas se borner à exiger une *déclaration préalable* en astreignant les bureaux à une réglementation sévère. « L'essentiel est, dit-il, qu'une fois établi, un bureau soit exactement contrôlé par une inspection convenablement organisée et exercée par l'autorité publique. C'est surtout dans le choix des mesures organiques de l'inspection qu'on trouvera la solution des difficultés en même temps que la diminution des inconvénients actuellement inhérents aux bureaux de placement. »

M. Houssard ne partage pas la confiance de M. Soye dans les résultats des inspections administratives. Il faudrait, d'ailleurs, des inspections trop multipliées. Les meilleures garanties, suivant lui, sont celles que peut offrir la surveillance locale, effectuée par la charité libre et l'esprit d'association, et telle que la réalisent, dès à présent, sur plusieurs points de la France, les Sociétés protectrices de l'enfance.

## III.

**Questionnaire pour servir aux travaux et aux discussions de la Commission. Question des certificats médicaux de nourrices. Vaccination obligatoire des nourrissons. Constatation médicale des décès des nourrissons.**

M. Théophile Roussel donne lecture d'un projet de questionnaire qu'il a rédigé sur l'invitation de M. le Président et qui peut servir, soit à la discussion méthodique des différents articles de la proposition de loi, soit comme programme pour une enquête, si la Commission jugeait nécessaire d'y recourir.

M. de Melun croit avoir remarqué que plusieurs articles de ce questionnaire posent des questions qui ne se trouvent pas dans le texte de la proposition de loi. L'examen de ces questions étendrait encore le champ de la discussion et amènerait à ajouter de nouveaux articles au projet de loi. M. de Melun verrait un sérieux inconvénient, au point de vue même du succès de ce projet, à s'engager dans cette voie. « Soyez convaincus, dit-il, que nous risquerions de manquer notre but si nous voulions trop faire. Evitons de donner prise aux objections en présentant un projet complexe, trop chargé de détails. Contentons-nous de l'indispensable. »

M. de Chabrol demande également que le questionnaire ne soit pas trop chargé. Il a eu l'occasion d'observer qu'on répond mal ou qu'on ne répond pas aux questionnaires très-étendus.

M. Labélonye reconnait la justesse des observations de MM. de Melun et de Chabrol ; mais il pense que la première des questions qui les ont motivées a trop d'importance pour pouvoir être écartée : celle des *certificats médicaux de nourrices*. Il n'y a rien de plus essentiel pour les familles et pour la société que la constatation de l'aptitude à nourrir, et c'est par le médecin seul que cette aptitude peut être établie. M. Th. Roussel a donc bien fait d'ajouter cette question.

M. Morvan est d'avis qu'il ne faut pas se préoccuper de se restreindre, si l'on veut faire une loi méritant de s'appeler *loi protectrice du premier âge*. Il serait, au contraire, disposé à étendre le questionnaire et à y insérer un article relatif à la *vaccination obligatoire des nourrissons*. Il est convaincu qu'on diminuerait sensiblement la mortalité, si l'on obligeait, par un article de loi, toute nourrice qui reçoit un enfant chez elle, à faire vacciner à bref délai cet enfant.

M. le comte Rampon a remarqué aussi dans le questionnaire un article relatif aux vérifications des décès qui ne saurait trouver place dans la loi. Comment exiger qn'un médecin établisse la cause du décès d'un pauvre enfant dont la famille, en règle générale, n'est pas en position de réclamer

Séance du
5 décembre 1873.

9

des soins médicaux? Comment le médecin pourrait-il parler sciemment d'un enfant qui lui était inconnu et d'une maladie qu'il n'a pas observée?

M. Soye, revenant à la question des certificats médicaux, insiste sur leur nécessité pour toutes les nourrices. Suivant lui, l'obligation d'un certificat de médecin ne saurait être considérée comme une gêne ou un inconvénient pour les familles ; elle est, au contraire, pour elles, la meilleure garantie des qualités nourricières qu'elles doivent rechercher par dessus tout.

M. Morvan partage l'opinion de M. Soye et pense que la question des certificats médicaux ne peut pas être écartée. Dans beaucoup de cas, c'est la seule garantie et rien ne peut la remplacer.

M. Théophile Roussel n'entend pas traiter à fond des questions soulevées incidemment et dont la discussion serait peut-être prématurée. Il doute que la *vaccination obligatoire des nourrissons*, introduite par M. Morvan, puisse être portée utilement en ce moment sur le terrain de la législation. Il pense, en tout cas, que cette question doit y prendre une place à part et en dehors du travail actuel de la Commission.

Quant à la question de la *constatation ou plutôt de la vérification médicale des décès des nourrissons*, que M. le comte Rampon veut repousser, elle a, quoi qu'en dise notre honorable collègue, une importance assez grande et elle a occupé, dans les discussions scientifiques auxquelles la mortalité des nourrissons donne lieu depuis 1866, une place trop notable, pour qu'on ne la mentionne pas dans un questionnaire traitant des mesures à prendre contre cette mortalité ! Cette question figure d'ailleurs à l'article 15 du Règlement annexé à la proposition que nous avons à discuter. M. Th. Roussel ne s'est pas associé à la demande légitime de beaucoup de médecins d'en faire l'objet d'un article de la loi que nous préparons sur l'industrie nourricière. Il pense que le terrain n'est pas suffisamment préparé et qu'il faudrait que le vote de cette loi fût précédé par celui d'une bonne loi sur l'*assistance médicale dans les campagnes*. Mû par cette conviction M. Th. Roussel a déposé, le 9 juillet 1872, sur le bureau de l'Assemblée, une proposition de loi sur cette assistance, élaborée de concert avec M. Morvan. Mais quelque défectueuse que soit l'organisation de l'assistance médicale en France, il n'y a pas un motif suffisant pour écarter la question de la *vérification médicale des décès des nourrissons* d'un programme complet des moyens de protection de la première enfance. On peut ajourner la mise à exécution d'une mesure reconnue nécessaire. On ne peut pas méconnaître l'intérêt de la question et en repousser l'examen.

Enfin, quant à la mention, en tête du questionnaire, de deux questions relatives aux *certificats de nourrices*, on a eu tort d'en induire qu'elle tend à faire ajouter deux articles de loi à ceux qui sont déjà proposés. Le texte du questionnaire l'indique, puisqu'il est ainsi conçu : « *doit-on exiger en vertu de la loi ou d'un règlement ?* » Dans la proposition soumise à nos délibérations c'est dans le *Règlement*, non dans la *loi* que ces questions figurent. Mais quelle que soit la place qu'on leur donne, leur discussion ne peut pas être évitée. Il faudrait ne tenir aucun compte des réclamations vives et répétées qui se sont élevées pour obtenir que le double certificat soit imposé par la loi, afin que l'obligation en devienne stricte, effective et générale. Quelsque soient, du reste, le rang et la place que l'on veuille donner à la question des certificats ; qu'on les impose par la loi ou simplement par un règlement ayant force de loi, il est certain qu'en pratique, cette obligation devra être la première des conditions préalables auxquelles il convient de soumettre les nourrices. Voilà pourquoi M. Th. Roussel a placé cette question en tête d'un questionnaire dressé surtout en vue de la discussion, pouvant servir à une enquête, mais n'ayant pas, en tout cas, la prétention d'offrir le cadre rigoureux de la loi qu'il s'agit de préparer.

« Cette remarque sur le vrai caractère du questionnaire répond, ce me semble, ajoute M. Th. Roussel, aux observations de MM. de Melun et de Chabrol fort justes en elles-mêmes. Comme M. de Melun je redouterais les chances que pourrait courir à la tribune un projet de loi long et compliqué et je crois, comme lui, que nous risquerions de manquer le but que nous poursuivons en voulant trop faire. J'avais déjà cette conviction lorsque j'ai annoncé dans l'*Exposé des motifs* de la proposition déposée le 24 mars dernier, que je proposerais certaines modifications lorsque le moment des discussions serait venu. Je présenterai en effet un texte encore plus simple et plus court que celui qui est imprimé et dans lequel je m'attache à séparer les questions d'ordre législatif de celles qui sont purement règlementaires. Je suis heureux de trouver dans les paroles de M. de Melun l'assurance que mes efforts dans cette direction auront son appui.

A l'occasion de la fixation de l'ordre du jour de la prochaine séance, M. Théophile Roussel annonce que des *délégués des Sociétés protectrices de l'Enfance de France* sont réunis en ce moment à Paris, en Congrès ou en Conférences, sous la présidence de M. Félix Boudet, pour s'occuper du Projet de loi en discussion. Ces délégués ont chargé M. Th. Roussel de demander en leur nom à la Commission, de vouloir bien les admettre, dans le plus bref délai possible, à présenter leurs observations sur le susdit projet.

La Commission décide, que les délégués ou autres membres du Congrès qui auront des communications à faire, seront admis à la prochaine réunion qui est fixée au lundi 8 décembre.

## IV.

**Contre-Projet présenté au nom des Sociétés protectrices de l'Enfance et rapport fait au nom du Congrès de ces Sociétés.**
**Déposition de M. Husson sur le régime actuel de l'Assistance publique relativement aux nourrissons. Mesures relatives à la protection des enfants en nourrice. Insuffisance du salaire des nourrices de campagne. Direction municipale des nourrices et bureaux particuliers de Paris. Placements en nourrice opérés directement par les familles peu aisées.**

Séance du
8 décembre.

MM. Husson, membre de l'Institut et de l'Académie de médecine, ancien Directeur de l'Assistance publique ; Félix Boudet, membre de l'Académie de médecine et président du Congrès des Sociétés protectrices de l'Enfance ; de Prandière ; docteur Gibert ; Delondre ; de Lafollye ; Bodart ; docteur Laurent ; Seré-Depoin, délégués des Sociétés protectrices de Paris, Lyon, Marseille, Rouen, département d'Indre-et-Loire et Pontoise sont présents à la séance.

M. LE PRÉSIDENT donne la parole à M. F. Boudet qui donne lecture du rapport suivant :

## RAPPORT

FAIT

### Au nom du Congrès des Sociétés protectrices de l'Enfance

#### Sur la proposition de M. Théophile Roussel.

Messieurs,

Vous connaissez l'origine du Projet de loi dont l'étude vous a été confiée par l'Assemblée nationale ; vous savez qu'une loi de protection pour les enfants du premier âge a été réclamée depuis plus de 15 ans par des pétitions , que la mortalité excessive des jeunes enfants a été dénoncée comme une calamité publique, que des Sociétés protectrices de l'enfance se sont formées, que l'Académie de médecine, saisie de la question de la mortalité des jeunes enfants, a consacré à son étude de longues séances et des discussions approfondies, qu'elle a formé dans son sein une Commission permanente de l'hygiène de l'enfance et que, d'accord avec les Sociétés protectrices, elle a demandé avec instance des institutions protectrices pour les enfants du premier âge. Les différents organes de la presse ont énergiquement appuyé les vœux de l'Académie et des Sociétés protectrices.

En 1870, le Gouvernement a chargé une Commission nombreuse, formée des hommes les plus compétents, d'élaborer un Projet de loi ayant pour objet la protection des enfants du premier âge et en particulier des nourrissons.

Ce projet était achevé au moment où la guerre a éclaté. Resté depuis cette époque dans les cartons ministériels, il en est sorti, grâce à la généreuse initiative du docteur Théophile Roussel qui l'a proposé à l'Assemblée nationale.

La proposition du docteur Th. Roussel et l'accueil favorable que lui a fait l'Assemblée ont inspiré de grandes espérances à l'Académie de médecine et aux Sociétés protectrices. Ces Sociétés se sont empressées d'étudier le Projet de loi, et provoquées par la Société de Marseille, elles ont décidé qu'un Congrès où chacune d'elles serait représentée par des délégués et auquel la Commission Académique de l'hygiène serait également invitée à prendre part, par délégation, se réunirait à Paris le 4 décembre courant.

Ce Congrès, où la Commission académique et les Sociétés protectrices de Lyon, de Paris, de Marseille, de Rouen, d'Indre-et-Loire et de Seine-et-Oise ont été représentées par 17 membres, a étudié et discuté avec une grande attention le Projet de loi et a formulé, dans le travail que j'ai l'honneur de vous présenter en son nom, les modifications qu'il lui paraît important d'introduire dans l'économie de ce projet.

A l'époque où ce projet de loi a été élaboré par une Commission officielle, le nombre des Sociétés protectrices, en plein exercice, était fort restreint et leur institution était d'une date assez récente ; aujourd'hui elles sont plus nombreuses et peuvent se prévaloir des œuvres qu'elles ont accomplies ; plusieurs autres, d'ailleurs, sont en voie de se constituer.

Jusqu'à la naissance de ces sociétés, l'Administration générale et l'Assistance publique ont seules pourvu à la protection des enfants du premier âge et malgré leurs louables efforts, la mortalité de ces enfants s'est élevée à des proportions effrayantes ; des abus effroyables dans l'exercice de l'industrie nourricière ont été signalés et il a été surabondamment démontré que 100,000 enfants au moins périssent dans la première année de leur existence, victimes de l'abandon auquel ils sont livrés et de l'absence d'une tutelle éclairée et assidûment exercée sur eux depuis le moment où ils sont éloignés du foyer paternel et confiés à des nourrices mercenaires.

Quelle douloureuse hécatombe barbare, quelle honte pour la civilisation, quelle perte pour la population d'un pays où la natalité est aussi restreinte qu'en France, que celle de ces 100,000 enfants voués à une mort cruelle, en violation des lois de la nature !

C'est l'évidence de cette calamité si lamentable, au point de vue de l'humanité et de l'intérêt national, qui a suscité les dévouements et les sympathies dont les Sociétés protectrices de l'enfance sont l'expression généreuse et spontanée.

Ces Sociétés représentent l'initiative privée, avec toutes ses ressources et toute son énergie, venant en aide à l'action administrative, et lui apportant une force nouvelle, pour sauvegarder, au milieu de tous les dangers qui la menacent, la population naissante. Ces Sociétés toutes jeunes, pleines de foi dans leur avenir et dans les œuvres qu'elles peuvent accomplir, ont vu avec inquiétude les dispositions d'une loi qui ne les compte pas au nombre des institutions qu'elle doit créer, qui les laisse en dehors de leur fonctionnement et menace de les annuler.

Cette inquiétude s'est manifestée dans le congrès dès sa première séance, et elle a inspiré les principaux amendements qu'il a cru devoir proposer.

Convaincus, par les enseignements du passé, que la tutelle administrative a été insuffisante, qu'elle a laissé le mal atteindre des proportions désolantes, les Sociétés protectrices voudraient participer activement aux actes de la protection qu'il s'agit d'assurer à la première enfance, et introduire ainsi l'élément généreux et fécond qu'elles représentent dans l'organisation nouvelle qu'il appartient à la loi d'établir ; elles veulent vivre, se multiplier, se développer et avoir leur part au fonctionnement, comme aux bienfaits de cette organisation.

Tous les membres du Congrès ont été parfaitement d'accord sur la valeur des services rendus jusqu'ici à l'enfance par les Sociétés protectrices, tous ont professé la sympathie la plus sincère pour ces institutions généreuses, mais tous n'ont pas prétendu leur assigner le même rôle, les mêmes attributions légales ou règlementaires ; il est juste de faire connaître les diverses opinions qui se sont produites à cet égard.

Le plus grand nombre des articles du projet de loi et de règlement ont été adoptés à l'unanimité, sans modification, tels sont les articles 1, 2, 3, 4, 5 et 6 du Titre premier du projet de loi ; les articles 8, 10 et 12 ; les articles 14, 15, 16, 17, 18, 19 et 20 du Titre III.

L'article 7 Titre II, a été modifié dans les termes suivants :

*Dans chacun des cantons où l'utilité d'établir une inspection du service des nourrices aura été reconnue par le ministère de l'intérieur, un ou plusieurs médecins seront chargés, sous l'autorité du préfet, de cette inspection.*

*La rémunération de ces médecins sera à la charge de l'Etat et du département, dans la proportion de 3/4 pour l'Etat, et de 1/4 pour le département.*

Au sujet de l'article 9, il y a eu unanimité pour penser que beaucoup de communes ne pourraient pas fournir le personnel d'un Comité et qu'il conviendrait d'établir seulement des Comités cantonaux, en réservant toutefois au Préfet la faculté de créer des sous-comités ou comités locaux, dans les cas où les besoins du service réclameraient cette création.

Le second paragraphe de l'article 9 a d'ailleurs été modifié dans les termes suivants :

*Il est institué au chef-lieu de chaque département un Comité central également nommé par le préfet, en attendant qu'il puisse y être créé une Société protectrice de l'enfance reconnue comme établissement d'utilité publique, ou autorisée.*

Dans l'article 11, il a paru convenable de substituer les mots percepteurs des communes chefs-lieux, à ceux de receveurs municipaux.

Dans l'article 13 du Titre III, le § 4 a été modifié comme il suit :

*Les attributions des inspecteurs des Comités et des Sociétés protectrices de l'enfance, leurs rapports soit entr'eux, soit avec les autorités publiques.*

Il convient de rappeler ici que plusieurs délégués ont demandé que, dans l'intérêt d'une surveillance plus complète des nourrissons, et aussi en vue de favoriser l'allaitement maternel, les parents qui voudraient envoyer leurs enfants en nourrice, fussent tenus d'en faire la déclaration à leur mairie, et d'indiquer les noms, prénoms et résidence de la nourrice ; cette proposition n'a pas été admise par la majorité du Congrès, mais elle a été soutenue avec insistance.

Dans le projet de règlement, art. 1ᵉʳ, il a paru nécessaire d'ajouter, à la suite des mots : Certificat revêtu du sceau de la Mairie,.... et extrait d'un registre à souche,

Les articles 2, 3, 4, 5 du Titre 1ᵉʳ et tous les articles du Titre 2 ont été adoptés sans modifications.

Titre 3 du règlement.

L'article 14 a été réduit à ces termes :

*Le service de l'inspection des nourrices se compose de médecins-inspecteurs cantonaux.*

Les articles 15 et 16 ont été adoptés sans modifications.

Dans l'article 17, on a ajouté à la 3ᵉ ligne, après le mot allaitement : *prendre les mesures nécessaires.*

## TITRE IV.

L'article 18 devrait être ainsi rédigé :

*Les Comités cantonaux sont formés du Maire, d'un des ministres de chaque culte reconnu, du médecin-inspecteur et de six autres personnes au moins, dont deux mères de famille, religieuses ou autres femmes respectables.*

Les articles 19, 20 et 21 ont été adoptés sans autre changement que la substitution du mot *cantonal* au mot local ou communal.

L'article 22 a été modifié comme il suit :

*Lorsque la pension d'un nourrisson cessera d'être servie, la nourrice devra en faire la déclaration à la mairie de sa commune, le Maire devra immédiatement en donner avis au Président du Comité cantonal, qui réunira le Comité, s'il y a lieu, pour aviser aux moyens d'aider la nourrice, en attendant le retrait de l'enfant.*

L'article 23 a été adopté sans modifications.

Dans l'article 25, à la suite du mot Préfet de police, on a jugé convenable d'ajouter :

Pour tout ce qui est de son ressort, et au Préfet dans les départements.

L'article 26 a été adopté sans modifications.

L'article 24 a été l'objet d'une longue discussion au sein de la réunion. Une Commission nommée pour examiner cet article et proposer un amendement dans le but de faire représenter largement les Sociétés protectrices de l'enfance dans les comités départementaux, a proposé la rédaction suivante :

*Dans tous les cas où il existerait ou se formerait au chef-lieu du département une Société protectrice de l'enfance, reconnue comme établissement d'utilité publique, ou autorisée, le Comité départemental sera composé du Préfet, président, de l'Evêque diocésain ou de son délégué, d'un Membre du Conseil général du département désigné par le Conseil, du Procureur de la République, du Président de la Commission administrative des hospices et des membres du bureau de la Société protectrice de l'Enfance au nombre maximum de sept.*

*Le Comité départemental, sous l'autorité du Préfet, pourvoira à la formation des Comités cantonaux, nommera les médecins-inspecteurs, règlera, dans la limite des crédits, l'emploi des fonds mis à sa disposition par l'Etat ou le département, ainsi que toutes mesures relatives à l'exécution de la loi. Il adressera, chaque année, sur la situation ou les besoins du service, par l'intermédiaire du Préfet, un rapport au Ministre de l'Intérieur.*

Avant que cette rédaction fût votée, le Secrétaire général de la Société de Tours a proposé de supprimer l'article 24 du règlement et de remplacer l'article 9 du projet de loi par un article ainsi conçu :

*Il sera formé dans les cantons où l'utilité en aura été reconnue, des Comités ou Sous Comités gratuits de surveillance et de patronage par le Préfet dans les conditions des paragraphes suivants. La commune où siégera le Comité cantonal ou le Sous-Comité, sera tenue de fournir gratuitement le local des séances.*

*Il est institué au chef-lieu de chaque département par les soins du Préfet, un Comité composé de la manière suivante :*

*Un tiers de ses membres choisi parmi les principales autorités administratives, judiciaires et religieuses rémunérées par l'Etat.*

*Un tiers choisi dans le sein des assemblées électives du département.*

*Le troisième tiers choisi parmi les membres du conseil d'administration des Sociétés protectrices de l'Enfance ou, à leur défaut, parmi les membres des institutions de bienfaisance qui s'occupent de l'Enfance.*

*Ce Comité fonctionne sous la présidence du Préfet, il comprend dans ses attributions tout ce qui concerne spécialement la protection des enfants du premier âge de toutes catégories.*

*Le Comité départemental a recours aux Sociétés protectrices de l'Enfance reconnues comme établissements d'utilité publique ou autorisées pour la formation des Comités cantonaux et des Sous-Comités.*

*Il présente au choix du Préfet une liste dressée par lui de médecins-inspecteurs choisis parmi ceux qui auront été proposés par la Société protectrice de l'Enfance.*

Tel est, Messieurs, le résultat des délibérations du Congrès des Sociétés protectrices de l'Enfance ; nous avons l'honneur de soumettre nos amendements à vos lumières et de vous exprimer notre vive reconnaissance de l'accueil que vous voulez bien nous faire au milieu de vous.

Après cette communication, M. de Melun demande à M. Boudet quelle est la situation légale des Sociétés protectrices.

M. Boudet répond que sur sept Sociétés actuellement existantes en France, trois seulement, celles de Paris, Lyon et Tours sont reconnues *d'utilité publique*. Les autres sont simplement *autorisées*.

M. de Melun demande si ces dernières auraient un titre légal suffisant pour le rôle auquel elles aspirent dans la *protection légale* des enfants du premier âge?

M. Charton pense qu'on peut décider que le titre de *Société autorisée* sera suffisant.

M. de Chabrol demande quelle est l'opinion du Congrès sur la question de *l'autorisation préalable* pour la création et la direction des bureaux de placement?

M. Boudet répond que le Congrès a clos le débat relatif à cette question par cette conclusion : qu'un intérêt bien supérieur à celui de la liberté de l'industrie exige le recours à l'autorisation préalable comme moyen de s'assurer de la moralité des individus qui gèrent les bureaux. En fait d'ailleurs. comme il s'agit d'un nombre fort restreint d'établissements, l'arbitraire est ici peu redoutable.

M. Bodart, secrétaire général de la Société protectrice de l'Enfance d'Indre-et-Loire, dit que si le nombre des sociétés protectrices est encore si petit, cela ne tient pas à ce que les nourrissons inspirent peud'intérêt, ni même à ce que l'esprit d'association manque de force parmi nous. La création de ces sociétés a rencontré jusqu'ici un de ses plus grands obstacles dans les dispositions peu favorables de l'Administration et des bureaux des préfectures. Si la loi nouvelle leur offre un point d'appui, ces sociétés se multiplieront et rendront de grands services.

M. Boudet dit que le point capital de la question est la *surveillance*, tâche jusqu'ici au-dessus des forces de l'Administration. C'est pour venir en aide à l'Administration dans cette tâche que la plupart des sociétés protectrices ont été créées ; mais jusqu'ici l'Administration n'a rien fait pour utiliser leur dévouement. Un des grands bienfaits de la loi nouvelle serait de réparer cette faute et d'encourager tous les dévouements.

---

M. Husson, invité par M. le Président à faire part de son opinion sur les dispositions mises en pratiques par l'Assistance publique en ce qui touche les nourrissons, dit que ces dispositions forment encore un tout assez compliqué. « Il y a, dit-il, trois catégories d'enfants auxquelles ces dispositions s'appliquent et auxquelles il faut penser en édictant des dispositions nouvelles. Il y a d'abord les *enfants assistés*. Ici, la législation existante donne une protection et cette protection a paru suffire. On a cité des abus et aussi des faits de mortalité effroyable dans certains départements ; mais M. Husson ne parle que de ce qu'il pourrait appeler sa *pratique*, c'est-à-dire du milieu dans lequel il a pu observer de près les faits, pendant qu'il exerçait des fonctions dirigeantes. Il y a obtenu de bons effets à l'aide de moyens simples. Il avait reconnu que le trop long séjour des enfants dans l'hospice dépositaire et loin des nourrices, était une des pratiques les plus fâcheuses. Il prit des mesures pour que tout enfant admis à l'Assistance soit immédiatement pourvu d'une nourrice. Il prit encore la précaution de faire voyager les nourrices

en wagons de 2ᵉ classe, au lieu de la 3ᵉ, lorsqu'elles emportent des nourrissons, et de leur faire donner un manteau à l'aide duquel la nourrice et l'enfant peuvent voyager à l'abri du froid. Au moyen de ces simples précautions,
il a vu le chiffre de la mortalité descendre de 13 et 14 0/0 à 7 0/0 pour cette
première et si dangereuse période de la vie des nourrissons confiés à l'Assistance publique.

L'un des principaux défauts du service des Enfants assistés, tient, selon
M. Husson, à l'insuffisance du salaire des nourrices. Il faudrait que ce salaire fût élevé du taux actuel de 15 francs au taux minimum de 20 francs
par mois.

Un autre grand défaut de ce service, c'est qu'il a été *beaucoup trop bu-
reaucratisé*. L'exclusion des administrations hospitalières de la direction
de ce service a eu pour conséquence de décourager ces administrations.
La charge du service a reposé tout entière sur un homme agissant, en fait,
sans contrôle sérieux et en définitive, ajoute M. Husson, l'inspecteur ne peut
valoir que ce que vaut un homme et, en règle générale, ce n'est pas assez. Il
faudrait qu'il fût institué sérieusement des *Comités locaux de surveillance*,
surtout des comités de femmes.

Au milieu de ces défauts de l'organisation actuelle, l'Administration des
Enfants assistés de la Seine, paraît être celle qui a donné les résultats les plus
satisfaisants. Ses efforts sont parvenus à réduire le chiffre de la mortalité
des nourrissons à une moyenne de 36 0/0. Il est très-fâcheux qu'elle ne soit
pas encore en mesure de payer suffisamment ses nourrices et véritablement
lorsqu'on réfléchit sur ce fait, on est obligé d'avouer qu'il n'est pas juste
de parler si mal de cette classe de femmes, qui ont bien autant de raisons
de se plaindre qu'on peut en avoir de se plaindre d'elles.

La seconde catégorie d'enfants comprend ceux qui sont envoyés en nourrice par leur famille soit directement, soit par l'intermédiaire des bureaux
de placement. C'est pour cette catégorie nombreuse que des mesures de protection sont surtout réclamées. Dans l'état actuel on peut considérer la réglementation en vigueur à Paris, comme à peu près suffisante pour ce qui
touche le placement des enfants; mais il n'en est pas de même pour la surveillance des enfants après leur placement en nourrice. Il faut que la loi nouvelle donne le droit et les moyens de s'introduire en tout temps chez la nourrice et de veiller sur l'enfant d'un bout à l'autre de la période nourricière.
On peut même dire qu'il suffirait de combler cette lacune pour doter le pays
d'une loi éminemment utile.

Il y a une 3ᵉ catégorie : celle des enfants confiés aux *nourrices sur lieu* et
nourris dans la maison maternelle; mais M. Husson pense que la Commission n'entend pas intervenir dans les contrats de nourrissage conclus dans
ces conditions et faire pénétrer la loi dans l'intérieur des familles.

M. DE CHABROL dit que la Commission entend s'occuper encore d'une quatrième catégorie d'enfants : celle des enfants des nourrices délaissés par
leurs mères, qui les quittent pour aller vendre leur lait à des étrangers.
Quelles mesures à prendre en faveur de cette catégorie ?

M. HUSSON répond qu'elle n'a pas été complètement oubliée par l'Assistance publique et que certaines mesures réglementaires n'ont été adoptées qu'en vue de la protéger. C'est ainsi que l'article 16 de l'*instruction* en vigueur sur le service de la Direction municipale des nourrices prescrit aux médecins de cette direction de n'admettre aucune femme dont l'*enfant, s'il est vivant, serait âgé de moins de 7 mois*. L'article 41 de l'*instruction générale sur le service des Enfants assistés de la Seine* porte : *Aucune nourrice ne peut venir chercher un enfant à l'hospice, si son dernier enfant n'a pas atteint 9 mois révolus et s'il n'est pas sevré.*

Ces prescriptions protectrices ne sont certainement pas en proportion avec l'étendue du mal, qui est énorme, car dans tous les placements autres que ceux de la direction municipale et du service des Enfants assistés, il n'y a rien d'obligatoire ni de déterminé. L'ordonnance de police du 20 juin 1842, qui régit les bureaux particuliers de placement, porte (art. 1er) que : « Toute nourrice qui voudra se procurer un nourrisson devra être munie d'un certificat indiquant *que l'âge de son dernier enfant lui permet d'en prendre un*. Les imprimés imposés par les règlements aux directeurs des bureaux particuliers contiennent un article relatif à cet âge ; mais la mention de l'âge est seule obligatoire ; la fixation ne l'est pas et nous savons combien, surtout dans l'industrie des *nourrices sur lieu*, les malheureux enfants des nourrices sont sacrifiés à l'appât du lucre. On ne saurait rien ajouter aux observations faites à ce sujet par le docteur Monot, de Montsauche, dans les campagnes du Morvan.

Au resté, la limitation de l'âge auquel l'enfant peut être privé du lait maternel, sans trop grand péril pour sa vie, a donné lieu à beaucoup de discussions. On a généralement adopté le terme minimum de 5 mois, que beaucoup de médecins trouvent insuffisant.

M. de Chabrol demande si pour cette 4° catégorie d'enfants on a cherché à organiser une surveillance ?

M. Husson répond que ces enfants restant en général dans leur famille, on ne pouvait guère arriver jusqu'à eux. C'est un nouvel ordre d'idées et l'administration ne l'a pas abordé jusqu'ici. La situation des enfants des nourrices absentes de leur domicile est assurément déplorable et bien digne de secours. Le plus efficace serait l'augmentation de l'aisance dans ces intérieurs où la misère le plus souvent fait la loi. L'assistance matérielle et les conseils des comités locaux à instituer par la loi, sont au premier rang des moyens propres à atténuer le mal. Comme exemple frappant des effets de la propagation des bonnes habitudes, de la propreté et de l'aisance, M. Husson cite les faits qu'il a pu constater, à l'occasion des placements de nourrissons de Paris effectués dans le département de l'Orne. Il y a une contrée de ce département où les femmes s'emploient à la fabrication des gants. M. Husson remarqua qu'elle formait l'arrondissement de nourrissage où la mortalité des enfants était la plus faible. Elle était inférieure de plus de 6 0⁄0 à celle des arrondissements voisins. En cherchant la cause de cette différence, on ne pouvait en trouver d'autre que l'influence d'un travail convenablement rémunéré et qui, en retenant les femmes chez elles, exigeait de leur part des habitudes de soin et de propreté.

M. DE TILLANCOURT, revenant à la question du salaire des nourrices, dit qu'ayant vu de près les misérables conditions dans lesquelles sont tenus les enfants pour lesquels on a payé jusqu'ici les mois de nourrice aux prix de 15 fr. et même de 18 fr., pense qu'aujourd'hui, lorsque tout est devenu si cher, lorsque le salaire des *nourrices sur lieu* a plus que doublé, le prix de 20 fr. dont M. Husson a parlé, ne lui paraît pas suffisant pour que le bien-être des nourrissons s'en ressente.

M. HUSSON dit qu'il a cité le prix de 20 fr. comme un minimum indispensable.

M. LE COMTE RAMPON fait part de ses observations personnelles sur l'extrême misère des nourrices de campagne et sur la situation déplorable des nourrissons qui leur sont confiés et notamment de ceux que le service des enfants assistés de Lyon envoie dans l'Ardèche. L'inspection de ces enfants est dérisoire. Ils vivent habituellement dans le plus grand dénuement et dans une tenue qui fait pitié. Seulement, lorsque la visite de l'inspecteur est annoncée, on voit ces pauvres femmes courir partout pour se procurer un vêtement présentable : elles recourent pour cela à la commisération des personnes charitables. Mais une fois l'inspecteur parti, les enfants se retrouvent dans le même état misérable qu'auparavant.

M. SCHŒLCHER demande par quels moyens on pourrait chercher à remédier à cette insuffisance de salaire, qui est un si grand mal et un si grand danger pour la vie des nourrissons?

M. HUSSON pense que l'on obtiendrait des effets très-sensibles d'une mesure législative qui mettrait à la disposition de l'administration ou des comités qui seraient institués, un fonds spécial qui serait distribué aux familles pauvres pour les aider à se procurer des nourrices. Quelques centaines de mille francs suffiraient. On a sérieusement proposé de donner cet emploi aux crédits qui forment le budget de la Direction municipale des nourrices. M. Husson avait fini par adopter lui-même cette idée.

M. SCHŒLCHER demande si un pareil moyen n'aurait pas de graves inconvénients? Il exigerait d'abord que les familles vinssent faire la confidence de leur misère ou de l'insuffisance de leurs ressources? N'écarterait-on pas ainsi les plus dignes d'être secourus?

M. HUSSON pense que l'inconvénient dont il s'agit pourrait être très-atténuée par l'intervention des associations charitables. Les *Sociétés de charité maternelle en particulier*, dont les bienfaits sont trop restreints par suite de l'exiguïté de leurs ressources, pourraient être très-utiles sous ce rapport.

M. DE TILLANCOURT demande s'il convient d'admettre la liberté d'ouvrir des bureaux de placement ou s'il faut maintenir l'autorisation préalable?

M. HUSSON dit qu'en réalité la liberté est grande aujourd'hui. Lorsqu'une demande est faite, le préfet de police fait une enquête et tout postulant contre lequel on ne rencontre pas d'objection grave est admis. On a parlé souvent de racheter et de supprimer ces bureaux particuliers et d'établir un monopole en faveur du *bureau municipal*, qui n'a pas le caractère d'une industrie, mais plutôt celui d'un service public. M. Husson reconnaît les bonnes raisons qu'on peut faire valoir à l'appui de cette idée, qu'on a discutée, qu'on a été sur le point d'essayer, mais devant laquelle on a finalement reculé.

Le *bureau municipal*, malgré les garanties qu'il offre, a vu sa clientèle décroître jusqu'à ces derniers temps, tandis que la vogue des *bureaux particuliers* augmentait toujours. L'une des principales causes de cette vogue a toujours consisté dans la *prime* que ces bureaux payent aux sages-femmes et aux accoucheurs pour chaque enfant qui leur est adressé. M. Husson a entrepris de lutter par un moyen dont il ne cherche pas d'autre justification que le but même qu'il poursuivait. Il a établi, pour la Direction municipale et sous le titre de *frais de déplacement*, une véritable prime de 5 fr., qui a été donnée depuis à toute personne apportant un nourrisson à placer. Il a institué en outre trois primes de 300 fr. pour les sages-femmes qui procuraient le plus grand nombre de nourrissons. Mais il doit avouer que ces moyens n'ont eu que de faibles résultats. Les bureaux particuliers ont soutenu la concurrence : ils ont porté à 10 fr. leurs primes qui n'étaient que de 6 fr. et la clientèle a continée d'affluer de leur côté. M. Husson reconnaît au reste que ces bureaux, qui sont aujourd'hui au nombre de 12, valent mieux qu'autrefois.

M. Schœlcher rappelle que M. Husson a dit qu'en se bornant à organiser convenablement la surveillance des nourrissons, on ferait une loi très-utile et que les femmes pourraient, sous ce rapport, rendre de grands services. M. Husson pense-t-il que les femmes aient les qualités, notamment l'instruction, suffisantes pour une inspection qui doit être surtout médicale?

M. Husson répond qu'il a parlé du rôle des femmes dans les comités locaux de surveillance ; mais cette surveillance délicate et attentive ne saurait être exclusive de *l'inspection médicale* qui est particulièrement nécessaire dans les pays où l'industrie nourricière s'exerce en grand.

M. de Chabrol demande à poser à MM. les délégués des sociétés protectrices, les questions suivantes : Peut-on arriver à une réglementation générale et uniforme de l'industrie nourricière pour toute la France? Ne faut-il pas, au contraire, que l'exécution de la loi soit assurée par des règlements variables suivant les régions et les circonstances ? S'il est nécessaire de faire plusieurs règlements, à qui convient-il de confier la confection de ces règlements particuliers?

M. Boudet, répond avec l'assentiment de ses collègues, que sur les points importants, il ne saurait y avoir qu'un seul règlement, attendu que les lois de la physiologie et les prescriptions de l'hygiène sont partout les mêmes en France et ne changent pas suivant les circonscriptions administratives. Lorsque, d'autre part, sur des points secondaires, il y aura lieu de faire des règlements particuliers, la confection de ces règlements devra être confiée aux comités départementaux.

M. Théophile Roussel, précisant encore plus la question, demande si MM. les délégués pensent que les articles du projet de règlement qui fait suite à la proposition de loi soumise à l'Assemblée, sont susceptibles de modifications suivant les localités?

MM. les Délégués, à l'unanimité, font une réponse négative.

M. Boudet demande à ajouter quelques mots sur une catégorie d'enfants dont on n'a pas parlé devant la Commission et qui réclame d'une manière urgente la protection de la loi : il parle des nourrissons, placés directement et sans l'entremise des bureaux, par les parents peu aisés, tels que les gens de service, les gens des petits métiers, etc. Ces placements sont peut-être ceux qui sont entourés de moins de garanties et qu'il importe le plus de faire surveiller.

L'essentiel pour cette catégorie, comme pour tous les nourrissons des classes peu aisées de la société, serait d'en diminuer le nombre par l'emploi de tous les moyens propres à faciliter l'allaitement maternel ; il faudrait tendre à ce but par des secours de tout genre et par la création de crèches bien organisées. Aussi, la question des crèches est-elle étroitement liée à celles qui font directement l'objet de la proposition de loi.

M. Théophile Roussel fait remarquer que les renseignements qui viennent d'être donnés à la Commission, constituent un commencement d'enquête, qui pourrait être utilement continuée et servir de préparation aux délibérations de la Commission. Il propose à celle-ci d'appeler dans son sein les hommes d'expérience et de science qui sont à sa portée, en commençant par les membres de l'Académie de médecine qui composent la Commission spéciale de l'hygiène de l'enfance et dont plusieurs ont fait partie, avec MM. Husson et Boudet, de la Commission chargée en 1870, par le Gouvernement de préparer la loi dont nous nous occupons.

La Commission décide qu'elle consacrera, à partir de vendredi prochain 12 décembre, un certain nombre de séances à en entendre les communications dont il s'agit, et pour lesquelles M. Th. Roussel est chargé de se concerter avec les personnes qu'il vient d'indiquer.

V.

**Opinion de M. le D<sup>r</sup> Bergeron sur le rôle des Sociétés protectrices de l'enfance. — Opinion de M. le D<sup>r</sup> Broca sur la statistique des nourrissons, sur l'autorisation préalable des Bureaux de nourrices et sur les *nourrices sèches* des environs de Paris. — Opinion de M. le D<sup>r</sup> Blot sur la protection des enfants des nourrices *sur lieu* et sur l'allaitement simultané de deux nourrissons.**
**Observations de M. le D<sup>r</sup> Devilliers sur la vérification des décès des nourrissons et sur l'organisation de l'inspection médicale des nourrices et des nourrissons.**
**Vaccination obligatoire des nourrissons.**

MM. les docteurs Bergeron, Blot, Broca et Devilliers, membres de l'Académie de médecine et de la Commission de l'hygiène de l'enfance, sont présents.

M. LE PRÉSIDENT invite M. le Dr Bergeron, vice-président de la Société protectrice de l'enfance de Paris, à faire connaître son opinion sur le rôle des Sociétés protectrices et sur la mesure de la participation qui leur convient dans l'exécution de la loi proposée.

M. BERGERON dit que ces Sociétés lui paraissent devoir, dans leur intérêt même, rester fidèles à leur principe et à leur origine qui est la libre initiative et qu'elles doivent par conséquent maintenir leur fonctionnement en dehors de la loi. Elles ne pourraient, sans détriment pour leur propre vitalité, se transformer en rouages administratifs; du moment qu'elles prendraient part à l'emploi des fonds de l'Etat, elles auraient à subir son contrôle et par le fait de cette participation, les ressources de la charité tariraient bientôt pour elles. En obtenant de nouvelles attributions au prix de leur indépendance, elles s'annihileraient en réalité.

On a donc eu tort de demander que les Sociétés protectrices, qui n'existent encore que là où l'initiative privée et la charité libre ont eu la force de les créer, soient établies dans chaque département par une prescription de la loi; qu'elles soient chargées d'organiser et de diriger le service d'inspection des nourrices et qu'elles soient comptables des deniers de l'Etat nécessaires pour ce service.

D'après leurs statuts, les Sociétés protectrices doivent s'occuper beaucoup moins d'administrer, d'inspecter, de contrôler, que d'assister et d'encourager. Leur but principal est de propager l'allaitement maternel. La loi et l'administration n'ont que fort peu d'action de ce côté : on ne peut pas décréter l'allaitement obligatoire. Les efforts de la charité peuvent au contraire rendre de grands services.

L'autorité publique doit garder la responsabilité de l'exécution de la nouvelle loi et l'inspection du service à créer, qui doit avoir surtout le caractère médical, doit relever de cette autorité. Sans doute, on établira, à côté de cette inspection, une surveillance locale active, au moyen de Comités et pour cette tâche la loi peut faire appel, dans une certaine mesure, aux Sociétés protectrices; mais il faut que ces Sociétés ne se placent jamais sous la tutelle de l'administration et perdent leur autonomie. Si elles s'écartent ainsi de leur principe, elles seront absorbées et, je le répète, dit M. Bergeron, elles s'annihileront pour avoir eu trop d'ambition.

M. DE TILLANCOURT est très-frappé des observations qu'il vient d'entendre; mais si les Sociétés surveillent d'un côté et l'Etat de l'autre, ne faut-il pas prévoir des tiraillements et des conflits? Comment les éviter?.

M. BERGERON dit que les rôles ne seront pas les mêmes. La surveillance de l'Etat sera surtout médicale et aura ses limites déterminées. La crainte des conflits lui semble peu fondée.

M. SCHŒLCHER constate une contradiction formelle entre l'opinion de M. Bergeron et celle sur laquelle s'appuient non-seulement le contre-projet envoyé par M. le Dr Maurin, au nom de la Société protectrice de Marseille, mais encore la proposition faite au nom des délégués des Sociétés protectrices, par l'organe de M. Boudet. Il désirerait encore quelques éclaircissements sur cette contradiction.

M. Houssard demande à poser aussi une question au D<sup>r</sup> Bergeron : Si, dit-il, les Sociétés protectrices sont tenues en dehors de la loi et veulent fonctionner sans son appui, comment feront-elles pour pénétrer jusqu'aux nourrissons qu'elles ont à protéger et pour exercer une surveillance et une action utiles ?

M. Bergeron répond qu'il croyait avoir exprimé sa pensée de façon à ne pas laisser croire qu'il entendait exclure les Sociétés protectrices de toute coopération à l'œuvre de la loi. Son opinion est celle-ci : il ne faut subordonner en rien les dispositions d'une loi à l'action de Sociétés qui sont encore à créer dans la plupart des départements et, d'autre part, il faut que les Sociétés qui existent ne cherchent pas à s'attribuer la responsabilité de l'exécution d'une loi ; elles ont tout à perdre en perdant leur autonomie ; tout à gagner en se maintenant en dehors des rouages administratifs. C'est en outre, je le répète, une pensée vaine, que de vouloir créer des Sociétés protectrices partout. Ces Sociétés naissent là où elles ont une puissante raison d'être ; là où l'évidence et la grandeur du mal à combattre ont stimulé suffisamment l'esprit de charité, d'initiative, d'association. C'est pourquoi elles seront toujours clairsemées, parce que le mal n'est pas, grâce à Dieu, universel, mais qu'il est au contraire local, concentré sur certains points ou disséminé autour des grands centres de population.

M. le D<sup>r</sup> Devilliers fait remarquer qu'il existe encore d'autres associations qui s'occupent d'une manière utile de la protection de la première enfance. Telles sont les *Sociétés de charité maternelle*. N'y aurait-il pas un inconvénient et un motif de justes plaintes si, dans la nouvelle loi, on donnait place aux *Sociétés protectrices* en oubliant les autres associations ? ne provoquerait-on pas des mécontentements fondés, des tiraillements et finalement des difficultés pour l'accomplissement du bien qu'on a en vue ?

M. le professeur Broca dit que son opinion sur la proposition de loi soumise à l'Assemblée peut se résumer en peu de mots. Cette proposition pourrait se réduire à deux articles : 1° la déclaration à imposer à la nourrice et à tous les agents du placement des nourrissons. La loi exige que tout enfant venant au monde ait son existence protégée par la constatation de sa naissance. Elle doit exiger que lorsqu'un nouveau-né quitte sa famille, ce fait anormal, toujours dangereux pour la vie de l'enfant, soit aussi constaté rigoureusement et puisse être suivi dans ses conséquences.

2° La loi doit établir et rendre obligatoire une statistique détaillée des nourrissons. La proposition de loi vise un mal reconnu énorme et cherche à y porter remède. La statistique seule permettra de connaître la gravité de ce mal, de mesurer ses progrès et de mesurer les effets des remèdes qu'on lui oppose.

Le reste de la loi ne saurait offrir la même importance.

« On ne manquera pas, dit M. Broca, d'objecter à certaines dispositions qui vous sont proposées, qu'elles ont un grave danger, celui d'un empiétement de l'État sur la famille. Mais quiconque voudra peser sérieusement les intérêts en présence, ne manquera pas non plus de reconnaître qu'il n'y a pas lieu de se laisser impressionner par une semblable préoccupation.

M. DE TILLANCOURT demande comment on s'y prendra pour avoir une bonne statistique ? On a beaucoup attaqué celles qui existent et notamment celles de l'assistance publique. On a reproché à celle-ci de les fausser, en évitant d'envoyer les enfants trop faibles à la campagne, afin d'éviter leur mention sur ses tableaux de mortalité.

M. BERGERON dit, qu'ayant vu les choses de près pendant qu'il était médecin du service des nourrices, il peut affirmer qu'il n'y a rien de fondé dans les reproches indiqués par M. de Tillancourt. L'assistance publique de la Seine a toujours pourvu au placement de tous les nourrissons, à une seule exception près que tout le monde comprendra, celle des nourrissons atteints de maladies contagieuses.

M. DE TILLANCOURT demande l'opinion des membres de l'Académie de médecine présents à la réunion, sur la question de l'autorisation préalable, appliquée aux bureaux de nourrices ?

M. AMAT croit devoir rappeler, avant qu'il soit répondu à cette question, que tout le monde est d'avis, dans la Commission, qu'on ne pourra être admis à ouvrir et diriger un bureau des nourrices, qu'à la condition préalable de remplir des conditions déterminées par un règlement sévère. Il s'agit donc simplement de savoir si ces garanties ne sont pas suffisantes, et, si elles suffisent, il s'agirait de montrer quel peut être l'avantage d'une autorisation préalable qui est une porte ouverte à l'arbitraire ?

M. BROCA dit que dans la Commission de 1870, dont il faisait partie, il a formellement demandé que l'établissement d'un bureau de nourrices, au lieu de s'effectuer sur une permission du préfet de police, délivrée arbitrairement, s'effectuât désormais sur une *déclaration* des postulants et sans autre formalité, du moment que ceux-ci étaient reconnus remplir les conditions voulues. La *déclaration* a quelque chose de solennel qui semble appeler le contrôle et convient à ceux qui n'ont pas à le redouter. D'autre part, elle écarte le soupçon de partialité et d'arbitraire. La question a été discutée. M. Mettetal a réussi à obtenir une majorité en faveur du système de l'autorisation.

M. DE TILLANCOURT désirerait une raison majeure de préférer la *déclararation* à l'*autorisation préalable*. Elle n'exclut pas du tout une réglementation sévère et elle donne un surcroît de garanties dans une industrie qu'il importe de limiter plutôt que d'encourager. Le meilleur système est évidemment celui qui assure le plus de protection aux nourrissons. C'est d'après ce principe qu'il faut se diriger et non d'après le principe de la liberté de l'industrie. Les suspicions, qui enveloppent pour ainsi dire l'industrie nourricière et les accusations que M. de Tillancourt rappelait tout à l'heure contre l'assistance publique prouvent qu'on ne saurait trop multiplier les précautions et les garanties.

M. BROCA répond que les accusations dont il s'agit et d'une manière générale le peu de popularité du bureau municipal des nourrices ne tiennent pas du tout au plus ou moins de garanties. Il est notoire que la Direction municipale offre plus de garanties que les bureaux particuliers ; mais elle a un défaut capital : elle est à l'*Assistance publique*. C'est le nom qui écarte et qui dispose défavorablement. Voilà pourquoi, dans la Commission de 1870 (1), M. Broca demandait que les bureaux de nourrices fussent retirés tout à la fois de l'assistance publique et de la police, pour être rattachés directement à une division du Ministère de l'Intérieur. Il y a des parents qui ne veulent, à aucun prix, avoir des contacts avec la police ; il y en a d'autres qui se croiraient humiliés de paraître recourir à l'assistance publique. Ce sont des *parents bêtes*, mais ils sont en grand nombre et ils ont besoin, plus que d'autres, d'être assistés et dirigés. Il y a là un point important à examiner, car rien n'importe plus pour les familles que de pouvoir s'adresser à un établissement digne de sa confiance.

M. Broca veut encore signaler, en terminant, un autre point digne de toute la sollicitude de la Commission et de l'Assemblée nationale ; il s'agit d'une catégorie d'*infanticides ou d'homicides* qui se pratiquent impunément par l'intermédiaire de ce qu'on appelle des *nourrices sèches*. C'est un mal plus répandu qu'on ne croit, surtout dans la banlieue de Paris. Il y a là telle de ces femmes qui a pour profession connue d'enterrer régulièrement 10 à 12 nourrissons par an, si ce n'est davantage.

M. Théophile Roussel ajoute que c'est là le *Baby-Farming* dont a parlé M. Schœlcher et contre lequel le parlement anglais a récemment voté une loi.

M. Blot demande à appeler l'attention de la Commission sur une catégorie d'enfants trop oubliée et sur laquelle la mort frappe dans une proportion vraiment terrible, c'est la catégorie dite des *Frères de lait* et comme on les appelle mieux encore des *frères ennemis*, c'est-à-dire des enfants de nourrices délaissés par leurs mères qui vont vendre leur lait. Là aussi se pratiquent de véritables infanticides ou homicides, à l'abri et presque sous la protection de la loi. Faudrait-il, pour mettre un terme à un pareil mal, s'arrêter à la considération d'une atteinte à porter à la liberté et aux droits des familles ? M. Blot voudrait qu'il fût interdit absolument à toute femme de délaisser son enfant pour prendre un nourrisson, avant que son enfant n'ait atteint l'âge de 7 mois ou tout au moins l'âge de 5 mois révolus. Par cette mesure, on diminuerait des trois quarts la mortalité qui frappe les enfants en nourrice.

M. Blot a le devoir de signaler encore un fait à propos des certificats qu'on demande aux nourrices *sur lieu*, qui ont laissé chez elles leurs enfants. L'administration de la police laisse encore, malgré les réclamations des médecins, figurer sur les modèles de certificats qu'elle délivre, conformément à l'ordonnance de 1842, cette rédaction défectueuse : *que son dernier enfant est âgé de* (tant de) *mois*, tandis qu'il serait nécessaire de faire inscrire la date précise de la naissance, pour être toujours certain qu'on n'est pas trompé, comme cela arrive souvent, sur l'âge des enfants des nourrices.

M. Théophile Roussel dit que dans les nouveaux modèles de certificats

---

(1) Cette opinion avait été développée en 1842 par M. Donné, dans un rapport adressé au Ministre de l'Intérieur.

qu'il a eu occasion de recueillir en visitant les bureaux particuliers de Paris, la correction réclamée par M. Blot, est opérée; on y lit, en effet : *que son dernier enfant, âgé de ..... est né à ..... le ..... ainsi qu'il appert de l'acte inscrit au registre de l'état-civil de la même commune, sous le n° ..... ; etc.*

M. Morvan demande à M. Blot s'il pense qu'une nourrice peut nourrir deux enfants à la fois?

M. Blot répond qu'une femme bonne laitière peut nourrir deux enfants, mais *successivement*; l'un pendant six à sept mois, l'autre pendant 12 à 14 mois. C'est ainsi que les bonnes nourrices peuvent nourrir l'un après l'autre leur enfant et un nourrisson étranger.

Quant à l'allaitement simultané de deux enfants, sa possibilité doit être considérée comme tout à fait exceptionnelle. En règle générale, il ne pourra avoir lieu qu'à la condition de sacrifier l'un des deux enfants ou de les faire souffrir tous les deux ; aussi doit-il être proscrit.

M. Devilliers demande si l'attention de la Commission a été attirée sur la question de la vérification des décès des enfants en nourrice ? « Vous savez, Messieurs, dit-il, que malgré les termes précis du Code civil, cette vérification n'a lieu que dans les villes et qu'elle est très-incomplétement ou même qu'elle n'est nullement exécutée dans les campagnes où l'on se contente d'une déclaration à la mairie. Tant que l'on n'adoptera pas l'emploi d'un moyen permettant la vérification à domicile, on verra enterrer sans contrôle une foule d'enfants ayant péri par la négligence trop souvent coupable des nourrices. C'est pourquoi je vous demande que cette vérification soit l'objet d'un article spécial de la loi ou du règlement. Il est certain que la seule crainte de l'investigation d'un médecin, retiendra beaucoup de femmes mal intentionnées.

Je sais que ce moyen est difficile à appliquer dans l'état actuel des choses, mais en attendant qu'une organisation plus complète et depuis longtemps réclamée, puisse être établie, ne pourrait-on pas forcer les maires à exiger au moins, dans ces cas, le certificat d'un médecin? »

M. Théophile Roussel répond que la question a été incidemment soulevée dans une précédente séance; que la Commission n'en méconnaît pas l'importance. Il rappelle les termes de l'article 1er du Projet de règlement qui sont ainsi conçus : « *En cas de décès d'un enfant, le médecin appelé par le maire rédige immédiatement un rapport sur les causes apparentes du décès; ce rapport est transmis à l'autorité administrative qui en fait passer de suite un extrait à la famille.* »

M. Devilliers fait encore une observation à propos de la déclaration des décès. Il lit dans le Règlement préparé en 1870 et que vient de citer M. Th. Roussel, un article 9 ainsi conçu : « *Si l'enfant vient à mourir en route, il est enjoint à la nourrice de faire immédiatement la déclaration devant l'officier de l'état civil de la commune où l'enfant est décédé.* »

Cette mesure pouvait être bonne au temps que les nourrices voyageaient à petites journées. Aujourd'hui, elle serait le plus souvent impraticable. Comment veut-on qu'une nourrice se rendant, par exemple, de Paris à Nogent-le-Rotrou ou à Nevers, descende dans une station intermédiaire du chemin de fer sur le territoire d'une commune située quelquefois à plusieurs kilomètres pour aller faire une déclaration de décès ? Je n'insiste pas et je crois qu'il faudrait se borner à dire que la nourrice *sera tenue de faire sa déclaration le plus tôt qu'elle pourra après la mort de l'enfant.*

M. Schœlcher demande si, d'après l'opinion des membres ici présents de l'Académie de médecine, l'obligation pour les nourrices de se munir préalablement d'un certificat de médecin, est assez importante pour devoir faire l'objet d'un article de loi ?

MM. Bergeron, Blot, Broca et Devilliers, répondent affirmativement. Suivant eux, cette condition étant indispensable et l'obligation devant être générale, cette obligation trouverait plutôt sa place dans le texte de la loi que dans des règlements.

M. Théophile Roussel rappelle que la question ayant été soulevée à propos d'un questionnaire qu'il avait été chargé de préparer, la Commission a paru disposée à ranger, provisoirement au moins, la question du certificat médical, au nombre des questions réglementaires, afin de ne pas compliquer, de ne pas trop charger le texte de la loi proprement dite.

M. de Melun dit que les dispositions de la Commission à cet égard né tiennent pas au plus ou moins d'importance qu'elle attribue à la question, mais uniquement à ces considérations de tactique parlementaire qu'on ne saurait dédaigner lorsqu'on veut assurer le succès d'un projet de loi.

M. de Gouvello ajoute qu'il restera toujours un moyen de chercher à introduire dans la loi certaines dispositions qui paraissent utiles et que la Commission aurait écartées par le motif qui vient d'être indiqué, ce serait de les proposer à l'Assemblée sous la forme d'*amendement au projet de la Commission*.

M. Amat demande à poser une question à M. Broca. Il a signalé la *déclaration* des nourrissons comme le point capital de la loi. Il a résumé toute la loi en deux mots : la *déclaration* et la *statistique*. Est-ce que l'*inspection* n'est pas aussi à ses yeux un point capital ?

M. Broca considère l'inspection et la surveillance comme des conséquences du principe de la déclaration et il trouve que, sous ce rapport, le texte de la proposition soumise à l'Assemblée, en donnant essentiellement à l'inspection le caractère médical, offre la meilleure solution qu'on puisse désirer. Il y a certainement une partie administrative dans la tâche de l'inspecteur ; mais il n'est pas un seul médecin qui ne puisse la remplir ; personne, au contraire, si ce n'est un médecin, ne pourrait s'acquitter de la partie médicale de cette tâche qui en est la partie essentielle. On peut ajouter encore ici ce que M. Devilliers disait à propos des certificats médicaux de décès, à savoir que toute nourrice qui serait animée de mauvaises intentions sera forcément intimidée à la seule pensée qu'elle est soumise à l'inspection d'un médecin. Enfin, grâce à son caractère de médecin, l'inspecteur pourra, dans ses visites, donner à tout moment des conseils et des secours précieux.

A propos de cette question de la surveillance et en particulier de l'inspection médicale, M. Devilliers croit devoir présenter encore quelques observations à la Commission.

« Toutes les personnes, dit-il, qui s'intéressent à la vie et à la santé des jeunes enfants, appellent de tous leurs vœux l'établissement d'un inspectorat médical le plus étendu possible. Mais en admettant d'abord que cet inspectorat fût limité aux départements où l'industrie nourricière est le plus répandue, il ne faut pas se dissimuler que la tâche des médecins inspecteurs sera très-pénible, si l'on n'en multiplie pas suffisamment le nombre. En effet, les distances à parcourir par les inspecteurs seront souvent très-grandes et très-pénibles surtout dans les pays de montagnes, et malgré tout le zèle et le dévouement qu'ils pourront y mettre, je doute fort que leurs inspections puissent être assez fréquentes et assez efficaces pour conjurer les dangers auxquels on veut opposer un obstacle. A défaut du nombre suffisant d'inspecteurs, il faudrait que l'organisation du service fût telle que les comités communaux et les sociétés charitables pussent, par leur surveillance active et plus directe, suppléer à l'insuffisance de l'inspection. C'est là l'utilité réelle qu'auraient les comités et les sociétés. C'était en prévision de cette insuffisance que dans le projet que j'avais soumis à l'Académie en 1869, j'avais demandé d'adjoindre aux inspecteurs, dans les pays à nourrices, des sous-inspecteurs payés par les bureaux de placement eux-mêmes, comme cela existe pour les bureaux de Lyon.

« L'économie du projet de loi et du règlement que vous voulez soumettre à l'Assemblée nationale, visent principalement l'inspection des enfants dans les pays à nourrices salariées et c'est là un but très-important, en effet. Mais, croyez-vous que cette même surveillance ne devrait pas s'étendre aux contrées dépourvues de nourrices, qu'en un mot, elle ne devrait pas être générale? Je pourrais accumuler ici une foule de motifs en faveur de l'opinion que j'émets; mais pour abréger, je me contenterai de vous citer un exemple entre tant d'autres que me fournissent les documents envoyés à la Commission académique de l'hygiène de l'enfance. Dans le département de la Haute-Loire, pays de montagnes où l'air est très-pur, la race vigoureuse et où l'industrie des nourrices est à peu près inconnue, l'allaitement maternel est général et d'autant plus facile que la plupart des femmes travaillent chez elles à une industrie très-fructueuse, la confection de la dentelle qui jette de l'aisance dans les familles. Eh bien, malgré ces conditions toutes favorables, la mortalité des enfants légitimes s'élève ordinairement de 12 à 16 p. 100 et de 24 à 25 p. 100 pour les enfants illégitimes. Quelles peuvent donc être les causes d'une telle mortalité dans un pays qui est relativement plus favorisé que d'autres, que la Creuse, par exemple, où cette mortalité ne dépasse pas 10 p. 100 et où l'aisance est loin de régner? C'est que malgré les conseils désintéressés des médecins et des personnes éclairées, la routine, l'entêtement brutal des paysans, les conseils stupides des matrones entretiennent des habitudes fatales aux enfants dont l'hygiène est très-mal dirigée. Il serait trop long en ce moment de vous donner des détails curieux, du reste, sur cette hygiène à l'envers; qu'il me suffise d'ajouter un détail caractéristique: c'est que les seuls enfants bien soignés dans le département, ceux dont la mortalité descend à 6 p. 100 (6 p. 100 vous entendez), sont ceux des filles-mères qui sont parvenues à obtenir des secours mensuels du département

(secours qu'elles ont intérêt à conserver), et qui sont surveillées spécialement par un inspecteur de la préfecture qu'elles craignent et dont elles écou-
tent les conseils.

« Je conclus de ce que je viens de dire qu'il serait réellement utile qu'il y eut
des médecins-inspecteurs, même dans les départements où l'industrie nourricière n'existe pas, et que, comme ces inspecteurs ne seront pas assez nombreux pour exercer leur surveillance et donner leurs conseils sur tous les
points, il sera indispensable qu'ils soient aidés par les comités communaux
et les sociétés charitables dans lesquels on ne manquera sans doute pas d'introduire un ou plusieurs médecins.

« A propos d'habitudes fatales aux enfants, il en est une qui exerce sur leur
vie une influence marquée, c'est leur transport à l'église pour le baptême,
dès les premiers jours de leur naissance. Il est certain que, malgré les précautions plus ou moins bien prises, ce transport et cette station dans une
église toujours froide, est très-souvent une cause d'accidents graves. D'ailleurs, cette conduite est en contradiction complète avec l'abstention, si fré-
quente dans les campagnes, de la présentation de l'enfant à la mairie pour la
déclaration de naissance. Cette présentation, en effet, n'a pas lieu dans près
de 77 départements, et elle est remplacée par une simple déclaration de
témoins.

« Pour remédier au transport prématuré de l'enfant à l'église, ne serait-il
pas possible d'obtenir *de l'autorité ecclésiastique supérieure une autorisation générale d'ondoiement à domicile*, en remettant l'administration du
baptême à l'église à un âge plus avancé de l'enfant ou à une saison plus favorable ?

« Je termine en appelant votre attention sur une lacune importante dans le
règlement soumis à vos délibérations.

« Il n'y est nullement question *de l'abandon des enfants en nourrice ni
de la disparition des parents*. Il serait, cependant, bien nécessaire de ne
pas laisser cette question dans l'ombre.

« A ce sujet, permettez-moi de vous rappeler que, dans le projet de règlement que j'avais soumis à l'Académie de médecine, j'avais inséré un article
ainsi conçu :

« Lorsque les parents d'un enfant placé en nourrice avec ou sans l'inter-
» médiaire des bureaux ou agents de placement, disparaîtront sans qu'il en
» ait été donné avis à qui que ce soit, et que les recherches faites pour les
» découvrir seront restées infructueuses, l'abandon de l'enfant devra être
» constaté régulièrement par l'autorité, et les mesures nécessaires seront
» prises, soit pour faire admettre cet enfant dans un hospice d'enfants trou-
» vés, soit pour le laisser à sa nourrice si celle-ci consent à le garder et à
» l'élever. »

« Dans ce dernier cas... procès-verbal dressé... proposition de secours ou
de récompense à la nourrice, etc., etc. »

M. Monyan demande à poser à MM. les Membres de l'Académie de médecine, une dernière question. Ne faudrait-il pas astreindre les nourrices à
l'obligation de faire vacciner les nourrissons qu'elles prennent chez elles ?

M. Blot répond que l'obligation de la vaccination et même des revaccinations dans beaucoup de circonstances, comme dans les écoles, devrait certainement être généralisée et régularisée par une loi.

M. Broca est du même avis. Il pense qu'il faudrait que, non-seulement les nourrissons fussent vaccinés, mais encore que les nourrices le fussent elles-mêmes. Il se demande seulement si ces prescriptions salutaires ont bien leur place convenable dans la loi actuelle ?

---

## VI.

**Dépositions de MM. les docteurs Brochard et Monot, de Montsauche : certificats des nourrices ; détails sur les nourrissons du service des Enfants assistés du département du Rhône. Nécessité de la vérification médicale des décès des nouveaux nés et des nourrissons. — Détails sur l'industrie nourricière dans le Morvan et sur la mortalité des nourrissons dans le département de la Nièvre Industrie des meneuses ; placements clandestins et pratiques criminelles suivies impunément par des sages-femmes de Paris Influence du siége de Paris sur la mortalité des enfants et des nourrices du Morvan.**

MM. les docteurs Brochard et Monot (de Montsauche) sont présents. Après la lecture du procès-verbal de la séance du 12 décembre, M. le Président demande à ces honorables médecins s'ils n'ont pas d'observations à faire sur les questions traitées dans cette séance ?

Séance du 19 décembre.

M. Brochard dit que, puisqu'on a parlé des certificats à exiger des nourrices, il doit faire connaître ce que son expérience lui a révélé, à savoir que la plupart des certificats des maires sont inexacts et trompeurs. Sur ce point, tout est à réformer.

M. Monot ajoute que cette question des certificats est d'une haute importance et qu'il faut y chercher un moyen de réprimer enfin, un monstrueux abus qu'il a observé de près et signalé, celui du transport à Paris par les nourrices qui viennent pour nourrir *sur lieu*, de *faux échantillons d'enfants*, c'est-à-dire d'enfants de belle et vigoureuse apparence qu'elles présentent comme leur appartenant, tandis qu'elles les ont loués à prix d'argent. M. Monot a connu des enfants qui ont fait ainsi jusqu'à quatre fois le voyage de Paris.

M. de Chabrol dit qu'avec la simple précaution d'exiger un extrait de l'acte de naissance de l'enfant de la nourrice, on pourrait empêcher ou faire découvrir ces supercheries et les faire punir.

M. Monot pense qu'il faudrait que les enfants fussent visités par un médecin qui délivrerait un certificat que la nourrice serait tenue de produire.

M. LE COMTE RAMPON dit que ce moyen serait impraticable dans beaucoup de cas. Dans certains villages de l'Ardèche, par exemple. il faudrait dépenser 15 ou 20 fr. pour faire venir un médecin. Comment recourir à un pareil moyen ?

M. MONOT répond que lorsque des circonscriptions d'assistance médicale ou d'inspection des enfants seront organisées, cette tâche incombera au médecin-inspecteur ; il aura le devoir de refuser un certificat lorsqu'il reconnaîtra qu'une femme n'a pas les qualités voulues pour nourrir, et de constater, lorsqu'il y aura lieu, le mauvais état de son enfant.

---

Sur l'invitation que lui adresse M. LE PRÉSIDENT de faire part à la Commission de toutes les observations que sa longue expérience peut lui suggérer, à l'occasion du projet de loi en discussion, M. Brochard dit qu'il ne faut pas hésiter à prendre des mesures hardies et rigoureuses. A cette condition seulement, on atteindra le but. Si l'on veut sérieusement pouvoir suivre et protéger les malheureux nouveau-nés dont l'éloignement du sein ou du foyer maternels, est entouré de tant de chances de mort, il faut exiger, d'une part : que toute femme qui se charge d'un nourrisson à un titre quelconque, se fasse inscrire à la mairie de la commune qu'elle habite ; il faut exiger, d'autre part : que tout nourrisson soit inscrit d'abord dans la commune où il est né, puis dans la commune où il est transporté. Il faut, enfin, que tous les déplacements de l'enfant soient notés et puissent être suivis. Sans ces déclarations multiples, rendues rigoureusement obligatoires, il ne faut pas songer à faire une loi protectrice ni en attendre aucun bienfait sérieux.

Passant aux faits dont il a été personnellement témoin, M. Brochard dit que la grande mortalité des nouveau-nés, et en particulier celle des enfants assistés qui est effroyable, est due, non-seulement à l'allaitement mercenaire, mais aussi, dans une forte proportion, au régime hospitalier auquel ces enfants sont d'abord soumis. Nulle part peut-être, ce fait n'est mis plus tristement en évidence qu'à la Charité, de Lyon, où se trouve le service d'enfants assistés le plus considérable de France. M. Brochard a cru devoir ne pas taire les observations qu'il y a faites ; il en a fait part à l'Administration d'abord, et ensuite au public scientifique dans un travail où se trouve un parallèle bien désavantageux pour notre pays, entre les enfants-trouvés de Moskou et ceux de Lyon. Ses efforts n'ont eu jusqu'ici qu'un résultat sous le rapport administratif Le Préfet actuel du Rhône lui a déclaré qu'il le relevait de ses fonctions d'inspecteur des crèches et des bureaux de nourrices. Personne, cependant, ne peut contester les faits qu'il a rendu publics et qu'il porte devant la Commission législative parce qu'il croit qu'un impérieux devoir d'humanité lui commande de dire la vérité jusqu'au bout, malgré que l'expérience lui ait appris qu'il peut être fort périlleux de la dire.

Un des grands vices du service des enfants assistés vient de ce que les hommes chargés de l'inspection sont, en général, complètement étrangers à la médecine et à l'hygiène du premier âge. C'est une fâcheuse anomalie et elle explique comment, à Lyon, aucune des mesures prises n'a en vue de sauvegarder la vie des enfants, tandis que toutes tendent à réaliser des économies et à diminuer le nombre des individus qui ont part à l'Asisstance. D'incontestables succès ont été obtenus dans cette voie. Aiusi, le nombre des enfants assistés qui était de 9.000, il y a trois ans, n'est plus que de 6 000 par suite des difficultés dont les admissions sont entourées. en sorte que beaucoup de filles-mères voient mourir leurs enfants avant qu'ils puissent être admis à l'assistance, sans parler de celles qui préfèrent recourir à l'avortement et à l'infanticide. Voilà pourquoi j'ai dit, ajoute M. Brochard, que le système suivi à Lyon diminue la population tandis que celui de Moskou l'augmente.

Sur 6.000 enfants assistés de Lyon, plus de la moitié n'a pas encore deux ans, tandis que sur les 40.000 de Moskou on n'en compte que le quart. Cette différence, dans la mortalité du premier âge, montre toute la distance qui existe entre deux services dont l'un est un service purement administratif ayant pour devise : *Economie,* tandis que l'autre est un service d'humanité ayant pour devise : *Conservation de la vie humaine.* L'un fait, ou du moins, laisse mourir les trois quarts des enfants dans les deux premières années ; l'autre conserve la vie à 80 sur 100 de ces enfants.

A Lyon, la mortalité officielle des enfants assistés est de 43 0/0 ; mais si l'on ajoute les décès de ceux qui meurent de faim avant d'être envoyés en nourrice, chiffre qui est de 10 à 12 0/0 à la Charité, on est en droit d'affirmer que cette mortalité dépasse 50 0/0.

Les secours aux filles-mères, qui sont une excellente chose dans beaucoup de pays, donnent à Lyon des résultats déplorables. Le but que l'on s'est proposé en décidant que l'enfant serait laissé à sa mère, c'était de moraliser la mère par la présence de son enfant ; mais, pour cela, il faut exclure la contrainte et la rigueur ; il faut aussi ne pas laisser aux malheureuses qui ont failli, une charge au-dessus de leurs forces. En réalité, à Lyon, les secours aux filles-mères, par leur insuffisance (12 fr. par mois la 1re année ; 7 fr. 50 c. la 2e ; 6 fr. la 3e), et aussi par le mauvais emploi qui en est fait souvent, favorisent plus l'immoralité et le crime qu'ils n'y font obstacle. Aussi, les expositions, les infanticides, surtout les infanticides par inanition y sont-ils plus fréquents que jamais.

M. Schœlcher demande à M. Brochard quels remèdes pourraient être, selon lui, apportés par notre loi aux maux effroyables dont le tableau vient d'être présenté à la Commission ?

M. Brochard répond qu'il ne croit pas possible de faire une loi protectrice des nourrissons sans examiner à fond la situation des enfants assistés et apporter les remèdes que cette situation réclame.

M. Houssard prend acte de ce nouveau témoignage de l'insuffisance et des vices de la direction donnée par l'Administration au service des enfants assistés ; il s'en servira pour demander qu'on fasse appel à la charité et à l'association qui se montrent capables de faire mieux.

M. le comte Rampon déclare que le tableau présenté à la Commission ne lui semble pas exagéré. Il ne pourrait que répéter ce qu'il a déjà dit sur la situation misérable, délaissée et sur la mortalité des enfants assistés du Rhône qui sont envoyés dans l'Ardèche.

M. Morvan dit qu'il ne faudrait pas trop généraliser. Il ne s'agit. en définitive, que d'un département et de l'un de nos grands centres de population. Ailleurs, dans le Finistère, par exemple, on n'observe rien de semblable. Autrefois, on constatait une mortalité de 51 0/0, pour les enfants placés en nourrice par les hospices. Depuis l'emploi des secours temporaires, la mortalité des enfants assistés nourris par leur mère est descendu à 13 0/0.

M. Brochard reconnait ces différences. Suivant lui, le mal tient surtout dans les grands centres de population, à ce que l'inspection est constituée de façon à ne pouvoir pas inspecter et que le service est surtout bureaucratique. Tout changerait avec une inspection bien faite, confiée à des médecins qui visiteraient suffisamment les nourrissons et tomberaient, pour ainsi dire, à l'improviste sur les nourrices.

M. Brochard croit devoir appeler l'attention de la Commission sur un autre fait bien digne de la frapper : toutes les populations *à industrie nourricière* dépérissent et diminuent : qu'on examine à ce point de vue le Perche, le Morvan, la Savoie qui est déjà atteinte, l'Ardèche qui commence à l'être et on sera effrayé. Parmi les moyens à prendre contre ce mal, M. Brochard recommande la vérification des décès des enfants rendue obligatoire et généralisée. Par ce seul moyen, on diminuerait des trois quarts les infanticides. Du moment qu'il sera bien établi par la loi que tout nouveau-né, tout nourrisson est sous la protection d'une surveillance médicale, on cesserait de compter tous ces nouveaux-nés et tous ces nourrissons qui meurent d'inanition ou par d'autres causes criminelles et le mouvement général de la population s'en ressentirait de suite.

« M. Brochard vient de parler des grands centres de population, dit M. le Dʳ Monot ; je parlerai surtout des campagnes. Là aussi existent des maux énormes. Dans le Morvan, que j'habite, la mortalité est bien plus considérable que celle que M. Théophile Roussel a indiquée dans son *Exposé des motifs*, d'après les chiffres officiels de l'enquête de 1867. Les chiffres de la mortalité générale dans le département de la Nièvre, seraient, d'après cette enquête de 17.47 p. 0/0 pour les enfants de un jour à un an nés dans le pays et de 30.40 p. 0/0 pour les nourrissons parisiens du même âge.

» Et d'abord sur quoi a-t-on pu se fonder pour donner un chiffre de mortalité de ces derniers, puisqu'il est bien connu qu'ils ne sont enregistrés nulle part ?

» Quant à la mortalité des enfants du pays, voici comment on a procédé pour la déterminer : on a pris en bloc d'abord le chiffre des naissances, puis le chiffre des décès pour tout le département ; on a établi une règle de proportion entre ces deux chiffre et on est arrivé, sans plus de difficultés, à la proportion de 17.47 p. 0/0 de décès, chiffre satisfaisant, à coup sûr, puisque d'après les derniers relevés de M. Bertillon, la mortalité moyenne des enfants de un jour à un an s'élève actuellement pour toute la France à 21.90 p. 0/0. »

Mais voici les réalités que M. Monot, en cherchant bien, a trouvées derrière ces chiffres :

Le département de la Nièvre se partage en deux parties : l'une comprenant surtout les arrondissements de Cosne et de Nevers, où domine l'allaitement

maternel ; l'autre, le Morvan, où domine l'industrie nourricière. La statistique officielle a confondu ensemble ces deux contrées ; mais si on les sépare
et si on reprend les calculs, commune par commune, ainsi que M. Monot l'a
fait, ou trouve des résultats tout différents. C'est ainsi que dans le canton de
Montsauche, par exemple, la mortalité des enfants de un jour à un an, nés
dans le pays, est de 43 0[0 au lieu de 17.47 0[0.

Quant aux nourrissons étrangers apportés dans ce canton, M. Monot a rencontré des difficultés extrêmes pour en déterminer le nombre, et il ne lui a pas
fallu moins d'une année de recherches pour savoir que 1,110 enfants y ont été
apportés dans l'espace de 10 ans et que, sur ce nombre, 751 ont succombé
pendant la 1re année de leur vie. En divisant ces nourrissons en trois catégories, il a trouvé pour ceux envoyés directement par leurs familles ou par
les bureaux particuliers de nourrices, une mortalité de 70 0[0 ; pour les Enfants assistés de la Seine la mortalité n'a été que de 25.28 0[0 ; enfin, pour
les enfants placés sous la surveillance de la société protectrice de l'enfance
de Paris, la mortalité est descendue à 12 0[0, et même, en dernier lieu, à
9 0[0. Les différences si marquées que ces chiffres accusent, tiennent, suivant
M. Monot, à la différence dans les soins, la nourriture et par-dessus tout la
surveillance.

M. Monot a trouvé les mêmes différences parmi les enfants nés dans le
canton de Montsauche, dont la mortalité moyenne générale est de 43 p. 0[0, au
lieu de 17.47 p. 0[0. En séparant en catégories les enfants allaités par leurs
mères, et ceux qui sont sevrés prématurément après avoir fait un ou plusieurs voyages à Paris, il a trouvé pour la première un chiffre de mortalité
de 16 p. 0[0, pour la seconde un chiffre de 61 p. 0[0.

M. Monot donne ensuite des détails navrants sur les conséquences matérielles et morales de l'industrie nourricière, telles qu'il les constate dans
l'arrondissement de Château-Chinon. La plus grave est la dégradation des
sentiments de la femme dont l'idéal n'est plus la famille et la maternité, mais
le bien-être et le lucre. Son but n'est pas, en effet, d'être *mère*, mais d'être
*nourrice, d'être en lait ;* faire un enfant n'est que le moyen d'atteindre ce
but. Aussi, une fois mis au monde, et sa mère placée à Paris, l'enfant n'est-
il plus qu'un objet secondaire, lorsqu'il n'est pas un objet onéreux, dont la
disparition est un avantage en attendant que la fin de la période nourricière
permette de recommencer. Rien de plus démoralisant, dit M. Monot, que
cette émigration des mères ; rien de plus triste que ces intérieurs où le principal ressort de la famille est brisé. Les maris séparés de leurs femmes vont
au cabaret, se livrent à la débauche, s'abrutissent promptement. M. Monot
cite un trait caractéristique : la plupart des nourrices qui partent pour Paris
avec un reste d'honnêteté, le perdent. Les trois quarts reviennent enceintes
dans leur maison, mais pourvu qu'elles apportent en même temps ce qu'elles
appellent le *sac*, c'est-à-dire une provision d'écus, leur situation est généralement acceptée par les maris sans mauvaise humeur, ni tapage. On en
considère les avantages : la femme est-elle déjà grosse de quelques mois, c'est
autant de gagné sur l'intervalle qui sépare deux nourritures ; on recommen-
cera plutôt à gagner de l'argent.

A côté de cette influence sur les mœurs, il y a une influence sur l'état physique de la population qui se prononce chaque jour davantage. L'industrie nourricière n'agit pas seulement en diminuant la population par les enfants qu'elle tue, elle l'affaiblit et l'énerve par ceux qui survivent, condamnés par elle au délaissement, à la mauvaise nourriture, chétifs, malingres et destinés fatalement à être une charge au lieu d'être une ressource pour la société. Les statistiques des conseils de révision accusent fortement cette influence. On calcule qu'en France la moyenne générale des exemptions pour faiblesse de constitution ou infirmités physiques est de 16 0|0. Dans la Nièvre cette moyenne est de 18 0|0 pour les arrondissements de Nevers et de Cosne, pays industriels, mais sans industrie nourricière ; elle est de 31 0|0 dans le Morvan, pays agricole, mais où domine cette industrie.

Quant à la mortalité des enfants des nourrices sur lieu, qui sont livrés à des mains étrangères, sevrés prématurément, alimentés d'une façon défectueuse, on en peut juger par les chiffres que M. Monot a relevés pendant les douze années de 1858 à 1870 Pendant cette période il y a eu 3,950 accouchements dans le canton de Montsauche ; le nombre de femmes accouchées qui ont quitté le pays pour aller nourrir sur lieu s'est élevé à 2,710 ; le nombre des enfants morts a été de 779 ou 33 0|0, dans un laps de temps qui a varié entre huit jours et trois mois après leur retour de Paris. La cause de la mort de ces enfants a été médicalement constatée : elle a été attribuée au voyage, au sevrage prématuré, aux mauvais aliments, au défaut de soins. Beaucoup d'enfants qui ont dépassé la première année, ont succombé plus tard gâteux, scrofuleux, rachitiques.

Voilà les effets de l'industrie nourricière, constatés dans un canton où elle s'exerce avec frénésie, dit M. Monot. Une autre constatation faite à l'occasion de la guerre, achève de mettre à nu ces effets, en les plaçant en contraste avec ceux de l'allaitement maternel. Pendant les quatre derniers mois de 1870 et les six premiers mois de 1871, alors que Paris était investi par les Prussiens ou livré à la Commune et qu'il était impossible aux nourrices de s'y rendre, toutes ces femmes durent donner à leurs enfants le lait qu'elles ne pouvaient plus vendre. Pendant ces dix mois le nombre des naissances dans le canton de Montsauche a été de 290 ; le nombre des décès des enfants de un jour à un an a été de 54, ce qui donne une moyenne de décès de 17 p. 0|0. Or, on a vu tout à l'heure que la moyenne des décès de ces enfants pendant que leurs mères nourrissent à Paris est de 33 p. 0|0. Il a donc suffi d'un obstacle matériel à l'émigration des mères pour ramener la mortalité des enfants du premier âge au-dessous de la moyenne générale de la France.

Dans ce fléau social de l'industrie nourricière, il y a une plaie particulière qui réclame un remède énergique : c'est ce qu'on nomme les *meneuses*. Ces femmes, dont le métier consiste, d'une part, à recruter des nourrices dans les campagnes pour les conduire à Paris, d'autre part à ramasser des nourrissons à Paris pour les porter en province, sont presque toutes d'anciennes nourrices et en général, l'expérience permet de le dire, des commères rusées, cupides, sans cœur, sans entrailles. Elles font deux ou trois fois par

mois le voyage de Paris, rapportent chaque fois deux ou trois enfants, les
placent au rabais, et prélèvent chaque mois une certaine somme sur le salaire convenu de la nourrice. Il n'est pas rare de voir dans les villages où
elles demeurent, deux, trois, parfois quatre ou cinq enfants, qu'on appelle
les *Petits Paris*, réunis dans la même maison et livrés à une seule nourrice. C'est absolument l'inverse de ce qui se pratique dans le pays pour les
veaux lorsqu'on veut en avoir de belle venue. On donne à un seul veau le
lait de plusieurs vaches. Pour les *Petis-Paris* ils sont remis souvent à des
femmes qui notoirement n'ont pas d'autre lait que celui qu'elles peuvent
tirer d'une vache ou qu'elles achètent. Au reste, comment les petits parisiens trouveraient-ils une nourrice passable, puisqu'on a vu toutes celles
qui le sont accourir à Paris. Comment donc s'étonner de cette mortalité de
71 p. 0|0 sur les nourrissons parisiens?

M. Monot se plaint, comme M. Brochard, de la passivité pour ne pas dire
de la tolérance, que les pratiques des meneuses, comme celles de beaucoup de
sages-femmes, rencontrent de la part de la police. Il rapporte qu'il y a deux
ans, il a cru devoir signaler des actes monstrueux en donnant des indications précises. Il s'agissait, entr'autres, d'une meneuse bien connue de certaines sages-femmes de Paris et qui, de concert avec celles-ci, accomplis-
sait, moyennant salaire, tous les infanticides qui lui étaient demandés.
S'agissait-il de faire disparaître un nouveau-né, qui devait être une cause
d'ennuis ou d'embarras pour les auteurs de ses jours, on s'adressait à elle
avec la certitude que remis en ses mains, l'enfant n'en sortirait pas vivant.
M. Monot a cité d'autres faits très-précis devant une autre Commission dont
faisait partie l'un des principaux chefs de la police, qui ne voulut pas y
croire. Plusieurs de ces faits ont été poursuivis cependant. Une sage-femme
habile à faire mourir les enfants naissants, a été condamnée à l'amende et
ces infanticides qu'on peut appeler légaux, ont continué.

L'industrie des meneuses, suivant M. Monot, devrait être absolument supprimée et toute famille voulant se procurer une nourrice, devrait être obligée, si elle ne traite pas elle-même directement, de s'adresser à un bureau
surveillé et offrant des garanties.

Il serait essentiel aussi, que les nourrissons qu'on envoie dans les campagnes fussent l'objet d'un examen médical encore plus attentif que celui
des nourrices qui viennent à Paris. La nécessité de cette surveillance spéciale est démontrée par le nombre des nourrissons parisiens qui arrivent
syphilisés chez leur nourrice, infectent celle-ci et, par elle, des familles et
parfois des localités entières. M. Monot est témoin en ce moment dans un
village de la Nièvre d'une véritable épidémie de syphilis qui s'est propagée
sur environ trente personnes et provient d'un seul nourrisson. Il faudrait
pour éviter ces graves accidents que l'enfant d'abord visité avec soin avant
son départ de Paris, fût en outre l'objet d'une autre visite attentive après
son arrivée en province, attendu, comme on le sait, que cette maladie ne se
manifeste pas toujours assez nettement au moment de la naissance.

M. Monot croit devoir, en finissant, faire un dernier rapprochement des
chiffres qu'il a cités pour prouver à la Commission toute l'efficacité des me-

sures de surveillance. Le département de la Nièvre doit à l'un de ses préfets, M. de Magnitot, une remarquable organisation de l'assistance médicale, à l'aide de laquelle les enfants peuvent être partout visités. Or, il ressort de là comparaison des chiffres que la mortalité du premier âge est partout en raison inverse de la surveillance exercée sur les nourrices et les nourrissons.

L'enfant est-il l'objet d'une surveillance active, incessante, comme le sont les nourrissons recommandés par la Société protectrice de Paris, la mortalité se réduit à 12 p. 0,0, ou même à 9 p. 0[0 ; l'enfant n'est-il protégé que par des visites trimestrielles, comme les enfants assistés de la Seine, la mortalité est de 24 p. 0[0 ; compte-t-on à part les enfants assistés du pays, nourris par les filles-mères avec l'aide des secours temporaires, on peut voir, comme cela a eu lieu l'année dernière, la mortalité ne pas dépasser 7 p. 0[0. Qu'on place en regard de ces chiffres, la mortalité des enfants qui alimentent, à l'abri de tout contrôle, le trafic des meneuses et des nourrices, on la voit se maintenant encore à 71 p. 0[0.

M. LE MARQUIS DE GOUVELLO, à propos de cette question, de l'inspection et de la surveillance, croit devoir appeler l'attention de la Commission sur ces lignes, qu'il trouve à la page 9 de la brochure de M. le D<sup>r</sup> Brochard sur les *Enfants trouvés* à Lyon et à Moskow : « Aux termes de la circulaire ministérielle du 3 août 1869 des comités de patronage pour les enfants assistés doivent être institués dans tous les départements. « *Le concours des comités de patronage*, dit le Ministre, *est indispensable à l'inspecteur. Bien composés ils assurent à l'enfant une protection efficace, parce que la surveillance est de toutes les heures et qu'elle s'exerce à côté même du nourricier.* »

. M. Brochard ajoute que ces comités qui auraient été si utiles dans le département du Rhône, n'y ont pas été créés. Il en est de même dans beaucoup d'autres départements. M. de Gouvello signale ce fait régrettable dont la Commission doit se préoccuper.

M. BROCHARD confirme ce qu'il a dit dans la brochure que M. de Gouvello vient de citer, sur l'importance de la surveillance par les comités locaux ; mais il n'est pas moins convaincu que tant qu'une surveillance médicale ne sera pas complètement organisée, tant que les naissances et les décès des nouveau-nés et des nourrissons ne seront pas médicalement vérifiés, le mal persistera en dépit de la loi ; la *science du mort-né*, dans laquelle tant de sages-femmes sont exercées, l'infanticide par inanition, bien plus fréquent qu'on ne pense, la traite des nourrissons, continueront à faucher impunément les générations qui naissent.

M. BROCHARD veut se joindre à M. Monot pour appeler encore l'attention sur la lacune de la législation qui laisse impunie la transmission de la syphilis aux nourrices par les nourrissons. Il sait, pour son compte, que plus d'une fois une nourrice infectée par un enfant assisté, a porté ses plaintes à l'inspecteur. L'inspecteur a répondu qu'il n'était pas responsable d'accidents pareils et on a refusé de venir en aide à une malheureuse femme dont l'existence se trouve à jamais corrompue. N'est-il donc pas possible de rendre

responsables les auteurs de ces dangereuses contaminations, d'édicter des
peines contr'eux et d'assurer au moins une indemnité à leurs victimes ?

---

## VII.

### Pétition relative à l'industrie nourricière.

M. Théophile Roussel rend compte d'une pétition transmise à la Commission et renvoyée à son examen. L'auteur, M. F. Mogis, du Mans, insiste
sur ce fait, observé dans le département de la Sarthe, à savoir « que les enfants que les sages-femmes de Paris et des grandes villes reçoivent en dépôt,
moyennant salaire et placent chez des nourrices de leur choix, sont presque
tous abandonnés tacitement et voués à une mort certaine. »

Séance du 9 janvier<br>1874.

L'auteur propose une loi en six articles :

1° Exiger de toute personne recevant un enfant en nourrice une déclaration à la mairie dans les 24 heures ;

2° Déclarer que cet enfant est placé sous la surveillance du maire et des
autres agents municipaux et qu'il sera visité deux fois par an par l'inspecteur des enfants assistés ;

3° Etablir dans chaque mairie un registre spécial pour les déclarations relatives aux nourrissons ;

4° Certificats à exiger des nourrices ;

5° Pénalités sévères (50 à 1,000 fr. d'amende ; 1 mois à 5 ans de prison et
même les travaux forcés à temps ou à perpétuité en cas de mort de l'enfant
faute de soins.)

6° Charger les maires et tous les agents de la force publique et de la police
de constater les contraventions à la loi.

---

M. de Mélun donne lecture d'une lettre de M. le docteur Alexandre Mayer,
fondateur et secrétaire général de la Société protectrice de l'enfance de
Paris, qui met à la disposition de la Commission un certain nombre d'exemplaires d'un travail qu'il a publié sous ce titre : *Sur la mortalité du premier
âge*, et qui s'empressera de donner oralement à la Commission toutes les
explications complémentaires qu'elle pourrait désirer.

## VIII.

**Déposition de M. le D<sup>r</sup> Alex. Mayer sur les abus de l'industrie nourricière à Paris. Trafic des meneurs. Parents des nourrissons. Bureaux de nourrices. Pétition de M. Mayer en faveur de l'allaitement maternel obligatoire.**

**Proposition par M. Marbeau d'un article additionnel concernant l'établissement obligatoire de crèches dans tous les centres de travail industriel. Création de nourrisseries pour la pratique de l'allaitement artificiel amélioré.**

Séance du 16 janvier 1874.

M. le docteur MAYER dit que les témoignages qu'il apporte sont le fruit d'une pratique de près de dix années passées en grande partie au service de la Société dont il a été lefondateur à Paris.

Ses observations porteront sur trois points : 1° Les meneurs et meneuses; 2° les nourrices ; 3° Les parents des nourrissons.

1° Sur le premier point l'opinion de M. Mayer est absolue. Une seule chose est à faire si l'on veut faire une bonne loi : Supprimer complètement ces intermédiaires, leurs opérations. Les services qu'ils rendent ne constituent pas une industrie régulière, mais plutôt un trafic inhumain et odieux qu'on a justement appelé la *Traite des enfants* nouveau-nés. Ces enfants sont pris des mains des parents, colportés à travers les campagnes et placés au rabais comme des objets de spéculation. Peut-on songer à améliorer une pareille industrie? on ne peut que la détruire et on doit la détruire?

M. AMAT demande quel peut être l'intérêt d'un meneur à faire périr les enfants dont il s'est chargé ?

M. MAYER répond que l'intérêt du meneur est toujours de placer un nourrisson au plus bas prix possible, pour augmenter son profit; par ce seul fait la vie du nourrisson est forcément en péril.

2° Arrivant au second point : les *nourrices*. M. Mayer reconnaît qu'elles diffèrent entr'ell. s sous bien des rapports ; mais elles n'ont pas moins un trait commun : ce sont des femmes, des mères qui vendent leur lait. Ce commerce, si leur enfant est vivant ne peut s'effectuer qu'au détriment de ces enfants qu'elles quittent, ou bien au détriment du nourrisson qu'elles prennent, ou enfin au détriment de tous les deux.

On ne peut pas songer à supprimer ce trafic comme celui des meneurs; mais on doit chercher à le restreindre dans les plus étroites limites possibles et il est nécessaire de le réglementer. M. Mayer laisse de côté pour le moment les détails de cette grande question. Il passe au 3° point: *les parents des nourrissons.*

3° En général on ne se fait pas une idée exacte du rôle des parents; on est porté à croire que dans le placement d'un enfant en nourrice, ils sont encore dirigés par des sentiments de famille, qu'ils tiennent à ce que cet enfant soit

bien soigné et désirent avoir de ses nouvelles. L'expérience a malheureusement jeté sur ce point de bien tristes lumières. La Société protectrice de
Paris a fait de grands efforts pour étendre son action sur les nourrissons disséminés dans tous les pays où elle compte des médecins inspecteurs. Elle a
répandu à profusion des circulaires dans lesquelles cette protection gratuite
est offerte aux parents ; elle a invité ceux-ci, *par lettres affranchies*, à venir
chercher tous les mois des nouvelles de leurs enfants. « Et savez-vous, dit
M. Mayer, dans quelle proportion les parents parisiens (et je ne parle pas
ici seulement des gens misérables) ont voulu profiter des services de la Société ?
Pensez-vous qu'il y en ait eu la moitié, même le quart ? Il y en a eu 5 p. 0|0. »

Et si l'on pouvait encore n'accuser le reste que d'indifférence ! Malheureusement des faits trop nombreux montrent avec quelles pensées secrètes, avec
quels calculs des auteurs de leurs jours, beaucoup d'enfants de Paris sont
envoyés en nourrice. Des parents auxquels la Société protectrice avait fait ses
offre de surveillance, y ont répondu en envoyant aux nourrices la défense
formelle de recevoir chez elles les médecins inspecteurs de la Société et de se
soumettre à leur surveillance. N'est-on pas obligé de croire que de tels parents ont éloigné d'eux leurs enfants avec le désir de ne pas les revoir ? Ces
actes contre nature semblent dus bien moins à la misère qu'à d'autres circonstances de la vie dans une capitale. Les parents qui se signalent par cette
inhumanité se comptent principalement parmi les petits commerçants, les
petits industriels, les boutiquiers, qui vivent dans un logement très-étroit et
au milieu de conditions que la présence d'un enfant dérangerait beaucoup.

Passant à la question des *bureaux de nourrices*, M. Mayer dit qu'on n'a,
dans les conditions actuelles, aucune garantie contre les tromperies résultant
des certificats de complaisance délivrés par les maires. En règle générale,
dit-il, on ne sait pas l'âge du lait des nourrices provenant des bureaux. Pour
remédier à ce mal il faudrait des bureaux, qui, au lieu de fonctionner comme
une industrie privée et en vue du profit, fonctionneraient comme un service
public.

Pour faire mieux connaître l'ensemble de ses idées sur les questions dont
s'occupe la Commission, M. Mayer demande la permission de donner lecture
d'un projet de loi et de réglement dont il est l'auteur et qu'il a soumis, en
juillet 1870, à la Commission qui siégeait à cette époque au Ministère de
l'Intérieur.

Le projet de loi est composé de 7 articles ; le projet de règlement de 12
articles. Après en avoir remis une copie à M. le Président, M. Mayer revient
sur une idée qu'il a, dit-il, à cœur de faire mûrir et qui mûrira, parce qu'elle
est, au fond, juste et simple, quoique, de prime abord, elle semble extraordi-
naire et paradoxale, l'idée de *l'allaitement maternel obligatoire*. M. Mayer
a adressé sur cette question une pétition à l'Assemblée nationale, à la date
du 8 juin 1871. Elle avait été précédemment l'objet d'une importante pétition adressée au Sénat par M. le directeur Chassinat (d'Hyères). Plus récemment il l'a reprise lui-même dans un mémoire lu au Congrès médical de
Lyon et dans ce travail, il invoque avec le docteur Chassinat, une application
rigoureuse de ces termes de l'article 203 du Code civil, sainement inter-

13 *

prêtés : « *Les époux contractent ensemble, par le fait du mariage, l'obligation de nourrir, d'entretenir et d'élever leurs enfants.* »

---

M. LE PRÉSIDENT donnne la parole à M. Marbeau, président de la Société des Crèches.

M. MARBEAU dit que s'il a demandé à être entendu par la Commission, c'est parce qu'il est convaincu que la loi qu'on prépare doit, pour atteindre son but, contenir un article ainsi conçu : « *L'établissement d'une crèche sera obligatoire dans toute commune ou toute localité où l'industrie occupe plus de cent femmes hors du foyer domestique ?* »

La Commission cherche les moyens de guérir les maux causés par l'allaitement mercenaire; le meilleur de ces moyens n'est-il pas de favoriser partout l'allaitement maternel ?

Les crèches ont pour but de le favoriser et de le rendre possible dans les conditions où il est le plus difficile, c'est-à-dire dans la classe si nombreuse des ouvrières obligées, pour vivre, de consacrer leur journée au travail.

M. MARBEAU raconte ensuite comment la première crèche est née, il y a environ 30 ans; comment l'exemple d'une pauvre femme qui, poussée par l'amour maternel venait allaiter son enfant dans une garderie, aux heures des repas, a inspiré la pensée d'ouvrir de véritables asiles aux enfants des ouvrières, à la place de ces garderies malsaines, et d'offrir à toutes les mères la possibilité de donner leur lait à leurs enfants, sans perdre le fruit de leur travail.

On a critiqué les crèches ; mais a-t-on proposé un moyen meilleur d'aider efficacement les ouvrières pauvres à remplir les plus saints devoirs de la maternité depuis la naissance de leurs enfants jusqu'au jour où s'ouvre pour eux la salle d'asile ?

Ce n'est pas la crèche, quoi qu'on l'ait dit, qui sépare la mère de son enfant ; c'est la nécessité (*dura lex*), la nécessité du travail, qui opère cette séparation. La crèche, au contraire, empêche que cette séparation ne devienne funeste et compromette l'existence et l'avenir du nouveau-né.

Soigner en commun les plus petits enfants, dans un local aéré, garni du matériel nécessaire, avec l'aide d'un personnel bien choisi, d'un règlement bien exécuté, sans imposer une charge trop sensible aux parents : Voilà la crèche, telle que M. Marbeau l'a conçue.

L'expérience faite à Paris et répétée dans la plupart des grandes villes, démontre que partout, au moyen des précautions indiquées, la crèche est une institution aussi bonne pour le moral que pour le physique des enfants. Les enfants sortis des crèches deviennent presque toujours les meilleurs élèves des salles d'asile pour la santé, la propreté, la docilité, la gentillesse. »

M. MARBEAU termine en lisant ces lignes qu'il a placées en tête de la 8ᵉ édition de son opuscule sur les crèches : « *On voit à la Crèche des enfants très-chétifs acquérir des forces en quelques jours de soins et de bonne nourriture ; de petits lutins s'adoucir en quelques semaines ; des enfants presqu'idiots transformés en quelques mois, tant est grande la puissance d'une bonne éducation en commun au 1ᵉʳ âge.*

» *La mère trouve à la crèche des consolations, des conseils, des exem-*
*ples qui profitent à la famille entière, comme le fruit de son travail.*

» *Le mot de l'énigme sociale est : bonne éducation pour tous. Laisser*
*périr ou s'étioler chaque jour environ 200 enfants que la crèche pourrait*
*sauver et bien élever : c'est inhumain, c'est impolitique, c'est barbare !*
*Si non pavisti, occidisti.* »

Voilà pourquoi M. Marbeau demande l'addition au projet de loi d'un article
relatif à l'établissement obligatoire de crèche dans tous les centres importants d'industrie. La proposition de loi telle qu'elle est, lui paraît déjà très-
digne d'éloges et il en résultera une des meilleures lois pour la régénération de
notre pays. Il a seulement voulu contribuer à la compléter. Il a cru remplir
un devoir impérieux, parce que les questions en discussion, sont au nombre
de ces questions sociales dont l'importance domine toutes les autres.

M. de Gouvello demande à M. Marbeau ce qu'il pense de la création de
crèches dans lesquelles seraient admis des enfants autres que ceux des familles pauvres, ceux, par exemple, dont les mères, occupées tout le jour dans
un magasin, un comptoir, une caisse, etc., comme cela arrive souvent dans le
commerce ou l'industrie, sont amenées à recourir aux bureaux de nourrices
et éloignent ainsi d'elles leurs enfants. Les exposant à des chances de morts
redoutables ?

M. Marbeau répond que l'idée des crèches n'a été appliquée jusqu'ici qu'aux
familles pauvres, qu'aux enfants dont les mères travaillent hors du logis et
se conduisent bien. On a voulu en les secourant, éviter d'encourager la paresse
ou d'autres vices ou certaines spéculations. Mais la pensée de M. de Gouvello
lui paraît bonne, d'être méditée et susceptible d'être appliquée utilement.

M. Soye dit que, dans cette direction d'idées, on pourrait encore venir
très-utilement en aide aux familles vouées au commerce ou à l'industrie, et
protéger la vie de leurs enfants dont elles se séparent par force, en créant à
leur portée des *nourriceries*, des *Fermes-crèches*, convenablement instal-
lées, dans la banlieue de Paris, par exemple, pour la population parisienne.
On était en général trop rigoureux dans la proscription dont on a voulu frapper l'allaitement artificiel. Il est certain que bien pratiquer ce mode de nourrissage rend de grands services ; il en rendra davantage lorsqu'on saura
mieux le pratiquer. L'idée des établissements auxquels M. Soye fait allusion
a été prise, abandonnée, reprise par des esprits très-sérieux et récemment
par des médecins de mérite. Les difficultés de l'exécution ne font rien à la
valeur du principe, qui en triomphera tôt ou tard.

------------

M. le marquis de Gouvello annonce à la Commission que s'étant entretenu
avec un de ses collègues du département du Rhône des communications faites
à l'une des dernières réunions par M. le docteur Brochard, il vient d'être
prié, par l'entremise de ce collègue, de demander à la Commission d'entendre
à l'une de ses prochaines séances les explications qui seront présentées en
faveur du service des enfants assistés du Rhône, par l'inspecteur de ce service.

Cette demande étant accueillie par la Commission. M. de Gouvello est invité par M. le Président, à prévenir ce fonctionnaire qu'il pourra être entendu à la séance de vendredi prochain 23 janvier.

## IX.

Séance du 23 janvier 1874.

**Renseignements donnés par M. le docteur Rémilly sur le nourrissage, dans le département de Seine-et-Oise et en particulier, sur l'allaitement artificiel et ses résultats différents suivant les pratiques adoptées.**

**Réponses de M. Bramas, inspecteur du service des enfants assistés de Lyon, aux observations de M. le Dr Brochard.**

Sur l'invitation de M. le Président, M. le docteur Rémilly de Versailles, prend la parole pour faire connaître les résultats de son observation sur les nourrices et les nourrissons dans le département de Seine-et-Oise. Il y joindra les résultats fournis à l'Administration par les réponses au questionnaire dressé par le Conseil départemental d'hygiène sur ce sujet et adressé chaque année aux médecins des pauvres.

On peut dire, d'une manière générale, que s'il y a des *nourrissons*, il n'y a pas ou il n'y a presque pas de *nourrices* dans le département de Seine-et-Oise : ce qui veut dire qu'il n'y a pas ou qu'il n'y a presque pas *d'allaitement maternel naturel*. On voit très-peu d'enfants élevés au sein ; le grand nombre est élevé artificiellement par des *nourrisseurs*. Si le pays fournit quelque rare nourrice, elle est accaparée par les bureaux de Paris. Les placements en nourrice qu'effectue la classe aisée, très-peu nombreux du reste, ont lieu presque tous dans le département d'Eure-et-Loir. C'est le *biberon* ou le *petit pot* qui sert au nourrissage de la masse du pays.

Cet allaitement artificiel se pratique en général d'une manière défectueuse. Le lait des animaux est loin d'en constituer l'élément principal. Il n'y entre que pour une faible part, même dans l'arrondissement de Mantes, cette partie normande du département, dans laquelle les vaches abondent. Le lait, à cause de la proximité de Paris y est encore trop cher ; il se vend 0 fr. 20 le litre et on trouve que, dans ces conditions, une nourriture entière au lait, reviendrait trop cher. On mêle donc le lait à une grande quantité d'eau et on épaissit ensuite le mélange par une addition de subtances amylacées. Aussi n'est-il pas surprenant de voir un grand nombre de jeunes enfants en proie à des affections des voies intestinales qui sont souvent mortelles. Lorsqu'un enfant succombe, le nourrisseur auquel il était confié, se borne à déclarer qu'il est mort de *la maladie*. C'est l'expression consacrée pour désigner la maladie si commune et si bien connue de tous. Cette maladie est *l'entérite des nourrissons*, dont les suites sont toujours mortelles lorsqu'on persiste à refuser aux nouveaux-nés l'aliment exigé par la nature, le seul que leurs organes peuvent supporter.

La grande rareté de l'allaitement maternel dans le département de Seine-et-Oise ne tient pas seulement à ce que le nourrissage artificiel y est consacré par la coutume ; il tient encore à un fait que M. Rémilly a constaté dans sa pratique, à savoir : la rareté même de l'aptitude des femmes à l'allaitement. Ce vice ou plutôt cet affaiblissement du tempérament s'observe dans toutes les classes de la population. M. Rémilly a eu très-fréquemment l'occasion de voir dans sa clientèle, à Versailles, des jeunes femmes bien constituées, chez lesquelles la gestation et la parturition se sont accomplies normalement et qui, après leurs couches, ayant compté nourrir leur enfant et désirant le nourrir, ont dû y renoncer parce qu'elles n'ont pas eu de fièvre de lait ou ont eu une fièvre de lait si faible qu'elles n'ont pas pu satisfaire aux besoins du nouveau-né.

Dans de semblables conditions et en regard des faits, serait-il possible de soutenir qu'on devrait proscrire absolument l'allaitement artificiel ? M. Rémilly n'est pas de cet avis ; mais il est convaincu qu'il est nécessaire de prendre des mesures pour en améliorer la pratique et la rendre conforme aux règles de l'hygiène. Toutes les prescriptions de l'hygiène sont en effet méconnues dans le nourrissage ordinaire, et c'est là la vraie cause de la grande mortalité des enfants. On vient de voir en effet qu'au lieu de remplacer le lait maternel qui manque par le lait des animaux, c'est avec une espèce de bouillon de fécules, plus ou moins blanchi avec du lait, qu'on les nourrit et, d'autre part, les soins, la tenue des enfants, le milieu dans lequel on les élève ne sont pas moins défectueux que la nourriture. Les nourrisseurs du pays sont presque tous des gens très-pauvres, dont le principal avoir est une mauvaise habitation dans laquelle ils réunissent le plus grand nombre possible de nourrissons afin d'augmenter leurs bénéfices. A l'exception de deux ou trois maisons de nourrissage dans lesquelles l'allaitement artificiel se pratique assez bien, il faut avouer qu'on élève les enfants de telle façon qu'il n'y a pas à s'étonner de l'effroyable mortalité accusée par les relevés statistiques. Les chiffres officiels constatent que la mortalité des enfants assistés placés en nourrissage oscille entre 66 et 68 p. 0ı0. En 1873, elle a été de 66 p. 0ı0, et M. le Préfet de Seine-et-Oise en produisant un tel chiffre a pris soin d'ajouter : *nous constatons une légère amélioration.*

M. Rémilly énumère les causes suivantes, auxquelles cette mortalité est attribuée par M. le docteur Sellier, inspecteur du service : 1° misère et souffrances physiques et morales de la mère, surtout pendant les derniers mois de la gestation ; 2° débilité native des enfants ; défaut de résistance vitale ; fréquence d'états maladifs du nouveau-né, par suite des tristes conditions au milieu desquelles la grossesse et l'accouchement s'effectuent ; 3° manque de soins au moment de la naissance, souvent changement précipité de milieu ; dans beaucoup de cas séjour prolongé dans l'hôpital dépositaire, privations de lait, ou d'une alimentation assez bien combinée pour en tenir lieu momentanément.

Quant aux mesures à prendre, M. Rémilly rappelle que tous les Préfets qu'il a vus se succéder à Versailles, n'ont pas manqué de se demander, l'un après l'autre, ce qu'il y avait à faire ? Cette recherche n'a encore abouti à aucun résultat appréciable. On a songé, dans ces derniers temps, à venir en aide à l'administration en créant une Société protectrice de l'enfance. Mais les circonstances et surtout peut-être le manque d'éléments suffisants pour un personnel dirigeant, ont fait abandonner ce projet (1).

Le Conseil d'hygiène du département a proposé de réduire au plus strict nécessaire le temps de séjour des nouveaux-nés à l'hôpital dépositaire ; d'employer, autant que possible, la nourriture du sein ; de faire constater médicalement l'aptitude nourricière de toute femme qui veut se charger d'un nourrisson ; d'interdire à toute nourrice de se charger de plus d'un enfant ; d'interdire d'une manière absolue les placements chez les indigents ; de restreindre l'allaitement artificiel aux enfants qu'on reconnaît ou qu'on soupçonne atteints de maladies contagieuses ; enfin, lorsque l'allaitement artificiel est obligatoire, de soumettre son application aux prescriptions de l'hygiène.

M. Rémilly donne quelques détails sur l'allaitement artificiel tel qu'il est pratiqué en ce moment à l'hôpital de Versailles. Il y a dans cet hôpital pour les nouveau-nés de la catégorie des enfants assistés, 12 berceaux le plus souvent occupés ; pour nourrir ces enfants en emploie, à défaut du lait de la mère ou d'une nourrice, le lait de vache ou de chèvre coupé d'eau. (Avec moitié d'eau pour le lait de vache et les 2/3 d'eau pour celui de chèvre). Ce dernier mélange paraîtrait le meilleur pour *enrouter le nouveau-né dans la vie*, suivant une expression usitée pour ces cas. Mais l'entretien des chèvres a offert des difficultés à la ville, en sorte qu'on en est venu à n'employer que des vaches ; on entretient deux vaches pour la crèche de l'hôpital et suivant l'expression de M. Rémilly « les résultats ne sont pas trop pénibles » l'entérite des nourrissons fait peu de ravages.

M. Schœlcher dit qu'en résumé, il ressort de tout ce qu'il vient d'entendre que l'allaitement artificiel ne doit pas être absolument repoussé ; que la mortalité qu'on lui attribue tient à ce qu'il est abandonné à des personnes très-pauvres et dirigé par des routines défectueuses.

M. Rémilly admet cette conclusion et en ajoute une autre comme tirée aussi de l'expérience, à savoir : que l'allaitement artificiel bien dirigé rend d'incontestables services. Le plus grand inconvénient qu'il ait remarqué, c'est de *pousser trop* les nourrissons ; plus riche en matériaux assimilables que l'allaitement naturel, il dispose les enfants à un embonpoint précoce et semble en faire comme des plantes forcées.

---

M. le Président donne la parole à M. Bramas, inspecteur du service des enfants assistés du Rhône, venu de Lyon pour répondre aux critiques dont ce service a été l'objet dans divers écrits de M. le docteur Brochard et qui ont été portées devant la Commission.

---

(1) M. Rémilly oubliait sans doute la Société protectrice fondée à Pontoise, grâce aux efforts de M. le docteur Bibard et qui a été autorisée par arrêté préfectoral du 19 février 1872.

M. BRAMAS donne lecture des réponses suivantes aux objections formulées par M. Brochard :

*Première objection.* Toutes les mesures prises par l'inspection départementale des enfants assistés n'ont eu qu'un résultat : abréger la vie des nouveau-nés.

*Réponse de l'Inspecteur.* Une expérience faite depuis longtemps à toujours prouvé que la mortalité des enfants allaités ou placés par leurs mères était beaucoup moins grande que celle des enfants mis en nourrice par l'administration des hospices, quand elle avait la direction du service ou par l'administration départementale depuis 1870. -

Pour les 4 dernières années 1868, 1869, 1870, 1871, que nous prendrons pour exemple, la moyenne des décès sur les enfants de moins d'un an, placés par l'administration, a été de 49,96 0/0.

Tandis que pendant les mêmes années la mortalité moyenne sur les enfants de moins d'un an allaités ou placés par leurs mères, a été de 31,07 0|0.

Différence en faveur du système critiqué par M. Brochard, 18,89 0|0.

Ainsi, loin d'abréger la vie des nouveau-nés, nous avons diminué de près 19 p. 0|0 le nombre des décès sur les enfants secourus de moins d'un an.

M. LE COMTE RAMPON demande à M. Bramas, sans contester les avantages du système des secours aux filles-mères, s'il ne reconnaît pas que les sommes payées par l'administration comme mois de nourrice (12 fr., 7 fr. 50 et 6 fr.) sont insuffisantes ?

M. BRAMAS, répond que cette insuffisance vient d'être reconnue par l'administration elle-même qui a relevé, à partir du 1<sup>er</sup> janvier 1874, le prix des mois de 12 à 15 fr. pour les 15 premiers mois et de 6 et 7 fr. 50 à 9 fr. pour 15 derniers.

*Deuxième objection.* Il n'y a pas un seul médecin attaché au service.

*Réponse.* Tous les enfants admis sont provisoirement déposés dans les salles de l'hospice de la charité où des médecins, des internes et des religieuses sont installés pour les soigner.

Les 2|3 de ces enfants naissent du reste dans l'hospice même, à la maternité, où les soins médicaux ne leur manquent pas.

Quant aux enfants apportés du dehors ils sont également déposés dans l'hospice (à la crèche), et tous ces enfants ne sortent de là que dans les bras de leurs mères ou de nourrices choisies par l'administration ; ces nourrices sont elles-mêmes visitées par les médecins de l'hospice ou leurs suppléants.

Une fois arrivés à leur destination, c'est-à-dire au domicile des nourrices qui les ont emportés, les enfants placés par l'administration sont, en cas de maladie, visités par des médecins choisis par les nourrices elles-mêmes et aussi souvent que cela est nécessaire. L'administration n'apporte aucune restriction à cette faculté concédée au nourricier ; pour prévenir toute réclamation nous dépensons chaque année 10 à 12,000 francs pour visites ou médicaments pour les enfants placés au dehors de l'hospice de la Charité.

Le médecin est donc avec l'enfant partout, dans l'hospice comme au dehors.

M. LE COMTE RAMPON objecte à cette réponse de M. Bramas, que les faits dont il est témoin dans les campagnes de l'Ardèche sont loin de confirmer les déclarations qu'il vient d'entendre. Les distances sont trop grandes d'ailleurs, le nombre des médecins est trop peu considérable, les prix fixés par les tarifs de l'administration sont trop faibles (50 centimes par kilomètre) pour que les nourrisseurs puissent songer à recourir à la médecine.

M. SCŒLCHER demande si M. Bramas ne reconnaît pas qu'il serait préférable, dans l'intérêt des enfants, que les deux services de la surveillance et des soins médicaux fussent réunis en un seul et confiés à une seule catégorie d'agents pris dans le corps médical ?

M. BRAMAS, répond affirmativement. Toutefois, ce système aurait aussi des inconvénients qui ont suffi pour le faire écarter. Le service de l'inspection exige des écritures nombreuses et une comptabilité fort détaillée. Il n'a pas paru que des médecins puissent remplir avec avantage ces conditions de rigueur pour cette partie si importante d'un service administratif. L'administration a multiplié le plus qu'elle a pu les agents de son service médical, mais elle a jugé indispensable d'avoir une surveillance distincte pouvant contrôler le service médical lui-même.

M. AMAT dit qu'il ne voit pas de bonnes raisons d'écarter les médecins de l'inspection. Il semble au contraire que si les deux services étaient confiés à une seule catégorie d'agents pris dans le corps médical, il y aurait toute espèce d'avantages, même celui de la simplification et de l'économie.

M. RAMPON insiste sur ce point très-important dans la question des secours médicaux à donner aux nourrissons : l'insuffisance du tarif des visites, à raison de 50 centimes par kilomètre.

M. DE TILLANCOURT partage cet avis et pense que le tarif devrait être porté à 1 franc par kilomètre.

M. SCHŒLCHER demande à M. Bramas s'il ne pense pas qu'avec un service de surveilance et d'inspection ayant le caractère essentiellement médical on ne sauverait pas un plus grand nombre d'enfants.

M. BRAMAS répond : oui, je crois qu'on pourrait sauver un plus grand nombre d'enfants.

M. DE GOUVELLO, demande à M. Bramas quelle est à Lyon la situation des comités de patronage des enfants assistés ?

M. BRAMAS répond qu'il n'y a pas, à vrai dire, de comités de patronage. Le service est trop important, trop compliqué déjà ; on a jugé qu'on ne ferait que le compliquer encore sans profit en ajoutant un rouage de plus. Il faut noter cependant qu'on s'est conformé, dans la mesure du possible, l'esprit de la circulaire ministérielle ; on s'adresse incessamment aux maires, aux curés, aux instituteurs et institutrices, qui sont les membres indiqués par cette circulaire pour la composition des comités ; mais on a cru ne pas devoir aller plus loin.

*Troisième objection.* Les trois quarts au moins des enfants sont élevés au biberon.

*Réponse.* Dans l'intérieur de l'hospice les enfants qui y sont nés (et c'est le plus grand nombre), sont allaités par leurs mères quand elles sont reconnues en état de le faire ; tous les autres en attendant leur départ pour la campagne sont allaités par des nourrices sédentaires, dans la limite du possible. Il arrive quelquefois que le nombre de ces nourrices n'est pas suffisant, malgré les avantages offerts par l'administration pour en recruter ; mais ces cas sont assez rares.

Quant aux enfants placés à la campagne par l'administration, ils ont tous des nourrices qui viennent les prendre à l'hospice ; le département leur paye à cet effet leurs frais de voyage et de séjour à Lyon. En un mot, la règle est l'allaitement par une nourrice.

L'allaitement au biberon n'est que l'exception ; on ne le prescrit généralement que dans le cas où l'enfant est reconnu ou présumé atteint de maladie contagieuse.

*Quatrième objection.* L'inspection oublie de signaler dans ses rapports, les enfants décédés dans les salles de la charité (10 à 12 p. 0ₗ0).

*Réponse.* Cette fois M. Brochard a raison, je ne signale pas ces décès dans mes rapports ; ce n'est pas par oubli, mais avec intention.

Les obligations de l'inspecteur commencent à dater du jour où l'enfant entre dans son service et les enfants dont parle M. Brochard, n'y sont pas encore.

Mais notre critique, qui veut surtout prouver que tout, dans le service, va mal depuis qu'il est dirigé par un agent de l'administration départementale (depuis 1870), n'est pas plus heureux sous ce rapport que sous les autres. En effet, la mortalité dans l'intérieur de l'hospice, pour les enfants nouveau-nés qui ne sont pas encore admis dans le service départemental a été, en moyenne, de 1863 à 1870, avant notre direction, de 11,82 p. 0ₗ0, et pendant les années 1870, 1871 et 1872, c'est-à-dire depuis que l'inspection dirige le service, cette moyenne a été de 10,52 p. 0ₗ0.

*Cinquième objection.* Les économies réalisées dans le service représentent autant de morts d'enfants.

*Réponse.* La dépense totale a nécessairement varié d'une année à l'autre, suivant le nombre d'enfants ; mais la question importante à poser est celle-ci :

La moyenne des dépenses par enfant a-t-elle diminué ?

Nous répondrons : non ; au contraire, la dépense par enfant est revenue, par an :

|  |  |  |  |
|---|---|---|---|
| En 1850, à............... | 74 fr. | 20 c. |
| En 1860, à............... | 103 | 71 |
| En 1870, à............... | 129 | 73 |
| En 1871, à............... | 137 | 74 |
| En 1872, à............... | 128 | 95 |

Ces chiffres parlent d'eux-mêmes, ils prouvent que l'administration a constamment cherché à élever le niveau du bien-être moral et matériel des enfants confiés à son assistance.

M. Brochard dit que nos économies représentent autant de morts d'enfants. Si le nombre des enfants restés à la charge de l'assistance est en effet diminué, c'est tout simplement parce que beaucoup de ces enfants, au lieu d'être abandonnés, comme autrefois, restent maintenant chez leurs mères après avoir été secourus pendant deux ou trois ans. Ce n'est pas depuis 1870 que ce résultat se produit, c'est depuis le jour où l'administration a institué les secours temporaires pour prévenir les abandons, c'est-à-dire depuis 1855.

*6° Objection.* — A Lyon les admissions d'enfants sont hérissées de difficultés.

*Réponse.* — Il n'y a peut-être pas de département où l'admission des enfants se fasse avec autant de facilités et de rapidité !

Tous les enfants appartenant à des filles-mères *indigentes et domiciliées depuis un an dans le département* sont admis au secours sans difficultés. Il n'y a d'exceptions que pour les enfants de filles-mères cohabitant avec un homme. Si on accordait à ces filles, c'est alors qu'on pourrait dire avec raison que le secours de l'administration est une prime à l'inconduite.

Il arrive même que le secours est concédé en dehors des conditions exigées, lorsque l'enfant est en danger de souffrir.

A Lyon tout est disposé pour aller vite dans cette partie du service. L'inspecteur est délégué par le Préfet pour statuer sur les demandes de secours ou d'admission d'enfants, tandis que dans la plupart des départements c'est le Préfet qui statue sur le rapport de l'inspecteur, ce qui prend nécessairement plus de temps.

Les bureaux de l'inspecteur sont dans l'intérieur même de l'hospice dépositaire et il a pour prendre des renseignements sur les mères, un personnel d'employés qui le dispense de recourir à la police, comme cela se fait ailleurs. C'est encore un moyen d'abréger les lenteurs.

Voyons maintenant comment procède l'inspecteur :

Les enfants entrant dans le service ont deux origines : les uns sont nés à la maternité, les autres sont apportés du dehors.

Pour les premiers, l'inspecteur, avant de statuer, fait prendre des renseignements sur les mères en profitant pour cela des 8 ou 10 jours qui s'écoulent entre le moment où celles-ci accouchent et le moment où elles sortent de la maternité avec leurs enfants. Dès qu'elles se présentent dans les bureaux de l'inspecteur, elles reçoivent communication de la décison prise à l'égard de leur enfant et tout est terminé.

Quant aux demandes présentées pour l'admission d'enfants nés en dehors de l'hospice, les renseignements qui nous sont nécessaires pour apprécier la situation sont pris par un employé du service dès le lendemain de la demande et le surlendemain la décision est communiquée à l'intéressée. Si l'enfant est en danger de souffrir, il est admis sur-le-champ sans attendre les renseignements.

S'il existe un moyen d'aller plus vite, nous avouons que nous ne le connaissons pas.

Pourquoi, demande M. Schœlcher, n'admettez-vous pas, comme à Moscou, tous les enfants qu'on vous présente ?

Parce que, répond M. Bramas, on nous en apporterait beaucoup trop. Un grand nombre d'enfants de la classe ouvrière serait ainsi déversé dans le

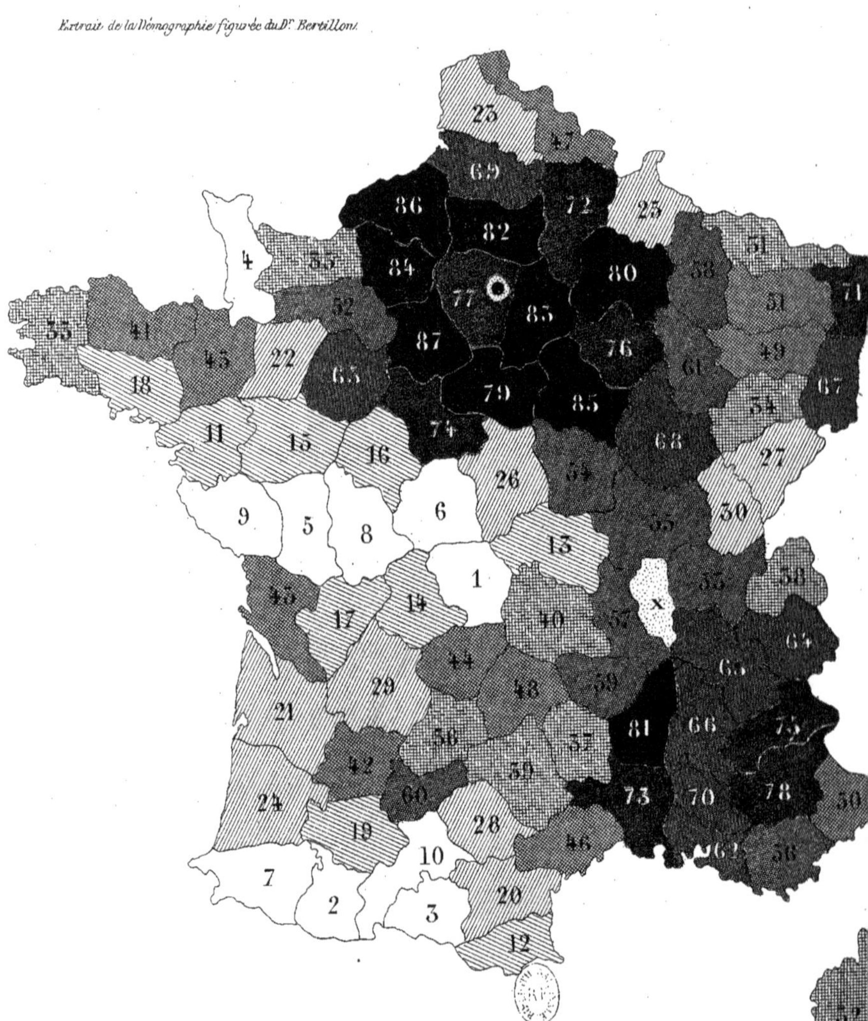

# CARTE I.

## MORTALITÉ DES ENFANTS

de 1 jour à 1 an

pendant la période 1857-66

par

le docteur BERTILLON

*Extrait de la Démographie figurée du D.' Bertillon.*

# TABLEAU NUMÉRIQUE DES DÉPARTEMENTS
## PAR ORDRE CROISSANT DE MORTALITÉ DES ENFANTS DE 1 JOUR A 1 AN
### pendant la période décennale 1857-66
(Extrait de la Démographie figurée du D.ʳ Bertillon.)

Nombre des décès annuels pour une population de 1000 enfants dont l'âge est compris entre 1 jour et 1 an

| N° d'ordre |  | Décès |
|---|---|---|
|  | Creuse | 131 |
|  | Hautes-Pyrénées | 140,2 |
|  | Ariège | 146,7 |
|  | Manche | 148 |
|  | Deux-Sèvres | 148 |
|  | Indre | 152,5 |
|  | Basses-Pyrénées | 154,5 |
|  | Vienne | 155 |
|  | Vendée | 161,1 |
|  | Haute-Garonne | 161,7 |
|  | Loire-Inférieure | 163,6 |
|  | Pyrénées-Orientales | 165 |
|  | Allier | 166 |
|  | Haute-Vienne | 166 |
|  | Maine-et-Loire | 166,5 |
|  | Indre-et-Loire | 167,2 |
|  | Charente | 168,2 |
|  | Morbihan | 169,5 |
|  | Gers | 169,5 |
|  | Aude | 171 |
|  | Gironde | 171,5 |
|  | Mayenne | 172 |
|  | Pas-de-Calais | 173 |
|  | Landes | 173,2 |
|  | Ardennes | 173,7 |
|  | Cher | 173,8 |
|  | Doubs | 175,5 |
|  | Tarn | 178,2 |
|  | Dordogne | 179,5 |
|  | Jura | 180 |
| 31 | Moselle | 180,3 |
| 32 | Corse | 180,4 |
| 33 | Finistère | 180,5 |
| 34 | Haute-Saône | 180,5 |
| 35 | Calvados | 184 |
| 36 | Lot | 185,5 |
| 37 | Lozère | 189,5 |
| 38 | Haute-Savoie | 190,2 |
| 39 | Aveyron | 191,5 |
| 40 | Puy-de-Dôme | 193,2 |
| 41 | Côtes-du-Nord | 195 |
| 42 | Lot-et-Garonne | 195 |
| 43 | Charente-Inférieure | 195,1 |
| 44 | Corrèze | 196 |
| 45 | Ile-et-Vilaine | 197 |
| 46 | Hérault | 198,2 |
| 47 | Nord | 199,5 |
| 48 | Cantal | 200,8 |
| 49 | Vosges | 201 |
| 50 | Alpes-Maritimes | 201,5 |
| 51 | Meurthe | 204,5 |
| 52 | Orne | 206 |
| 53 | Ain | 206 |
| 54 | Nièvre | 207,8 |
| 55 | Saône-et-Loire | 208,5 |
| 56 | Var | 208,5 |
| 57 | Loire | 209 |
| 58 | Meuse | 209,5 |
| 59 | Haute-Loire | 213 |
| 60 | Tarn-et-Garonne | 215,5 |
| 61 | Haute-Marne | 217,5 |
| 62 | Bouches-du-Rhône | 218,5 |
| 63 | Sarthe | 225,5 |
| 64 | Savoie | 230 |
| 65 | Isère | 230 |
| 66 | Drôme | 233 |
| 67 | Haut-Rhin | 240 |
| 68 | Côte d'Or | 248 |
| 69 | Somme | 248 |
| 70 | Vaucluse | 253 |
| 71 | Bas-Rhin | 254,2 |
| 72 | Aisne | 255 |
| 73 | Gard | 258 |
| 74 | Loir-et-Cher | 259 |
| 75 | Hautes-Alpes | 261 |
| 76 | Aube | 265 |
| 77 | Seine-et-Oise | 268 |
| 78 | Basses-Alpes | 268,6 |
| 79 | Loiret | 271 |
| 80 | Marne | 277 |
| 81 | Ardèche | 283 |
| 82 | Oise | 284 |
| 83 | Seine-et-Marne | 294 |
| 84 | Eure | 308 |
| 85 | Yonne | 309 |
| 86 | Seine-Inférieure | 313 |
| 87 | Eure-et-Loir | 369 |
| | FRANCE | 204,2 |
| | Paris (environ (?) | 290 ˣ |
| | Seine | ˣ |
| | Rhône | ˣ |

(Les envois en nourrice ne permettent pas de calculer la mortalité de ces deux départements.)

Nota. Cette même mortalité de 1 jour à 1 an a été, pour la France entière :

En 1840-49, de 182

En 1850-59, de 196

ˣ D'après les recherches de M.ʳ Husson, et vu les envois en nourrice, sur les 53.921 naissances annuelles de Paris (1862-66), il ne reste à Paris que 33.872 nouveau-nés, ce qui suppose, pour la capitale, une population enfantine à peine de 28.400, dont l'âge est compris entre 1 jour et 1 an et à laquelle seraient imputables, selon M. Husson, les 8.250 décès de 1 jour à 1 an, soit 290 décès par mille enfants de 1 jour à 1 an.

service des enfants assistés. L'administration donne assez souvent des secours à des enfants gardés dans des familles misérables; mais elle croirait
se prêter à des abus en ouvrant ses portes plus largement qu'elle ne le fait.

M. Théophile Roussel demande quelles sont les exigences de l'administration relativement à l'âge du lait des nourrices qu'elle emploie et quelle
est la situation des enfants de ces nourrices?

M. Bramas répond que l'administration n'a pas à s'occuper des enfants des
nourrices. Quant à l'âge du lait, elle exige qu'il n'ait pas plus de 15 à
18 mois.

M. Schœlcher demande si, dans les conditions présentes, l'administration trouve assez de nourrices pour ses besoins?

M. Bramas répond affirmativement. En ce moment, ajoute-t-il, nous en
avons en surabondance, ce qui prouve que la récolte n'a pas été bonne;
car l'expérience nous a prouvé que lorsque les récoltes sont bonnes et que
l'abondance règne dans les campagnes, les femmes viennent moins volontiers chercher des nourrissons à Lyon. Elles affluent, au contraire, lorsque
le manque de récoltes accroît la misère.

---

## X.

**Communication de M. le d<sup>r</sup> Bertillon. Mortalité des enfants du pre-**  Séance du 28 janvier.
**mier âge. — Statistique. — Carte et tableau de la mortalité par**
**département. — Enfants morts-nés. — Mortalité comparée du**
**premier âge dans les différents États d'Europe. — Plan d'organi-**
**sation d'une statistique sanitaire de la première enfance.**

Sur la proposition de M. Théophile Roussel, la Commission décide que
M. le D<sup>r</sup> Bertillon, auteur de remarquables travaux sur la Démographie,
sera entendu dans sa prochaine réunion.

---

M. le D<sup>r</sup> Bertillon place sous les yeux de la Commission une série de ta-  Séance du 4 février.
bleaux et de cartes faisant partie de la *Démographie figurée de la France*
et concernant en particulier la mortalité des enfants en bas-âge.

La carte n° 1 fait connaître la mortalité des enfants de 0 à 1 an pendant
la période de 1857 à 1866, d'après les relevés de la statistique officielle. Les
chiffres expriment le nombre des décès annuels calculés par département et
par une population de mille enfants entre 0 et un an.

14

Pour la France entière le chiffre de la mortalité dans ces conditions est 204,2, soit de 20,4 1/2 p. 0/0. Ce chiffre accuse une augmentation notable de mortalité sur la période décennale de 1840 et 1849, puisque les relevés officiels ne donnent pour celle-ci que 182, soit 18,2 0/0. L'augmentation a continué encore dans la période de 1859 à 1868, puisqu'on arrive pour cette période au chiffre de 217, soit 21,7 0/0.

Les départements sont classés dans un tableau disposé en regard de la carte par ordre croissant de mortalité. En tête des départements les plus favorisés se présente le département de la Creuse avec le chiffre 131, soit une mortalité moyenne de 13,1 0/0. A côté de lui se placent, dans la région du centre et de l'ouest, les Deux-Sèvres avec une mortalité de 14,8 0/0 ; de l'Indre avec 15,2 0/0 ; de la Vienne avec 15,5 0/0 ; de la Vendée avec 16,1 0/0.

A cette catégorie des départements favorisés appartiennent encore, d'une part, au nord, la Manche avec le chiffre de 14,8 0/0 et d'autre part, au sud-ouest, quatre de nos départements pyrénéens, à savoir : les Hautes-Pyrénées avec 14 0/0 ; l'Ariège avec 14,6 0/0 ; les Basses-Pyrénées avec 15,4 1/2 0/0 ; la Haute-Garonne avec 16,1 0/0.

Les nombres qui expriment la mortalité sont représentés dans les cartes de M. Bertillon par des teintes graduées, au nombre de neuf, qui vont du blanc jusqu'au noir absolu. Les teintes les plus foncées y sont représentatives des mortalités les plus intenses et les plus claires des moindres mortalités. Ainsi les onze départements qui viennent d'être indiqués, forment sur la carte de France deux bandes blanches, l'une au centre, l'autre au sud-ouest, qui s'étendent jusqu'à l'Océan ; plus au nord, se détache, sous forme d'une tache blanche, le département de la Manche, entre la Bretagne et la Normandie.

Autour de ces départements privilégiés, dans lesquels la mortalité du premier âge ne dépasse pas 16 0/0, se présente une deuxième série, à teinte claire, composée de neuf départements dans lesquels la mortalité n'atteint pas 17 0/0, à savoir : au centre et vers l'ouest, la Loire-Inférieure, Maine-et-Loire, Indre-et-Loire, l'Allier, la Haute-Vienne, la Charente, le Morbihan ; au sud-ouest : les Pyrénées-Orientales, le Gers.

Viennent ensuite avec une teinte d'un gris plus foncé, disséminés encore dans les régions du centre, de l'ouest et du sud-ouest, onze départements dont la mortalité varie de 17, 1 0/0 à 18, 0/0 ; ce sont, au sud-ouest, la Gironde, les Landes, le Tarn, l'Aude, la Dordogne ; à l'ouest : la Mayenne ; au centre : le Cher. Deux de nos départements de l'est, le Doubs et le Jura, se rattachent à ce groupe, ainsi que trois départements du nord-est et du nord : la Moselle (séparée depuis du territoire français), les Ardennes et le Pas-de-Calais.

Une troisième série, formée de dix départements, dont la mortalité de 0 à un an, est au-dessous de la moyenne générale, c'est-à-dire de 20, 4 0/0, comprend, au centre et au sud : la Corse, la Lozère, l'Aveyron, le Puy-de-Dôme, le Lot, le Lot-et-Garonne ; à l'ouest : la Charente-Inférieure et le Finistère au nord-ouest : le Calvados ; à l'Est : la Moselle, la Haute-Saône et la Haute-Savoie.

On peut donc dire que sur quarante-quatre départements dans lesquels la mortalité du premier âge est inférieure à la moyenne de la France entière, trente-huit appartiennent aux régions du centre, du sud-ouest et de l'ouest. Trois forment un groupe à l'est ; au nord-est et au nord, on n'en compte que deux dans les limites actuelles de notre territoire.

Une série de onze départements, dont la mortalité oscille autour de la moyenne générale (de 19, 5 0/0 à 20, 4 0/0), comprend, au centre : le Cantal et la Corrèze ; à l'ouest : l'Ille-et-Vilaine, les Côtes-du-Nord et la Charente-Inférieure ; au sud : l'Hérault et les Alpes-Maritimes, le Lot-et-Garonne ; à l'est : la Meurthe et les Vosges ; au nord : le département du Nord.

Un autre groupe de départements, à teinte déjà sombre, dans lesquels la moyenne de la mortalité infantile s'élève déjà de 20, 6 0/0 à 21, 6 0/0, comprend, au centre : la Nièvre, Saône-et-Loire, l'Ain et la Loire, départements partiellement envahis par l'industrie nourricière ; plus au sud : la Haute-Loire ; au sud-ouest : Tarn-et-Garonne qui fait tache sombre dans une vaste région, à faible mortalité ; sur le littoral méditerranéen : les Bouches-du-Rhône et le Var ; à l'ouest : l'Orne, la Sarthe, pays de nourrices et de nourrissage ; au nord-est : la Meuse.

Une série de neuf départements, avec une mortalité infantile de 21, 8 0/0 à 25 0/0, comprend : au sud-est un groupe formé de la Savoie, l'Isère, la Drôme ; au nord-est : le Haut-Rhin ; plus près du centre : la Haute-Marne, la Côte-d'Or ; au nord : l'Aisne et la Somme.

Les deux dernières séries de départements, teintés en noir ou à très-forte mortalité, comprennent, la première neuf départements où la mortalité oscille entre 25, 3 0/0 et 27 0/0, à savoir, au sud : le Gard, Vaucluse, les Hautes et les Basses-Alpes, pays de nourrissage des enfants de Marseille ; au centre et dans le rayon de Paris : Seine-et-Oise, le Loiret, Loir-et-Cher et l'Aube, pays à industrie nourricière ; au nord-est, le Bas-Rhin.

La dernière série, absolument noire, dont la mortalité s'élève de 27,1 0/0 à 37 0/0, comprend : au sud, l'Ardèche, où affluent, d'une part, les nourrissons de Lyon, et, d'autre part, les nourrissons de Marseille ; au nord et dans le rayon de Paris, les deux départements normands de l'Eure et de la Seine-Inférieure, pays manufacturiers, où, s'ajoutent aux effets de l'industrie nourricière et de l'allaitement artificiel au petit ppt, des habitudes d'ivrognerie qui se répandent parmi les femmes ; la Marne, Seine-et-Marne, l'Oise, l'Yonne, le Loiret et Eure-et-Loir, pays d'industrie nourricière et d'allaitement artificiel.

Ainsi, sur la carte n° 1, de M. Bertillon, deux centres de forte mortalité due uniquement à l'émigration des enfants et à l'industrie nourricière, sont révélés par deux agglomérations de départements à teintes noires ou très-sombres ; l'une, la plus frappante et la plus étendue, comprend une large zone de quatorze départements rangés autour de Paris ; l'autre se compose de dix départements appartenant au bassin du Rhône et à la région subalpine entre Lyon et Marseille.

M. Bertillon fait remarquer que dans sa carte, les départements de la Seine et du Rhône, sont marqués d'un X. Il a voulu exprimer par ce signe, que le coefficient de leur mortalité infantile est inconnu. La cause de cette ignorance est due à l'imperfection et aux vices de notre statistique officielle. La mortalité ne peut pas y être déterminée, même approximativement, parce qu'un grand nombre des enfants nés à Paris ou à Lyon, vont, en nombre inconnu, mourir en nourrice dans les départements circonvoisins, sans qu'on en fasse le rapport sur le registre des décès de ces grandes villes.

M. Bertillon fait encore remarquer que si le département de Seine-et-Oise qui enveloppe Paris, est relativement moins frappé que les départements qui l'entourent lui-même, cela doit s'expliquer surtout par le très-petit nombre de nourrices fournies par ce département et ensuite par ce fait que les nourrices qui peuvent s'y trouver, étant plus près des familles, y sont mieux surveillées.

M. Bertillon termine l'exposé des faits mis en évidence par sa carte démographique, en rappelant une remarque qu'il a faite récemment au Congrès scientifique de Lyon : « Pour bien saisir, dit-il, l'importance de ces différences entre la mortalité des départements noirs (ou à forte mortalité) et ceux à faible mortalité (blancs ou clairs), permettez-moi une hypothèse qu'il ne tient qu'à nous, Français, de réaliser ; supposons donc que, par des soins appropriés de l'hygiène de la première enfance, on parvienne à réduire la mortalité des vingt départements noirs, où elle est le plus élevée, à ce qu'elle est, je ne dis pas dans les départements les plus clairs, mais dans les départements gris ou à mortalité aujourd'hui moyenne, par ce seul fait on conserverait *chaque année* environ 16,000 enfants qui aujourd'hui succombent dans la première année de leur vie, ce qui dépasse la population du premier âge de l'un des deux départements de notre Alsace perdue ! »

M. de Tillancourt dit qu'il est notoire que le nombre des enfants morts-nés va en augmentant. Il demande à M. Bertillon si la science et la statistique peuvent présentement, fournir avec quelque précision, des lumières sur ce point.

M. Bertillon répond par des explications dont voici le résumé : Le nombre des morts-nés augmente, dit-on, beaucoup? Ce dire ne paraît pas confirmé par une entente exacte des documents officiels. L'enregistrement des morts-nés est une institution relativement nouvelle et bien postérieure à l'établissement de l'État-Civil : il n'a commencé qu'en 1840, et la période 1840-1845 peut et, je crois, doit être considérée comme une période de mise en train et d'apprentissage de cette enquête, pendant laquelle la population s'est peu à peu habituée à l'idée de faire enregistrer à part un mort-né ; encore peut-on tenir pour certain que, dans les campagnes, on enfouit encore les avortons et maints morts-nés que l'on fait enregistrer dans les villes. Quoi qu'il en soit, après une période d'accroissement rapide et continu des morts-nés, de 32 par 1,000 naissances générales (en 1840) à 41 (vers 1857), on voit l'accroissement s'amoindrir, car on n'a que 43 morts-nés dans sa période 1856-1860 et 44 dans la période suivante 1861-1865 ; enfin, à peine 45 dans les trois dernières années (1866-1868) dont les documents sont publiés. Même mouvement dans les villes. Il résulte de ces remarques, que l'accroissement absolu du rapport des morts-nés aux naissances, est moins marqué et même moins certain qu'on ne l'a prétendu et qu'il doit en partie être imputé aux progrès de l'enquête et à l'habitude qui s'étend, surtout dans les villes, de faire constater et enregistrer les avortons.

Cependant, comme des intérêts d'ordre, de moralité, de sécurité et de science, s'attachent à ce que tout ce qui concerne les morts-nés, soit suivi de près, et que jusqu'ici on confond, sous le nom de mort-nés et les avortons, produits non viables (avant le septième mois), et les enfants nés vivants, mais morts avant l'enregistrement, et qu'il y a des intérêts multiples de science, d'hygiène et de sécurité à suivre à part les mouvements de chacune de ces catégories, nous proposons, à l'exemple de ce qui se fait en Belgique, que, sur le registre destiné aux prétendus mort-nés de l'état civil, on établisse au moins trois catégories :

1° Les enfants évidemment morts avant l'accouchement (avortons, corps ayant manifestement macéré plus ou moins longtemps dans le sein de leur mère);

2° Enfants morts pendant l'accouchement;

3° Enfants ayant respiré ou crié. Les *deux premières* catégories pourraient être réunies sous la rubrique des *mort-nés*; la troisième comprendrait les enfants qui, ayant respiré, seraient morts avant leur inscription sur le registre des vivants.

Mais pour que cette enquête ne soulève pas de difficultés judiciaires, il faudrait qu'il fût bien convenu que cette déclaration de la famille, demandée dans un intérêt d'hygiène publique et accueillie sans autres vérifications que la présence de deux témoins incompétents, ne saurait faire preuve en justice en cas de contestation d'héritage où la vie d'un nouveau-né change l'ordre de succession. Avec cette clause, l'enquête ne présente aucun inconvénient.

M. Théophile Roussel ayant prié M. Bertillon de faire part à la Commission du résultat de ses études comparatives sur la mortalité du premier âge dans les principaux Etats de l'Europe, M. Bertillon communique, en réponse à cette question, les notes suivantes :

### 1° Comparaison de la mortalité en France et en Suède.

Les documents statistiques concernant la mortalité de l'enfance sont relevés en Suède avec un soin scrupuleux tout particulier, qu'on ne retrouve en aucun autre pays. Non-seulement les mort-nés y sont les vrais mort-nés, au sens médico-légal ; mais les âges y sont relevés par jour pour le premier mois de la vie et par mois, pour la première année. Les relevés y sont soigneusement contrôlés. Un savant médecin et non moins savant statisticien M. le Dr Berg, qui dirige la statistique de la Suède, y a soigné tout particulièrement cette enquête.

Nous avons donc là un terme de comparaison important ; c'est pourquoi nous rapprochons les principaux éléments de la mortalité enfantine dans le tableau suivant :

| | | FRANCE | SUÈDE. | |
|---|---|---|---|---|
| 1<sup>re</sup> Semaine.. | Ville (1)............... | 24.3 | **25.6** | Les chiffres gras sont les valeurs maximums de chaque catégorie, notamment pour montrer la différence de la campagne suédoise avec celle de France. |
| | Campagne............. | **29.5** | 20,8 | |
| | Ensemble............. | **28** | 21.4 | |
| 2<sup>e</sup> Semaine .. | Ville............... | 21 | **12.6** | |
| | Campagne............. | **22.8** | 11.3 | |
| | Ensemble............. | **22.7** | 11.5 | |
| 1<sup>er</sup> Mois .... | Ville............... | 70 | **57** | |
| | Campagne............. | **77** | 47. | (1) Noter que Paris n'est pas compris dans les villes. Stockholm y est compris. |
| | Ensemble............. | **76** | 49 | |
| 1<sup>re</sup> Année ... | Ville............... | **213** | **221** | |
| | Campagne............. | **204** | 137 | |
| | Ensemble............. | **205** | 146 | |

On remarquera :

1º Que la différence entre la mortalité des enfants en France et en Suède, est considérable en faveur de la Suède (205 : 146), à toutes les périodes; qu'elle l'est pourtant beaucoup moins durant la première semaine, et que même, dans les villes, la mortalité suédoise semble l'emporter, résultat tout à fait factice et qui résulte de ce que, chez nous, un certain nombre d'enfants qui, nés vivants, mais morts avant leur inscription sur le registre de l'état-civil, sont confondus indûment avec les morts-nés, et soustraits aux chiffres des décès sur lesquels on calcule la mortalité qui en est affaiblie d'autant.

2º Une différence très-significative se manifeste entre la Suède, *où l'instruction primaire est très-répandue; où tous les campagnards savent lire et écrire*, et la France, où l'on sait qu'il en est tout autrement : chez nous, en effet, les avantages de l'habitation à la campagne pour les enfants du premier âge, sont beaucoup moindres qu'on eût pu le penser, et, fait bien remarquable, ils ne commencent à se manifester que vers le troisième et surtout vers le sixième mois de la vie de l'enfant (1), alors que son organisme plus solide est moins dépendant de l'intelligence des soins qu'on lui donne; au contraire, pendant les premières semaines et même durant tout le premier mois (voir les tableaux XXXV et XXXVI de la *Démographie figurée*), où les soins ont une plus grande importance, où la santé et la vie de l'enfant en dépendent presque exclusivement, la mortalité est notablement plus forte dans nos campagnes que dans nos villes.

Il n'en est pas ainsi en Suède : le bénéfice de la campagne est considérable (222 : 137), et il se prononce dès la première semaine (256 : 208). Et, de même que nous attribuons à l'ignorance de nos paysans, et par suite aux

---

(1) Voir les tableaux XLIII et XLIV de la Démographie figurée du docteur Bertillon.

soins inintelligents qu'ils donnent à leurs enfants, l'aggravation de la mortalité pendant le premier mois de la vie et le peu d'avantage que ces enfants tirent de l'habitation à la campagne pendant la première année, de même nous croyons pouvoir attribuer à l'instruction bien supérieure des campagnards suédois, la vitalité supérieure de leurs enfants.

On remarquera aussi que la mortalité enfantine dans les villes de Suède est relativement considérable, plus considérable que la nôtre. Mais nous ne connaissons pas assez les conditions des enfants dans les villes suédoises pour dire la cause de cette différence. Peut-être que la mortalité des enfants 'epns nos villes y est artificiellement atténuée par l'envoi en nourrice, très-en usage dans les grandes villes (quoique Paris ne soit pas compris dans ces villes, ce qui d'ailleurs diminue leur mortalité, tandis que Stockholm, dont la mortalité est relativement très-forte, est confondu avec les villes suédoises.)

### 2° Comparaison de la mortalité enfantine dans les différents pays.

Cette comparaison est beaucoup moins facile qu'on le pourrait croire, à cause de l'inégale inscription des mort-nés. En Angleterre, la loi n'oblige pas à l'enregistrement des mort-nés, et, de plus, elle accorde cinq jours (au lieu de trois en France et en Belgique) pour l'inscription des nouveau-nés. En outre, comme un nouveau-né mort avant l'inscription, n'oblige pas aux frais d'un enterrement, quand la vie d'un nouveau-né paraît menacée, on surseoit volontiers à son inscription, afin de pouvoir se passer du cérémonial de l'enterrement, en cas de décès ; de là, en Angleterre, un nombre très-notable de décès d'enfants survenus dans le cours des premières semaines, qui échappent à l'inscription. (Voy. pour plus de détails l'article *Bretagne* (*Grande-*) dans le *Dictionnaire Encyclopédique des sciences médicales.* dans lequel le D$^r$ Bertillon a essayé de faire la part de cette omission, p. 606, § 40).

*Mortalité de la première année de la vie.* (1)

|  | Par 1,000 enfants vivants de 0 à 12 mois, combien de décès annuels ? |
|---|---|
| Suède 1860-66................................. | 146 |
| Angleterre 1851-60............................. | 174 (??) |
| Belgique 1851-60.............................. | 189 |
| France 1857-66............................... | 205 |
| Hollande 1860-64............................. | 222 |
| Italie 1863-65-66............................. | 263 |
| Hongrie 1865?................................ | 250 |
| Autriche 1856-59 environ...................... | 300 |
| Bavière 1850-59.............................. | 310 |
| Bade 1852-63................................. | 324 |

(1) Il ne faut pas confondre, comme le font la plupart des auteurs, la *mortalité* de la première

Nous avons déjà expliqué qu'en France la loi accorde trois jours pour l'inscription des nouveau-nés ; tous ceux qui succombent avant l'inscription sont portés comme mort-nés, ce qui diminue d'autant nos décès des enfants de 0 à 7 jours, et ce qui explique pourquoi, dans le tableau précédent, la mortalité de la première semaine dépasse de si peu celle de la deuxième semaine (dans le rapport de 28 : 22, 7), tandis que la différence est presque du double en Suède (21, 4 : 11, 5.)

Au contraire, en Bavière, dans le Grand duché de Bade, ne sont comptés pour mort-nés que ceux qui n'ont pas respiré; de là un accroissement très-notable de la mortalité enfantine.— Ainsi en France, la mortalité des garçons a été de 222 décès par mille enfants *mâles* de 0 à 1 an d'après les documents officiels ; mais si on ajoute aux décès déclarés ceux indûment portés aux mort-nés (et calculés sur les documents belges), on trouve une mortalité de 236, et de même pour les filles leur mortalité de 187 s'élève avec cette correction à 197.

Il résulte de ces considérations, et de plusieurs autres ayant rapport à la bonne exécution et tenue des registres de *l'état-civil*, que nous croyons qu'on ne doit recevoir que très-provisoirement les coefficients de mortalité de la première enfance rapprochés dans le tableau précédent.

M. Théophile Roussel rappelle que, dans une précédente réunion de la Commission, M. le professeur Broca a déclaré que, dans son opinion, la loi à faire pourrait se résumer en deux articles : la déclaration obligatoire des nourrissons et une bonne statistique des nourrissons. Sans vouloir réduire la question à ces deux termes, M. Roussel considère, ainsi qu'il a eu déjà l'occasion de le développer précédemment, qu'on ne saurait faire une bonne loi sur la question qui nous occupe sans en asseoir l'exécution sur une bonne statistique médicale de la première enfance et en particulier des nourrissons. Plusieurs de nos collègues ont été surpris d'apprendre que la mortalité exacte des nourrissons de Paris et de Lyon est encore inconnue ; de voir que sur la carte de M. Bertillon elle est représentée par un X. Il en sera de même, après le vote de la loi, si l'on ne décide pas, par un article de cette loi, que des mesures générales seront prises pour l'organisation de la statistique sanitaire dont il s'agit, qui existe à l'étranger, en Suède notamment, mais qui manque en France. Un des premiers bienfaits de la loi doit être, en attendant que le progrès des mœurs apporte d'autres remèdes à l'abandon, au délaissement et aux autres causes de destruction des nouveaunés, d'assurer une sorte de comptabilité sociale exacte de cette partie de

---

année de la vie, qui est le rapport résultant de la comparaison des Décès, âge de 0 à 12 mois survenus dans l'année (Do.. 12 mois) à la Population enfantine dont l'âge est compris et échelonné entre 0 et 12 mois (Po.. 12 mois) et qui a fourni ces décès, soit le rapport de mortalité, Do.. 12 Po.. 12, avec un autre rapport également très-employé Do.. 12 So, et que j'ai appelé la *dîme mortuaire*, résultant de la comparaison des décès âgés de 0 12 mois (Do.. 12); avec les naissances vivantes (ou survivants à l'accouchement, soit So.), et en effet, dans la période 1857-66 en France, tandis que la *mortalité* est de 204 décès par 1000 enfants dont l'âge est compris entre 0 à 1 an, la *dîme mortuaire* est seulement de 178 décès par 1000 naissances vivantes... Dans le Grand duché de Bade, tandis que la mortalité de la première année de la vie s'élève à 324, la dîme mortuaire n'est que de 261, etc. Voy. la *Démographie figurée* du D<sup>r</sup> Bertillon, carte I et II, III et IV).

l'humanité qui réclame plus impérieusement que les autres la protection de la loi. La statistique dont il s'agit sera d'ailleurs le véritable fil conducteur qui permettra, en mesurant partout la profondeur du mal, de suivre exactement partout l'action des remèdes que nous prétendons y apporter. C'est pourquoi M. Théophile Roussel prie M. le docteur Bertillon de vouloir bien dire à la Commission quelles seraient, suivant lui, les meilleures mesures générales à prendre pour l'organisation d'une statistique sanitaire de la première enfance.

M. Bertillon répond à cette question par la communication des notes suivantes :

§ 1. — Il importe de réunir en un seul lieu tous les documents statistiques ou autres concernant la mortalité de l'enfance.

§ 2. — Le Comité supérieur qui doit être créé par la nouvelle loi sera le centre indiqué pour cet objet, car ces documents devant servir à des investigations médicales et scientifiques, bien plutôt qu'administratives, il importe qu'ils soient sous une direction compétente, et nulle autre ne peut être présumé l'être davantage que le *Comité supérieur*.

On y réunirait :

1° Les rapports des juges de paix, prescrits par un des articles de la loi, rapports qui devraient être des extraits méthodiques dressés d'après un questionnaire *uniforme* des registres prescrits par un autre article ;

2° Les rapports des médecins inspecteurs spécifiés par l'article 15 du règlement annexé à la Proposition de loi ;

3° Les rapports émanant des *Comités départementaux* ;

4° Les documents concernant la mortalité de l'enfance, reçus par la *statistique générale* de France (Ministère de l'Agriculture et du Commerce), seront également communiqués au *Comité supérieur*, soit par le bureau de la statistique de France, soit, mieux encore, envoyés par les préfets au Ministère de l'Intérieur.

5° Les communications et les réponses aux questions du *Comité* touchant les conditions sanitaires de l'enfance et émanant des Conseils d'hygiène des départements ;

§ 3. — Pour la publication de la « statistique détaillée de la mortalité des » enfants en bas âge et spécialement de ceux qui sont placés en nourrice », exigé par un article du projet de loi, et pour tirer un parti fructueux de la concentration de tous les documents (ci-dessus spécifiés) entre les mains du *Comité supérieur*, il sera créé et annexé à ce *Comité un Bureau statistique et sanitaire de l'enfance* chargé, sous le contrôle du Comité, d'élaborer les documents ci-dessus indiqués et de les publier chaque année ainsi que la loi l'ordonne.

Il est indispensable, pour que la mortalité des enfants en bas âge soit enfin connue avec quelque précision, et que ses mouvements de diminution ou d'accroissement, avertissent, en temps utile, des bonnes ou mauvaises influences, que les décès des enfants qui sont morts dans une autre commune que celle où leur naissance a été enregistrée, ne soient plus confondus avec les décès des enfants nés et morts dans la même commune, mais forment une catégorie à part, de manière à pouvoir, suivant les besoins de l'investigation, être joints aux décès, soit de la commune où ils sont effectivement décédés, soit à ceux de la commune où ils sont nés.

Il faut encore que, dans les dénombrements quinquennaux, les recensements des enfants soient exécutes avec beaucoup plus de soins qu'ils ne l'ont été jusqu'à ce jour. Il importera également, commemoyen de contrôle des renseignements venus par d'autres sources, qu'on y relève à part les enfants appartenant à la famille, et les enfants en nourrice ou en sevrage.

§ 4.— *Dépouillement*. Il y a un grand intérêt à ce que les premiers groupements des relevés statistiques, soient exécutés par divisions plus analytiques et plus naturelles (au point de vue sanitaire), que le groupement par départements; il faudrait en plus le groupement par cantons, et mieux encore, par divisions spéciales et sanitaires. Pour cela il serait désirable que ces premiers groupements, en chaque département, fussent exécutés par les soins du Comité départementale institué en chacun d'eux. Ce premier groupement des faits n'exigera, en chaque département, qu'un travail peu important; il sera exécuté, d'après un questionnaire uniforme émané du *Comité supérieur*, et exécuté sous le contrôle de chaque *Comité départemental* composé de médecins et d'hommes qui, connaissant le département, pourront, avec le plus de compétence, déterminer les divisions sanitaires, de manière à réunir les localités présentant des conditions analogues.

Enfin les résultats de ce dépouillement éclaireront de suite le Comité départemental sur les conditions des enfants de la région dont la surveillance lui est confiée, et l'on peut supposer que l'intérêt qui en résultera, le disposera à bien faire.

*Des faits à relever dans les enquêtes statistiques, notamment au moment des décès des enfants.*

Les enfants doivent, dès le principe, être divisés en deux catégories : ceux qui sont restés dans le domicile paternel, et ceux qui ont été confiés à une nourrice.

1° *Le lieu de naissance*;

2° *L'âge* : Il doit être relevé avec plus de détails qu'il ne l'a été jusqu'à présent; il est désirable qu'il soit donné, jour par jour, pour les deux premières semaines; par semaine de sept jours précis (1), pendant le premier trimestre, et par mois jusqu'à douze mois ; par trimestre jusqu'à deux ans, et par année pendant les cinq premières années;

---

(1) Et non comme le fait la statistique de France de un à sept jours, de huit à quinze jours, de quinze jours à un mois ; ce qui fait des semaines inégales, les unes de sept jours, les autres de huit.

3° *Le sexe* :

4° *L'état civil* : Légitimes, illégitimes, abandonnés ;

5° *L'habitation* : ville (ville proprement dite ou banlieue), village, maison isolée à la campagne ;

6° *L'état d'aisance*, au moins, *la profession* de la famille, et, quand il y a lieu, de la nourrice. ·

Cette détermination a une grande importance, car après l'âge, et peut-être la qualité de mère ou de mercenaire de la surveillante, elle est sans doute celle qui a le plus d'influence sur la vitalité des enfants ; il importe donc, si on veut pénétrer les autres influences, d'en dégager celle là ; c'est pourquoi il conviendrait de rendre cette détermination facile, en relevant pour chaque famille des enfants du premier âge, l'indice suivant, suffisamment caractéristique :

1° Familles ayant plusieurs domestiques *attachés aux soins des personnes*;

2° Familles n'ayant qu'un seul domestique ;

3° Familles sans domestiques, mais vivant de leur travail ou de leur petite rente ;

4° Familles ne pouvant se suffire, et recevant des secours privés ou publics. Ces constatations *de fait* seraient plus précises que celles qu'on exécuterait sous la rubrique de : riches, aisés, gênés, misérables, et, en outre, n'auraient rien de blessant.

7° Il serait fort instructif de relever l'âge approché du père et de la mère. Les recherches faites en Angleterre, paraissent montrer que cet âge n'est pas sans influence sur la vitalité des enfants ;

8° Si le père et la mère étaient parents avant leur union ;

9° Si l'enfant est l'aîné, ou le second ou le troisième, etc. ;

10° Combien il lui reste de frères vivants. — Tous ces renseignements seraient de nature à éclairer la physiologie de la famille, et par suite l'hygiène publique et privée, et aussi le législateur ;

11° Si l'enfant est élevé au sein, au biberon, etc. ;

12° Si l'enfant qui a succombé a été vu par le médecin, et combien de fois ;

13° Durée de la dernière maladie ;

14° Nom de la maladie *principale* présumée cause du décès, ou symptôme principal (diarrhée, convulsion, toux, etc.) ;

15° Le lieu du décès.

16° Date du décès ;

17° Pour les enfants en nourrice, l'âge de la nourrice, celui de son lait, son état civil, sa profession et son état d'aisance, le prix du nourrissage ;

18° Si la nourrice avait dans la maison d'autres enfants âgés de moins de douze mois.

La Commission donne une entière adhésion aux idées exposées par M. Bertillon, et décide que l'application en sera recommandée dans le rapport.

## XI

**Projet d'une réforme dans l'organisation des sociétés protectrices de l'enfance. — Participation des enfants assistés à la protection de la nouvelle loi.**

Séance du 11 février.

M. Bamberger communique à la Commission le résumé d'un mémoire inédit de M^me Hippeau sur l'organisation et le fonctionnement des sociétés protectrices de l'enfance. Le but du mémoire est de démontrer l'avantage pour ces sociétés de s'assurer une liberté complète, de ne relever que d'elles-mêmes, et de se fonder en dehors de l'action du Gouvernement. Elles feront, bien entendu, reconnaître légalement leur existence. L'auteur insiste sur l'importance du rôle que doivent y jouer les femmes et sur la nécessité d'y faire participer les classes laborieuses. Frappée de l'insuffisance du personnel qui, d'habitude, préside à la formation des sociétés de bienfaisance, l'auteur voudrait que les sociétés protectrices s'inspirassent des principes qui président aux sociétés de secours mutuels, afin d'avoir non de simples adhérents, mais de vrais sociétaires.

« Lorsque, dit M. Bamberger, on a vu fonctionner de près les sociétés de secours mutuels, comme cela m'est arrivé à Strasbourg et à Metz, on ne saurait méconnaître ce que peut avoir de fécond l'idée de M^me Hippeau. » — Les sociétés protectrices, dit M^me Hippeau, ne doivent pas seulement sauver la vie des enfants, elles doivent encore former des mères capables de les élever. La tâche qui incomberait aux dames inspectrices, appartenant aux comités locaux, serait celui de mères adoptives, auprès des enfants en nourrice ; elles apprendraient à leur donner des soins intelligents, auraient l'œil sur l'hygiène et aussi ce qu'on peut appeler l'éducation du premier âge. La surveillance, ainsi entendue et pratiquée, serait féconde en bons résultats ; non-seulement sur les nourrissons et leurs nourrices, mais encore sur les jeunes filles des classes élevées qui, accompagnant leurs mères ou leurs parents dans ces visites, se formeraient d'avance à la tâche auguste et sainte qui les attend. De tels rapports fréquents entre des familles indigentes et des familles privilégiées par la fortune, contribueraient beaucoup à effacer bien des préjugés et des préventions qui jettent de si mauvais ferments dans la société. »

Le travail de M^me Hippeau, soumis en ce moment à l'appréciation d'un jury compétent, contient tout un corps de règlements pour une société protectrice organisée d'après ces données.

---

M. DE GOUVELLO demande que la Commission tranche, dès ce moment, une question qu'il a déjà soulevée dès le début de nos travaux : celle de savoir si la Commission entend discuter la question des enfants assistés. Il a, pour son compte, reçu du bureau qui l'a nommé commissaire, le mandat de rattacher cette question à la discussion de la proposition de loi qui nous est soumise. Il demande en conséquence à la Commission de se prononcer affirmativement.

M. Théophile Roussel dit qu'il faut distinguer. La Commission ne saurait avoir la pensée de comprendre dans sa tâche la confection d'une loi embrassant le service entier des enfants assistés et telle n'est pas, sans doute, la pensée de M. de Gouvello, ni celle du bureau qui l'a nommé. Mais s'il s'agit de décider seulement que les mesures à établir par la loi devront s'appliquer aux nourrissons du service des enfants assistés, comme à tous les autres enfants mis en nourrice, il ne saurait non plus y avoir de doute. L'intitulé seul de la proposition l'indique en mentionnant les enfants du premier âge sans exception. La mortalité des enfants assistés est le fait qui a éveillé le premier l'attention publique et il n'est pas douteux que la loi qui se prépare manquerait son but, si elle devait ne pas protéger les enfants assistés.

## XII.

### Impression des procès-verbaux des séances de la Commission.

M. le Président dit que la Commission, ayant terminé les audiences qu'elle avait à donner aux hommes compétents qui lui ont apporté le fruit de leur expérience, le moment paraît venu de se prononcer sur la publication des procès-verbaux de ses séances qui a été demandée par plusieurs membres. La Commission a aussi à se prononcer sur l'étendue à donner à cette publication et sur la marche à suivre.

M. de Chabrol dit qu'il a le premier demandé cette publication comme le seul moyen de conserver groupés ensemble et rattachés au travail de la Commission beaucoup de renseignements précieux dont la perte serait regrettable. Quant au mode de publication il propose celui qu'il vient d'employer lui-même comme rapporteur de la loi municipale, et qui consiste à placer cette publication, comme *Annexe*, à la suite du rapport qui sera présenté au nom de la Commission.

M. le Secrétaire dit qu'il doit être entendu qu'il ne s'agit pas d'une publication *in-extenso* des procès-verbaux qui sont fort étendus, mais d'une publication par extraits, dans la mesure nécessaire pour faire connaître les points saillants des discussions et surtout les documents et les renseignements dignes d'intérêt qui ont été apportés au sein de la Commission.

La proposition est adoptée à l'unanimité.

## XIII.

**Communication de M. le d<sup>r</sup> Maurin, sur l'industrie nourricière dans le Midi et en particulier à Marseille. — Mortalité des nourrissons. — Maisons d'accouchement. — Placements de nourrissons par les sages-femmes. — Nouveau règlement des Bureaux de nourrices de Marseille.**

Séance du 25 février

M. AMAT communique à la Commission un document qu'il vient de recevoir de M. le d<sup>r</sup> Maurin, Président de la Société Protectrice de l'Enfance de Marseille. Ce document contient des réponses à un questionnaire qu'il avait envoyé à M. Maurin sur la demande de M. le secrétaire de la Commission. Le manque complet de renseignements dans lequel se trouvait jusqu'ici la Commission sur ce grand centre de population du Midi de la France, donne un intérêt particulier à ce document. Plusieurs notes sont extraites d'une lettre de M. le D<sup>r</sup> Maurin à M. Théophile Roussel :

| QUESTIONS. | RÉPONSES. |
|---|---|
| *Combien de naissances par an dans la commune de Marseille* ............ | 9.081. |
| *Combien de légitimes* ................ | 7.774. |
| *Combien d'illégitimes.* ............... | 1.307. |
| *Combien d'enfants abandonnés* ....... | 335 (tous illégitimes). |
| *Sur les enfants nés dans l'année combien sont allaités par leurs mères* .... | Le tiers environ. |

*Combien d'enfants envoyés en nourrice dans le département ou dans les pays environnants ?* .

Pour les enfants légitimes ou illégitimes, le nombre exact de ceux qui sont élevés hors du domicile ne saurait être fixé. Dans l'espace d'une année. 803 enfants ont été mis sous le patronage de la Société Protectrice de l'Enfance de Marseille. Ces enfants étaient placés par ordre numérique dans les départements suivants :

Les Hautes-Alpes (surtout Briançon, Guillestre, Forcalquier) ;
Les Basses-Alpes (surtout Labe séc, Vallouise) ;
L'Ardèche (surtout Dompnac, Villeneuve-de-Berg) ;
Les Bouches-du-Rhône ;

Viennent ensuite les départements :

Du Var ; — de la Drôme ; — de Vaucluse ; — de la Savoie ; — de l'Isère ; et de l'Hérault.

(Dans un mémoire sur la mortalité des enfants en bas-âge, à Marseille, publié en 1872, M. Maurin évalue à 2.000 l'ensemble des nourrices placées par les bureaux de cette ville. Le Piémont fournissait à lui seul la moitié de ces nourrices ; leur âge variait de 16 à 40 ans ; les plus jeunes et les plus vieilles étaient toutes Piémontaises. — Enfin dans le rapport fait sur la Société Protectrice en 1872, il est question d'enfants Marseillais envoyés en *nourrice* en Toscane.)

------

*Combien d'enfants secourus allaités par leurs mères ? Combien d'en-fants assistés mis en nourrice : Combien dans le département ? Combien dans les pays voisins ?*

« Nous ne saurions trop, dit M. MAURIN, appeler l'attention du Gouverne-ment sur un fait grave qui est cause souvent des mauvais soins donnés aux nourrissons. Bien des parents mettent au loin leurs enfants en nourrice et ne payent pas les gages dus. Les nourrices n'ont aucun recours. Le plus souvent après avoir gardé les enfants 2 ou 3 ans, elles n'écrivent plus aux parents qui changent de domicile sans en avertir les nourriciers, et ainsi l'enfant se trouve abandonné et ne peut être secouru par l'Administration. Certains de ces enfants n'ont même plus d'état-civil au bout de quelques an-nées. »

« Réglementairement tout enfant assisté doit être élevé sur le sol français. Ce n'est donc que par exception que quelques enfants assistés sont transpor-tés en Italie par des nourricières qui, sur les confins des deux Etats, sont tantôt occupés en France, tantôt en Italie.

» Pour le reste, notes attendues de la Préfecture.

------

*Comment s'effectuent les placements en nourrice ? Par quels intermé-diaires ?*

« Les nourrices des départements où l'industrie nourricière est plus déve-loppée viennent à Marseille chercher les nourrissons ; mais pour le déparce-ment des Hautes-Alpes, des Basses-Alpes et de l'Ardèche, le placement se fait par l'intermédiaire de meneuses dont la plupart sont d'une immoralité reconnue et ne prennent aucun soin des enfants qu'elles transportent par séries de trois à cinq.

« Vous verrez dans le discours d'ouverture du *Congrès médical et spécial au premier âge*, prononcé le 2 février dernier, que nous avons organisé le service des meneuses dans l'arrondissement de Briançon. Ce type d'organisation devrait être étendu à toutes les communes où l'industrie nourricière est as-sez développée pour que des meneuses s'y établissent. La méthode pour transporter les enfants que vous trouverez décrite dans le même discours, mérite aussi d'être vulgarisée et évitera les nombreux cas de sclérème dont les enfants sont victimes.

« Les meneuses emportent à peu près les 2/3 des enfants placés hors du domicile paternel. Il n'y a dans ces cas aucun rapport direct entre la famille et la nourrice. Les enfants confiés aux meneurs sont dans la majeure partie des cas un embarras pour la famille où ils sont nés. » Le passage suivant, extrait de la brochure sur la *mortalité*, p. 193, n'a pas cessé d'être une vérité : « Voici une famille d'ouvriers ; la mère se lève après les dernières douleurs de l'enfantement pour veiller aux soins obligés du ménage ; ses mamelles taries par la misère se refusent à nourrir le dernier-né ; elle se rend chez une placeuse, discute le prix du mois de nourrice, puis confie son enfant à la meneuse qui doit l'emporter dans un hameau du département voisin où, dit-elle, elle connaît une bonne nourrice. La même meneuse emporte 3, 4 enfants qui vont : à la grâce de Dieu !

» Est-ce bien en France, à Marseille que se passent de tels faits ? Quoi ! rien pour garantir l'état-civil de l'enfant ? rien pour démontrer la vérité de ce qu'avance la meneuse ; la probité, l'état de santé, les qualités de la nourrice promise ? Cet être sans défense va loin des siens et personne ne veillera sur lui ! On répondra que l'enfant est inscrit à l'état civil ; mais qui garantit contre la substitution ? On dira que la meneuse est une honnête femme, mais, quelques mois après, l'avis du décès du pauvre exilé détruit cet échafaudage d'illusions. »

« Trop souvent ce décès, encore plus prompt, vérifie ces terribles paroles d'un médecin de mes amis exerçant dans un département nourricier : « Lorsque le froid ne les prend pas en route, les tortures de l'agonie famélique ne tardent pas à les raidir. »

« Des conflits naissent très-souvent lorsque l'enfant doit être rendu, la nourrice ne voulant pas le ramener à ses frais et les parents ne voulant pas payer ce voyage. A ce point de vue le réglement de la nouvelle loi devra contenir un article spécial.

« Les placements faits par l'intermédiaire *des sages-femmes prenant des pensionnaires chez elles* sont les plus redoutables. J'estime que la *moitié des enfants illégitimes* passe par ces intermédiaires, et c'est ce qui augmente considérablement la mortalité de ces nouveau-nés, cette classe de la population comptant déjà *un mort-né sur 7 naissances.*

« Je n'apprendrai rien aux législateurs en leur disant toute mon opinion : *Certaines maisons d'accouchement tenues par des sages-femmes prenant des pensionnaires chez elles, ne sont rien autre chose que des maisons d'avortement et d'infanticides clandestins,* couverts par un diplôme trèssouvent prodigué et que la loi devrait abroger pour les grandes villes ; car autant l'accoucheuse de 2ᵉ classe surtout est nécessaire dans de petites communes où il n'existe pas de médecin, autant elle est dangereuse et superflue dans les grands centres. »

*Combien y a-t-il de bureaux de placement ?* .... ............ 14.

*Quelle est l'organisation de ces bureaux ?*

« Avant 1852 les bureaux de nourrices étaient sous la juridiction préfectorale. Le décret-loi du 25 mars 1852 les a fait passer entre les mains des maires et, je crois, avec raison. Je joins, à titre de document, un arrêté pris le 17 septembre 1873 par le maire de Marseille et sur lequel j'appelle toute votre attention. C'est la première fois que l'on crée une commission de surveillance et d'inspection de ces bureaux de placement, et les services qu'elle rend tous les jours me font émettre le vœu que cette institution soit généralisée. Si vous persistez à remettre le service des bureaux entre les mains des préfets, j'espère qu'il sera tenu compte des heureuses dispositions que nous avons fait prendre à la municipalité de Marseille, dans le règlement d'administration publique à intervenir. »

---

*Pratique-t-on l'allaitement artificiel ? Par quels procédés ? Existe-t-il des établissements particuliers pour ce genre d'allaitement ?*

Voici ce qu'on lit dans la brochure publiée en 1872 sur la *mortalité des enfants* du premier âge à Marseille, p. 27.

L'enfant peut-il être élevé au biberon ? dans nos climats, avec les chaleurs excessives de l'été, les orages soudains, les difficultés inouïes de se procurer du lait d'une même source et jamais altéré, l'élève au biberon est presque toujours funeste. Dans nos crèches même, on a dû renoncer à donner des rations de lait aux enfants ; falsifié ou tout à coup fermenté, il occasionnait de nombreuses maladies principalement la cholérine et le choléra infantile. On conçoit donc pourquoi ces deux affections moissonnent, surtout pendant les mois caniculaires, les enfants élevés au biberon ou même au demi-lait. Bien plus, il suffit que l'allaitement soit suspendu de quelques jours pour que ces terribles maladies se déclarent. C'est ce qui rend le changement de nourrices si pernicieux.

» C'est pourquoi l'allaitement artificiel est très-peu pratiqué à Marseille. Dans l'Ardèche, au contraire, il l'est très-souvent et beaucoup d'enfants que l'on croit allaités au sein et pour lesquels on paie des mois de nourrice, sont élevés *à la pâtée.*

---

*Y a-t-il une inspection des enfants en nourrice ? Comment s'exécute-t-elle ?*

« Au moment du placement, il y a, aujourd'hui, une certaine surveillance exercée par la Commission de surveillance des bureaux de placement (art. 10 de l'arrêté municipal) et par les médecins attachés aux bureaux (art. 91).

» Pendant l'allaitement, il existe aussi, dès à présent, une surveillance exercée à Marseille et dans la banlieue par des médecins-inspecteurs et des Comités de patronage dépendant de la Société Protectrice de l'Enfance, exer-

16 *

çant leur mission gratuitement, avec un dévouement sans bornes. Nos médecins-inspecteurs ont répondu régulièrement à toutes nos demandes. Ils ont servi d'intermédiaires aux parents et soustrait quantité d'enfants à la mort en les changeant de nourrice à temps ou leur donnant les secours nécessaires.

» Nos Comités de patronage ont, dans plusieurs localités, pris la forme de véritables petites Sociétés protectrices, fait des distributions de vêtements, surveillé les nourrissons.

» En résumé l'arrêté du 17 septembre 1873 s'exécute, à la grande satisfaction des familles et malgré les réclamations des bureaux, entravés par les dispositions tutélaires de cet arrêté et, grâce aux efforts de l'esprit d'association, une surveillance efficace couvre déjà une partie des nourrissons de Marseille ».

---

*Quels sont les chiffres de la mortalité des différentes catégories de nourrissons ?*

(Ces chiffres n'ont pas encore pu être envoyés au moment de mettre sous presse).

---

Voici le tableau que M. Maurin a annexé à la carte teintée de la mortalité des nourrissons marseillais qu'il a présentée au Congrès médical et scientifique spécial au premier âge, le 2 février dernier :

| DÉPARTEMENTS. | OBSERVATIONS. | DÉCÈS pour mille nourrissons. |
|---|---|---|
| Hérault | Industrie nourricière peu développée | 204 |
| Haute-Savoie | — — | 205 |
| Alpes-Maritimes | — — | 215 |
| Var | Industrie nourricière en voie de développement | 218 |
| Bouches-du-Rhone | — — — | 235 |
| Isère | Industrie nourricière en voie de développement. — Difficultés de transport | 245 |
| Savoie | Industrie nourricière en voie de développement. — Difficultés de transport | 245 |
| Drôme | Industrie nourricière en voie de développement. — Difficultés de transport. — Service médical insuffisant | 257 |
| Vaucluse | Industrie nourricière développée | 272 |
| Gard | — — | 273 |
| Basses-Alpes | Industrie nourricière développée. — Difficultés de transport. — Meneuses | 397 |
| Hautes-Alpes | Industrie nourricière développée. — Difficultés de transport. — Service médical insuffisant. — Meneuses | 523 |
| Ardèche | Industrie nourricière très-développée. — Grandes difficultés de transport. — Climat froid. — Service médical très-insuffisant. — Meneuses | 642 |

## XIV

**Proposition et programme d'une nouvelle Enquête sur la mortalité des nourrissons et ses causes, sur l'industrie nourricière et les pratiques relatives à l'allaitement et aux soins donnés aux enfants du premier âge. — Procès-verbaux de la Commission ministérielle 1870.**

Avant d'aborder la discussion des articles de la proposition de loi, M. Théophile Roussel propose à la Commission une mesure qui peut, suivant lui, contribuer utilement au résultat final de ses travaux. Après avoir relevé soigneusement les renseignements numériques et les faits bien établis, contenus dans les nombreuses publications dont l'industrie nourricière a été l'objet depuis huit ans, on est amené à reconnaître que, sur divers points importants, nous en sommes encore réduits à des allégations dépourvues de preuves et, sur d'autres, à une ignorance à peu près complète. On s'accorde à attribuer presque tout le mal à l'allaitement mercenaire hors du domicile ; mais on n'a presque nulle part l'exacte mesure de ce mal. Les uns accusent par-dessus tout le biberon ou le petit pot ; d'autres semblent disposés à préférer l'allaitement artificiel à l'allaitement mercenaire ; d'autres soutiennent que l'alimentation grossière et prématurée ou des pratiques particulières telles que le mode d'emmaillottement, la compression de la tête et des membres, les transports des nouveaux-nés, etc., ont une part considérable à la mortalité, indépendamment de l'allaitement mercenaire et de l'allaitement artificiel. Sur beaucoup de ces points les renseignements précis et les données numériques manquent, quoique les discussions de l'Académie de Médecine aient démontré combien des renseignements exacts basés sur des relevés numériques seraient nécessaires pour faire apprécier le degré d'importance de chacune de ces causes, pour éclairer les pouvoirs publics dans la détermination des mesures à prendre, et aussi pour diriger le zèle et les efforts de la charité et de l'esprit d'association qu'on cherche à mettre en œuvre partout. Une Commission permanente de l'Académie de Médecine, la *Commission de l'hygiène de l'enfance,* a rédigé, il y a deux ans, un questionnaire qui a été transmis et recommandé aux autorités administratives des départements. Mais c'était un simple appel au bon vouloir, qui n'avait rien d'impératif, aussi les résultats sont-ils encore peu appréciables. C'est pourquoi M. Th. Roussel demande à la Commission de décider qu'il sera chargé de faire appel, en son nom, à la sollicitude de M. le Ministre de l'Intérieur et de le prier de réclamer des Conseils départementaux d'hygiène et des Maires, par l'entremise des préfets, de promptes réponses aux questions contenues dans les deux tableaux suivants :

| 1° Renseignements à demander aux Conseils départementaux d'hygiène, sur : | |
| --- | --- |
| 1° La durée habituelle de l'allaitement et détails sur sa pratique. (Allaitement naturel et allaitement artificiel). | |
| 2° Les autres pratiques spéciales usitées dans le pays, telles que l'emmaillotement, la compression de la tête, des membres, etc. | |
| 3° Les modes d'assistance des mères nourrices nécessiteuses. (Secours à domicile, hospices, maternités, etc.). | |
| 4° Les œuvres de la charité privée et des associations. (Sociétés protectrices de l'enfance, de charité maternelle, etc., crèches, garderies). | |
| 5° Recrutement des nourrices. (Bureaux de placement, meneurs, sages-femmes et autres entremetteurs). Surveillance et règlements des bureaux. | |
| 6° Modes de surveillance des nourrices. | |
| 7° Influence de l'industrie nourricière et des pratiques relatives aux enfants du premier âge sur l'état physique et moral de la population. | |

## 2º Renseignements à demander aux Maires :

| STATISTIQUE DES ENFANTS DE 0 A 1 AN DANS LA COMMUNE DE...., | ENFANTS de la commune. | | ENFANTS étrangers. | | | ENFANTS ASSISTÉS. | OBSERVATIONS ET PROPOSITIONS. |
|---|---|---|---|---|---|---|---|
| | Légitimes. | Naturels. | Légitimes. | Naturels. | Leur origine. | | |
| **POPULATION DE LA COMMUNE ;** | | | | | | | |
| A — Nombre d'enfants existant au 31 décembre 1872.... | | | | | | | |
| B — Nombre d'enfants nés pendant l'année 1873...... | | | | | | | |
| C — Nombre d'enfants existant au 31 décembre 1873.... | | | | | | | |
| D — Enfants allaités par leur mère............ | | | | | | | |
| E — par nourrices *sur lieu*............ | | | | | | | |
| F — par nourrices chez elles............ | | | | | | | |
| G — Enfants alimentés : au biberon, au petit pot, ou par tous autres moyens. { par la mère....... | | | | | | | |
| H — { par nourrices sèches... | | | | | | | |

| NOMBRE D'ENFANTS MORTS En 1873. ÂGE DES DÉCÉDÉS. | 0 à 8 jours. | 8 jours à 1 mois. | 1 à 2 mois. | 2 à 3 mois. | 3 à 4 mois. | 4 à 5 mois. | 5 à 6 mois. | 6 à 7 mois. | 7 à 8 mois. | 8 à 9 mois. | 9 à 10 mois. | 10 à 11 mois. | 11 à 12 mois. | 1 an à 2 ans. |
|---|---|---|---|---|---|---|---|---|---|---|---|---|---|---|
| I — Enfants { Légitimes.............. | | | | | | | | | | | | | | |
| I — Enfants { Illégitimes.............. | | | | | | | | | | | | | | |
| J — Enfants étrangers { Légitimes.............. | | | | | | | | | | | | | | |
| J — Enfants étrangers { Illégitimes.............. | | | | | | | | | | | | | | |
| J — Enfants étrangers { Assistés.............. | | | | | | | | | | | | | | |

M. LE COMTE DE MELUN exprime la crainte que cette proposition, quelqu'avantage que l'on puisse attendre de sa mise à exécution, n'ait, en fait, l'inconvénient de retarder la Commmission dans ses travaux. Il se fonde sur l'expérience de ce qu'il a vu dans d'autres commissions qui ont aussi voulu recourir à des enquêtes. Les renseignements le plus souvent ont fait défaut, ou n'ont pas répondu à l'attente et il s'est trouvé finalement qu'on avait perdu, sans profit, un temps précieux.

M. THÉOPHILE ROUSSEL dit que, dans le cas présent, il ne s'agit pas de subordonner la marche des travaux de la Commission aux résultats éventuels d'une enquête. La Commission est en possession de données suffisantes pour se prononcer sur les questions résolues dans les articles de la proposition de loi, et elle peut entrer, dès aujourd'hui, dans la discussion de ces articles. Mais lorsque les articles seront votés, lorsque la loi aura posé les bases de la protection des nourrissons, institué une surveillance et un contrôle en leur faveur, créé des voies et moyens, édicté des pénalités, il restera beaucoup d'autres questions à résoudre pour la mise à exécution de cette loi et il faudrait les résoudre sans tarder pour que le Conseil d'Etat et les comités institués par la loi puissent utiliser immédiatement ces résultats dans la préparation d'un règlement d'administration publique, ainsi que des règlements locaux et dans toutes les instructions à donner pour l'application de la loi. C'est pour ce moment peu éloigné que les renseignements à obtenir des administrations locales et des conseils départementaux d'hygiène doivent être réclamés.

M. DE MELUN déclare que, dans ces conditions, il ne fait pas d'opposition à la proposition de M. Th. Roussel. En conséquence, cette proposition est adoptée.

---

M. LE SECRÉTAIRE rappelle qu'il a fait au Ministère de l'Intérieur des démarches jusqu'ici infructueuses pour faire communiquer à la Commission les procès-verbaux des délibérations de la Commission ministérielle de 1869, présidée par M. de Royer. Il lui a été répondu, en dernier lieu, que le volumineux dossier qui contenait ces procès-verbaux ne se retrouvant pas, on avait lieu de craindre qu'il ait été détruit pendant les troubles de la Commune. M. le Secrétaire demande s'il ne conviendrait pas de faire encore une démarche et de prier officiellement M. le Ministre de l'Intérieur, au nom de la Commission, de faire la communication dont il s'agit.

La Commission appuie cette proposition de son secrétaire et décide que la demande en question sera jointe à la lettre relative au double questionnaire à recommander aux préfets. (Voir la suite au procès-verbal de la séance du 11 mars.)

## XV

**Discussion des articles de la proposition de loi. — Contre-projet de M. le D<sup>r</sup> Mayer. — Contre projet des délégués des Sociétés protectrices de l'Enfance. — Contre-projet de M. Husson. — Nouvelle proposition de M. Théophile Roussel.**

L'ordre du jour appelant la discussion des articles de la Proposition de loi, M. le Président donne lecture de ces articles.

Avant d'entrer dans la discussion de l'article 1<sup>er</sup>, M. le secrétaire propose de donner connaissance à la Commission des différents Contre-projets ou Amendements qui se présentent en opposition avec la rédaction qui vient d'être lue.

*1<sup>er</sup> Contre-projet.* M. le Secrétaire fait remarquer que la Commission connaît déjà (chacun de ses membres en ayant reçu un exemplaire imprimé) le projet de loi en 6 articles, suivi d'un projet de règlement, que M. le D<sup>r</sup> Mayer lui a envoyé et qu'il avait présenté déjà à la Commission de 1869. Il y a lieu de mentionner l'art. 5, qui pourra être examiné plus utilement à propos de l'abandon des Enfants en nourrice. Il est ainsi conçu :

« Le père de l'enfant ou sa mère, si le père est inconnu, qui aura négligé pendant 3 mois consécutifs de payer les gages de la nourrice et dans cette condition aura changé de domicile sans faire connaître à celle-ci sa nouvelle résidence, sera considéré comme coupable de *délaissement dans un lieu non solitaire* et puni d'un emprisonnement de six mois à deux ans et d'une amende de 25 à 200 fr., conformément à l'article 353 du Code pénal ».

*2<sup>e</sup> Contre-projet.* La Commission a reçu le 6 juin 1873 un Contre-projet en 19 articles, proposé par la Société protectrice de l'enfance de Marseille ; chacun des membres de la Commission en a reçu un exemplaire imprimé et on n'a pas oublié que ce projet discuté dans les conférences que les délégués des sociétés protectrices ont eues à Paris au mois de décembre dernier, s'est réduit finalement aux amendements que ces délégués sont venus défendre au sein de la Commission et dont le plus important se rapporte à l'article 9 de la proposition de loi et sera examiné à l'occasion de cet article.

*3<sup>e</sup> Contre-projet.* M. le secrétaire croit devoir faire connaître dès à présent à la Commission un troisième Contre-projet qu'elle jugera digne de toute son attention, en raison de la grande compétence de son auteur, M. Husson. Il a été rédigé sur la prière de M. Th. Roussel et à la suite de conversations sur les questions que M. Husson a traitées avec tant de netteté devant la Commission. Ce contre-projet en 11 articles est ainsi conçu :

### Article premier.

Dans tous les lieux où l'utilité en a été reconnue, il est institué sur les enfants âgés de moins de 2 ans et placés en nourrice ou en sevrage, moyennant salaire, une surveillance ayant pour objet de préserver leur santé et leur vie.

17

Cette surveillance est confiée à l'autorité publique ; elle est exercée par des médecins inspecteurs nommés par le préfet, sans préjudice des visites qui peuvent être faites tant par les maires des communes de la résidence des nourrices que par les personnes déléguées ou autorisées à cet effet.

### Art. 2.

Toute personne qui, moyennant salaire, reçoit chez elle un nourrisson ou un enfant en sevrage, est tenue sous les peines portées en l'art. 346 du Code pénal : 1° D'en faire la déclaration au maire de la commune de son domicile dans les trois jours de l'arrivée de l'enfant ; de renouveler, dans le même délai, en cas de changement de domicile, sa déclaration à la mairie de la commune de sa nouvelle résidence ; 3° de déclarer dans les 24 heures le retrait de l'enfant qui lui a été confié ou son décès, s'il vient à mourir pendant la durée de l'allaitement ou du sevrage.

Les déclarations dont il s'agit sont inscrites sur un registre ouvert à la mairie par les soins du maire et coté, paraphé et vérifié par le juge de paix du canton.

L'absence ou la tenue irrégulière de ce registre peut être punie conformément à l'article 50 du Code civil.

### Art. 3.

Les certificats qui sont délivrés par les maires pour attester la moralité d'une nourrice, l'âge de son dernier enfant, la salubrité de sa demeure et la possession d'un berceau sont dressés dans les formes prescrites par les règlements.

L'infraction à cette disposition peut donner lieu à l'application de l'article 50 du Code civil, sans préjudice de la pénalité établie par l'article 155 du Code pénal, dans le cas où le certificat délivré contiendrait des énonciations reconnues fausses.

### Art. 4.

Sont soumis à la surveillance établie par l'article 1er, toute personne ayant chez elle un nourrisson, un ou plusieurs enfants en sevrage, les bureaux de placement et tous autres intermédiaires.

Le refus de recevoir la visite du médecin-inspecteur, celle du maire de la commune, ainsi que des personnes déléguées ou autorisées, peut entraîner l'application d'une amende de 1 à 15 fr. ; un emprisonnement de 1 à 4 jours peut être prononcé si le refus dont il s'agit est accompagné d'injures ou de violences.

### Art. 5.

Toute personne qui, sans autorisation du Préfet de police, dans le département de la Seine, et du préfet, dans les autres départements, ouvre ou dirige un bureau de placement de nourrices et d'enfants ou qui, ayant été dûment autorisée, néglige de se conformer aux conditions qui lui ont été imposées, peut être punie d'une amende de 1 à 15 fr.

La même peine peut être prononcée contre tout intermédiaire qui, sans autorisation préalable, entreprend de placer des enfants en nourrice ou en sevrage.

Si, par suite de la contravention, il est résulté un dommage quelconque pour la santé d'un ou de plusieurs enfants, la peine de l'emprisonnement portée par l'art. 430 du Code pénal sera appliquée, sans préjudice de la poursuite des faits qualifiés crimes ou délits.

Il est interdit aux directeurs des bureaux de placement, ainsi qu'à tous autres intermédiaires, sous peine d'une amende de 1 à 15 fr. d'exercer, sous quelque prétexte que ce soit, aucune retenue ou prélèvement sur le salaire des nourrices.

### Art. 6.

Un règlement d'administration publique déterminera les bases de l'organisation du service, les attributions et les devoirs des médecins inspecteurs et des personnes chargées des visites, celle des directeurs des bureaux de placement et de tous autres intermédiaires, la forme des déclarations, registres, certificats prévus par la présente loi et en général, toutes les mesures propres à en assurer l'exécution.

Il pourra être fait par les préfets, dans les limites tracées par la loi et par le règlement d'administration publique à intervenir, des règlements particuliers prescrivant les dispositions qu'exigeraient les circonstances ou les habitudes locales.

### Art. 7.

En dehors des pénalités spécifiées dans les articles précédents, l'infraction aux dispositions prescrites par les règlements, est passible d'une amende de 1 à 15 fr.

Sont applicables à tous les cas prévus par la présente loi, le dernier paragraphe de l'article 463 du Code pénal et les articles 482 et 483 du même Code.

### Art. 8.

Les mois de nourrice dus par les parents ou par toute autre personne font partie des créances privilégiées sur la généralité des meubles et prennent rang entre les n° 3 et 4 de l'art. 2101 du Code civil.

### Art. 9.

Tous les actes concernant l'exécution de la présente loi sont exempts des droits de timbre et d'enregistrement.

### Art. 10.

Les dépenses auxquelles cette exécution donnera lieu sont mises par moitié à la charge de l'Etat et des départements intéressés.

La portion à la charge des départements est supportée par les départements d'origine des enfants et par ceux auxquels appartiennent les communes où les enfants sont envoyés, proportionnellement au nombre desdits enfants.

Les bases de cette répartition sont arrêtées tous les trois ans par le Ministre de l'Intérieur.

Pour la première fois, la répartition sera faite d'après le nombre des enfants en nourrice ou en sevrage existant dans chaque département au moment de la promulgation de la présente loi.

### Art. 11.

Chaque année le Ministre de l'Intérieur rendra compte au Président de la République, dans un rapport moral et statistique, de l'exécution des dispositions qui précèdent.

Ce rapport sera imprimé et distribué à l'Assemblée nationale à l'appui des propositions de crédit pour le prochain exercice.

---

4° *Contre-projet*. M. THÉOPHILE ROUSSEL rappelle que dans *l'Exposé des motifs* qui précède la Proposition de loi, il a indiqué des raisons de convenance qui l'ont décidé à présenter, sans aucune modification, le texte adopté en 1870, par la Commission dont M. de Royer était le président et M. de Beauverger le rapporteur. Mais en respectant le caractère originel de ce texte, M. Th. Roussel n'avait pas renoncé à l'améliorer, et il avait annoncé qu'il produirait au cours de la discussion les modifications dont il le croyait susceptible. Il demande à la Commission la permission de lui soumettre, dès à présent, ces modifications, assez importantes et assez nombreuses pour constituer encore un Contre-projet. Le but visé dans cette rédaction nouvelle, en 14 articles, a été de caractériser plus fortement le but de la loi, d'en simplifier autant que possible les dispositions et de séparer avec soin, suivant une expression plusieurs fois employée ici, le *législatif* de *l'administratif* ou du *réglementaire*,

Cette proposition est ainsi conçue :

### Article premier.

Tout enfant, âgé de moins de deux ans, qui est placé moyennant salaire, en nourrice, en sevrage ou en garde, hors du domicile de ses parents, devient, par ce fait, l'objet d'une surveillance de l'autorité publique, ayant pour but de protéger sa vie et sa santé.

### Art. 2.

La surveillance instituée par la présente loi est confiée au Préfet de police, dans le département de la Seine, et aux préfets, dans les autres départements.

Il sera formé au chef-lieu de chaque département un *Comité* gratuit, qui s'occupera, sous la présidence du Préfet, de tout ce qui concerne la surveillance et la protection ci-dessus mentionnées.

Il sera formé en outre dans les localités où l'utilité en sera reconnue, des Commissions locales gratuites de surveillance et de protection dont l'action sera combinée avec celle du Comité départemental.

Il est institué à Paris un *Comité supérieur*, gratuit, de protection des enfants du premier âge, dont les membres seront nommés par le Président de la République.

### Art. 3.

Dans chacun des départements ou dans toute partie de département où l'utilité d'établir une inspection médicale des enfants en nourrice, en sevrage ou en garde, aura été reconnue par le Ministre de l'Intérieur, sur l'avis du Comité supérieur, un ou plusieurs médecins seront chargés de cette inspection.

La nomination de ces inspecteurs appartiendra aux Préfets.

### Art. 4.

Sont soumis à la surveillance instituée par la présente loi toute personne ayant un nourrisson, ou un ou plusieurs enfants en sevrage ou en garde, placés chez elle, moyennant salaire ; les bureaux de placement, et tous les intermédiaires qui s'emploient au placement des enfants en nourrice, en sevrage ou en garde.

Le refus de recevoir la visite du médecin inspecteur, du maire de la commune, ou de toutes autres personnes déléguées ou autorisées en vertu de la présente loi, sera punie d'une amende de 1 à 15 fr.

Un emprisonnement de un à cinq jours peut être prononcé si le refus dont il s'agit est accompagné d'injures ou de violences.

### Art. 5.

Toute personne, père ou mère, ou en exerçant les droits, qui place un enfant en nourrice, en sevrage ou en garde, moyennant salaire, est tenue, sous les peines portées par l'article 346 du Code pénal, d'en faire la déclaration à la mairie de la commune où a été faite la déclaration de naissance de l'enfant.

Les parents ou leur ayant-droit, sont tenus, sous les mêmes peines, de remettre à la nourrice ou à la gardeuse un bulletin contenant un extrait de l'acte de naissance de l'enfant qui leur est confié.

### Art. 6.

Toute personne qui veut se procurer un nourrisson ou un ou plusieurs enfants en sevrage ou en garde, devra se munir préalablement et sous les peines portées à l'article 10 de la présente loi, des certificats exigés par les règlements, pour indiquer son état civil et justifier de son aptitude à nourrir ou à recevoir des enfants en sevrage ou en garde.

Toute déclaration ou énonciation reconnue fausse dans lesdits certificats, entraîne l'application des peines portées au paragraphe premier de l'article 155 du Code pénal.

### Art. 7.

Toute personne qui a reçu chez elle, moyennant salaire, un nourrisson ou un enfant en sevrage ou en garde, est tenue, sous les peines portées à l'article 346 du Code pénal:

1° D'en faire la déclaration à la mairie de la commune de son domicile, dans les trois jours de l'arrivée de l'enfant et de remettre le bulletin mentionné au 2° paragraphe de l'article 5.

2° De faire, en cas de changement de résidence, la même déclaration à la mairie de sa nouvelle résidence.

2° De déclarer, dans le même délai, le retrait de l'enfant par ses parents ou la remise de cet enfant à une autre personne, pour quelque cause que cette remise ait lieu.

### Art. 8.

Il est ouvert dans les mairies un registre spécial pour les déclarations ci-dessus prescrites.

Ce registre est coté, paraphé et vérifié tous les ans par le juge de paix. Ce magistrat fait un rapport annuel au procureur de la République qui le transmet au Préfet, sur les résultats de cette vérification.

En cas d'absence ou de tenue irrégulière du Registre, le maire est passible de la peine édictée à l'art. 50 du Code civil.

### Art. 9.

Nul ne peut ouvrir ou diriger un bureau de nourrices, ni exercer la profession d'intermédiaire pour le placement des enfants en nourrice, en sevrage ou en garde et le louage des nourrices, sans en avoir obtenu l'autorisation préalable du Préfet de police, dans le département de la Seine ou du Préfet, dans les autres départements.

Toute personne qui exerce, sans autorisation, l'une ou l'autre de ces professions, ou qui néglige de se conformer aux conditions de l'autorisation ou aux prescriptions des règlements, est punie d'une amende de 16 fr. à 100 fr. En cas de récidive, la peine d'emprisonnement prévue par l'art. 480 du Code pénal peut être prononcée.

Ces mêmes peines sont applicables à toute sage-femme ou à tout autre intermédiaire qui entreprend, sans autorisation, de placer des enfants en nourrice en sevrage ou en garde.

Si, par suite de la contravention, ou par suite d'une négligence de la part d'une nourrice ou d'une gardeuse, il est résulté un dommage pour la santé d'un ou de plusieurs enfants, la peine de l'emprisonnement de 1 à 5 jours peut être prononcée.

En cas de décès d'un enfant, l'application des peines portées à l'art. 319 du Code pénal peut être prononcée.

### Art. 10.

Un règlement d'administration publique déterminera :

1° L'organisation du service de surveillance et de protection institué par la présente loi ; l'organisation, la composition et les attributions du Comité supérieur, des Comités départementaux et des Commissions locales ; la participation qui pourra être donnée dans le fonctionnement de ces Comités et Commissions aux Associatios de bienfaisance légalement autorisées, notamment aux Sociétés de *Charité maternelle* et aux *Sociétés protectrices de l'Enfance.*

2° L'organisation de l'inspection médicale ; les attributions et les devoirs des médecins-inspecteurs ; le traitement de ces inspecteurs ; les attributions et devoirs de toutes les personnes chargées des visites.

3° Les obligations imposées aux nourrices, aux directeurs des bureaux de placement et à tous les intermédiaires du placement des enfants.

4° La forme des déclarations, registres, certificats des maires et des médecins, et autres pièces exigées par les règlements.

Il pourra être fait par les préfets, sur l'avis des comités et dans les limites tracées par le Règlement d'administration publique à intervenir, des Règlements particuliers prescrivant des dispositions en rapport avec les circonstances et les habitudes locales.

### Art. 11.

En dehors des pénalités spécifiées dans les articles précédents, toute infraction aux dispositions de la présente loi et des réglements d'administration publique qui s'y rattachent, sera punie d'une amende de cinq à vingt-cinq francs.

Sont applicables à tous les cas prévus par la présente loi le dernier paragraphe de l'art. 463 du Code pénal et les articles 482 et 483 du même Code.

### Art. 12.

Les mois de nourrice dus par les parents ou par toute autre personne, font partie des créances privilégiées sur la généralité des meubles, et prennent rang entre les n°s 3 et 4 de l'art. 2201 du Code civil.

### Art. 13.

Il sera publié, chaque année, par les soins du Ministre de l'Intérieur une statistique détaillée de la mortalité des enfants du premier âge et spécialement des enfants placés en nourrice, en sevrage ou en garde.

Tous les ans le Ministre de l'Intérieur adressera au Président de la République un rapport officiel sur l'exécution de la présente loi. Il proposera, s'il y a lieu, après avis du Comité supérieur, d'accorder des subventions aux Comités départementaux, des récompenses honorifiques aux médecins chargés de l'inspection ou aux membres des Comités départementaux et des Commissions locales, qui se seront distingués dans l'accomplissement de leu mission.

### Art. 14.

Les dépenses du Comité supérieur, les frais occasionnés par l'exécution de l'art. 14 et la moitié des frais de l'inspection médicale instituée par l'art. 4, sont à la charge de l'Etat.

Les crédits nécessaires pour couvrir ces dépenses seront l'objet d'un chapitre spécial dans le Budget de l'Etat.

Les autres dépenses résultant de l'exécution de la présente loi seront à la charge des départements intéressés. Elles seront supportées par les départements d'origine des enfants et par ceux où les enfants sont placés en nourrice, en sevrage ou en garde, proportionnellement au nombre desdits enfants.

Les bases de cette répartition sont arrêtées tous les trois ans par le Ministre de l'Intérieur.

Pour la première fois, la répartition sera faite d'après le nombre des enfants en nourrice ou en sevrage existant dans chaque département au moment de la promulgation de la présente loi.

# XVI.

## Suite de la discussion de la proposition de loi. Rôle des Sociétés protectrices de l'Enfance. — Composition et attributions des Conseils départementaux.

Séance du 4 mars.

Après un examen sommaire des trois principales rédactions qui lui sont soumises, la Commission décide que la nouvelle proposition de M. Théophile Roussel sera prise pour texte de discussion. M. le Président invite en conséquence M. Th. Roussel à la faire imprimer à titre d'Amendement, afin que chacun puisse avoir ce texte sous les yeux dès la prochaine réunion et que les délibérations en soient rendues plus faciles et plus rapides.

M. Houssard fait remarquer que dans la rédaction qui vient d'être adoptée comme texte de discussion, il n'est pas fait mention des sociétés protectrices de l'enfance, ni du rôle qu'elles seront appelées à jouer dans l'application de la loi. Parmi les amendements présentés à la Commission au nom de ces sociétés il en est un cependant qui paraissait devoir être accueilli avec une certaine faveur. Cet amendement portait que le comité de protection à instituer dans chaque chef-lieu de département, aurait un tiers de ses membres pris parmi les membres des conseils d'administration des sociétés protectrices de l'enfance. M. Houssard estime que l'omission d'une mention de ces sociétés dans la loi aurait pour effet de les décourager, et de paralyser ainsi l'esprit d'association qu'il faudrait au contraire stimuler par tous les moyens.

M. Théophile Roussel répond qu'on ne doit pas conclure de ce que sa proposition ne fait pas figurer nominativement les sociétés protectrices dans le texte de la loi qu'il voudrait écarter ces sociétés et leur refuser une participation à l'exécution de la loi. Il a pensé seulement qu'il est plus convenable que cette participation soit déterminée, réglée et mesurée par le règlement d'administration publique que dans la loi elle-même. Il suffit de remarquer que les sociétés protectrices, dont la plus ancienne, celle de Paris, remonte à 1865, ne sont encore qu'au nombre de huit, en y comprenant celle d'Alger, pour reconnaître d'abord qu'on ne peut attendre d'elles qu'un concours partiel, local, restreint, tandis que la loi doit recevoir une application générale. Cette application doit donc être réglée et assurée partout indépendamment d'un moyen d'exécution fortuit et précaire, tel que celui qui résulterait du concours des sociétés protectrices.

M. Th. Roussel ajoute ensuite, que membre de la Société protectrice de Paris et portant un sincère intérêt au développement d'associations aussi utiles, il est convaincu qu'on leur nuirait plus qu'on ne les servirait en voulant leur assigner un rôle qui ne convient qu'à l'autorité publique. Les sociétés protectrices pour lesquelles l'indépendance et la spontanéité sont le meilleur ressort et, en quelque sorte, l'âme, auraient tout à perdre et rien à gagner à recevoir des attributions légales qui tendraient à les transformer en un mécanisme administratif. Et ce n'est pas là une manière de voir isolée. La Commission n'a pas oublié que cette opinion a été développée devant elle par le vice-président de la société protectrice de Paris, et les appréhensions exprimées alors par M. le Dr Bergeron, sont partagées par beaucoup de membres zélés et autorisés de cette société.

Assurément les sociétés protectrices peuvent rendre, ont rendu déjà et rendront surtout dans l'avenir, de grands et nombreux services dans la surveillance des nourrissons et dans l'inspection médicale qui sont un des principaux objets de la loi en discussion. Mais l'expérience et les faits sont là pour témoigner qu'il est un autre rôle qui leur convient encore davantage, et dans lequel l'administration, qui peut très bien surveiller et inspecter, ne saurait les remplacer; ce rôle est celui qu'elles ont inscrit elles-mêmes en première ligne dans leurs statuts : « Encourager, propager, faciliter l'allaitement maternel. »

Jusqu'à ce moment, en l'absence d'une loi de protection, les sociétés protectrices ont dû prendre la place de l'autorité publique désarmée, en surveillant, autant qu'elles l'ont pu dans leur sphère d'action, l'allaitement mercenaire, en organisant des comités locaux, en recueillant des renseignements sur la santé des enfants et la moralité des nourrices, en signalant à la justice des délits et des crimes dont les nourrissons seraient les victimes. Mais lorsque la loi qui se prépare aura allégé pour elles ce fardeau, ne leur restera-t-il pas encore une tâche bien grande et relevée, dans l'accomplissement

18

de laquelle rien ne peut égaler l'esprit de charité dont elles sont une des plus belles manifestations ? Rechercher les mères pauvres qui voudraient nourrir et qui le pourraient avec un peu d'aide (on sait combien sont nombreuses celles qui ne peuvent être secourues par les sociétés de charité maternelle ou qui ne peuvent recourir aux crèches) ; Donner à ces mères, non-seulement l'assistance matérielle nécessaire, mais encore de salutaires enseignements ; combattre les erreurs et les préjugés funestes à l'enfance en particulier, les routines relatives à l'alimentation des nouveaux-nés et des nourrissons, et aux soins à leur donner ; répandre des notions pratiques d'hygiène. Cette action sur les habitudes invétérées et sur les mœurs, si elle était exercée avec ensemble, énergie et persévérance, compterait pour une part notable dans ce qu'on appelle aujourd'hui la régénération du pays, car elle aurait pour effet de fortifier et de régénérer la famille, qui est l'élément primordial et le fondement de tout ordre social.

M. Houssard dit qu'il ne demande pas l'adoption du contre-projet qui avait été imprimé et distribué au nom d'une société protectrice et auquel les délégués des sociétés avaient eux-mêmes renoncé, lorsqu'ils sont venus devant la Commission. Mais ces délégués ont insisté sur une rédaction de l'article 9 de la proposition de loi, d'après laquelle il serait fait aux sociétés protectrices une place déterminée dans les comités départementaux à instituer.

C'est dans cette mesure seulement, que M. Houssard demande que l'intervention des sociétés soit inscrite dans la loi.

M. de Melun dit qu'il n'est pas possible que la loi confère des attributions générales, fixes et obligatoires aux sociétés protectrices. Mais pour donner satisfaction au vœu exprimé par M. Houssard, dans la mesure restreinte où il vient d'être enfermé, peut-être pourrait-on faire figurer cette question du rôle à donner à ces sociétés, dans l'article de la proposition de loi qui énumère les points sur lesquels devra porter le règlement d'administration publique à intervenir. En tout cas, il invite M. Théophile Roussel à examiner, dans la mesure qui vient d'être indiquée, si la mention demandée par M. Houssard, ne pourrait pas trouver place dans un des articles de la nouvelle rédaction qu'il doit faire imprimer sous forme d'Amendement à la proposition première et qui doit servir de texte de discussion.

M. Théophile Roussel répète qu'il partage l'opinion de M. Houssard, qui est celle de la Commission entière, sur la convenance de donner place dans les comités départementaux, aux sociétés protectrices, là où ces sociétés existent ; aussi avait-il porté à l'art. 10 de sa proposition que le Règlement d'administration publique à intervenir leur assignerait cette place, de même qu'aux autres associations de bienfaisance qui s'occupent de l'enfance. Toutefois si la Commission était disposée à donner satisfaction à la réclamation de M. Houssard, en mentionnant les Sociétés protectrices dans la loi, M. Théophile Roussel pense, que cette mention peut être faite sans inconvénients, à la condition de ne leur assigner aucun rôle particulier, et de n'empiéter en rien sur le domaine des règlements locaux. Il présentera, à la prochaine séance, une rédaction conçue dans ce sens.

**M. Théophile Roussel** donne lecture de la nouvelle rédaction dans laquelle il est dit que trois membres (sur neuf), du Comité départemental seront pris parmi les membres des associations de bienfaisance, notamment des Sociétés protectrices de l'Enfance, des Sociétés de charité maternelle, des Sociétés de Crèches, etc.

**M. Houssard** combat cette rédaction. Ne devons-nous pas, dit-il, faire entrer plus avant dans le fonctionnement de la loi les Sociétés qui s'occupent de l'Enfance, et ne pas abandonner la composition des Comités départementaux à l'arbitraire des préfets et au mauvais vouloir des bureaux des préfectures? N'avons-nous pas vu que l'Administration a été jusqu'à ce jour impuissante et que les Comités de patronage, décrétés en 1862, sont restés sans résultats entre ses mains? Il faut profiter de cette expérience; il faut s'adresser à l'Esprit d'association et à l'initiative privée qui ont été paralysés plutôt qu'encouragés jusqu'ici par l'omnipotence administrative. M. Houssard propose en conséquence de modifier la rédaction dont il vient d'être donné lecture et de décider, conformément à la demande des délégués des Sociétés protectrices, qu'on réglera complètement la composition du Comité départemental et qu'un tiers de ses membres sera choisi parmi les membres du Conseil d'administration des Sociétés protectrices de l'Enfance ou, à leur défaut, parmi les membres des institutions de bienfaisance qui s'occupent de l'Enfance.

**M. de Tillancourt** dit qu'il lui paraît bien difficile d'admettre que la loi fasse nominativement une part spéciale à des sociétés qui sont en si petit nombre en France, tandis qu'il y a tant d'autres associations plus répandues qu'on ne nommerait même pas. Il y a évidemment des inconvénients à vouloir régler ainsi les choses d'avance.

**M. Théophile Roussel** dit qu'on ne saurait prétendre que la composition des Comités départementaux est abandonnée à l'arbitraire des préfets et au mauvais vouloir des bureaux de préfecture. Il suffit de lire le texte de la nouvelle rédaction de l'article 2, pour reconnaître que les bureaux de préfecture n'ont rien à voir dans cette question, que ce sont les Comités eux-mêmes, sous la présidence du préfet, et non ces bureaux, qui présideront à l'application de la loi dans chaque département. N'est-il pas évident aussi que la composition des Comités n'est nullement livrée à l'arbitraire préfectoral?

Enfin M. **Houssard** est-il bien fondé à présenter comme un argument favorable à sa proposition l'expérience des Comités de patronage de 1862? Jamais ces Comités n'ont été *décrétés*, comme il l'a dit. Jamais aucune loi, aucun décret n'en ont prescrit, réglé, ni généralisé la création. C'est par une simple circulaire, par une instruction ministérielle de M. de Persigny qu'il a été enjoint aux Préfets de l'Empire d'établir des Comités en faveur des Enfants assistés. L'Enquête de 1860, avait démontré que des Comités locaux établis dans ce but, étaient très propres à constituer une surveillance de toute heure que ni l'inspecteur du service, ni les autorités administratives ne pouvaient donner à ces enfants. Le ministre de l'Intérieur voulut étendre le champ de ces expériences. Son instruction du 2 novembre 1862, contient de bonnes indications sur la composition des Comités ; mais il n'y a jamais eu là ni l'autorité, ni les sanctions d'une loi. Les Comités qui ont été établis par suite de l'instruction ministérielle ont, comme on devait s'y attendre, fonctionné tantôt bien, tantôt mal, suivant les circonstances et suivant les ressources des localités en personnel. Leur vice n'a pas tenu à leur composition mais à l'inconsistance de leur constitution originelle, et c'est précisément ce défaut que nous cherchons à éviter dans la loi actuelle, en instituant des Comités en faveur des nourrissons. Il n'y a donc pas lieu d'invoquer ici comme un argument contraire, l'expérience des Comités de patronage des Enfants assistés.

M. le comte Rampon dit que dans son département (l'Ardèche) les comités n'ont jamais rien fait.

M. Théophile Roussel dit qu'il en a été de même dans son département (la Lozère) ; mais que dans d'autres départements, ils ont rendu des services très-signalés ; dans plusieurs on les a vus fonctionner très-bien pendant un temps ; puis ne plus fonctionner : tel est, par exemple, le cas d'un département voisin du pays de M. Houssard, le département de Loir-et-Cher.

M. Amat revient à la question du rôle à attribuer aux sociétés protectrices de l'enfance. La Proposition première ne leur en attribuait aucun. M. Roussel, dans sa rédaction nouvelle, a inscrit leur nom. Il y a une satisfaction donnée aux aspirations de ces sociétés. Cette satisfaction est-elle suffisante ? Il convient sans doute de laisser au Conseil d'Etat le soin de régler les détails : mais ne conviendrait-il pas en même temps, de prendre des garanties contre les envahissements possibles de l'Administration ? On reconnaît que celle-ci n'a pas fait pour les enfants assistés, ce qu'on était en droit d'attendre d'elle. On a fait beaucoup de lois et dit beaucoup de belles paroles depuis l'époque où l'Assemblée constituante appelait les enfants trouvés : *les enfants de la patrie*. Quel est cependant, encore aujourd'hui, le sort de ces enfants ? Il faut que la loi que nous préparons soit plus prévoyante. Laissons au préfet la part d'action qui lui convient : mais assurons-nous la participation large et sérieuse des associations de bienfaisance. Si on ne formule rien ; si on ne précise pas ; si on se borne à dire que les sociétés protectrices seront représentées dans les comités, il arrivera que le préfet choisira des membres qui seront ses créatures et qu'il s'assurera ainsi l'omnipotence.

M. de Melun est d'avis que si l'on consent à fixer dans la loi la place à donner aux sociétés protectrices de l'enfance, il faut examiner à fond la question de la composition des comités départementaux. C'est une question à aborder dans son ensemble, au lieu de ne l'aborder que par un détail. On ne peut pas décider cette composition pour un tiers et ne rien dire des deux autres tiers.

M. Houssard dit que la rédaction présentée par les délégués des sociétés protectrices répond à cette pensée de M. de Melun. Il propose de l'adopter.

M. Théophile Roussel dit qu'il ne croit pas que cette rédaction puisse remplacer avec avantage celle qui a été lue au commencement de la séance.

Il regrette, dans l'intérêt de la protection des nourrissons, de voir rechercher des dispositions qui pourront sembler inspirées par une défiance excessive et mal fondée, dans ce cas particulier, du pouvoir administratif.

De quoi s'agit il. en effet? d'édicter sur une matière délicate, difficile, très-complexe, des prescriptions pratiques et d'établir des responsabilités sérieuses, sans lesquelles tout l'édifice s'écroulera par sa base. M. Houssard veut faire des Comités départementaux, le principal rouage de la loi. et dans ces Comités, donner la principale place aux sociétés protectrices de l'enfance. On a même proposé dans cet ordre d'idées, de confier aux Comités la gestion financière et le maniement des fonds nécessaires à l'exécution de la loi. Mais si l'arbitraire des Préfets est redoutable à ce point; si, d'autre part, les sociétés sont aptes, à ce point, à se substituer à l'autorité publique que les Préfets représentent, il faut être conséquent : il faut revenir sur toutes nos décisions antérieures ; il faut supprimer l'article premier dans lequel il est dit : que la surveillance instituée par la présente loi, est confiée aux préfets; il faut dire qu'on confie cette surveillance aux Comités départementaux : on aura alors à organiser à nouveau un système de direction et surtout de responsabilité collectives, quoique l'expérience ait trop démontré que c'est là le pire des systèmes, surtout en matière de responsabilité. Mais si, comme la Commission l'a décidé précédemment, d'une voix unanime, on entend attribuer la responsabilité de l'exécution de la loi à l'autorité publique, c'est-à-dire au Préfet, on ne doit pas lui refuser le pouvoir nécessaire, ni s'attacher avec tant de soin à entourer d'entraves son action.

Pourquoi, dans quel but, le Préfet chercherait-il à exercer son pouvoir dans un sens contraire à l'esprit de la loi et au but d'humanité qu'elle poursuit ? Il ne s'agit ici ni d'élections, ni de politique. Il s'agit d'une œuvre humanitaire, qui ne peut s'accomplir sans une action directe, soutenue, générale de l'autorité publique. Si l'action des sociétés et l'initiative des particuliers y suffisaient, nous ne préparerions pas, en ce moment, le projet de loi.

En résumé, pour ce qui concerne les Comités départementaux, il faut que la Commission prononce définitivement entre deux systèmes : seront-ils *exécutifs*, ou simplement *consultatifs*? S'ils devaient être exécutifs, il faudrait remanier tout le projet et leur remettre des pouvoirs complets avec la responsabilité de l'application de la loi; s'ils sont purement consultatifs, il faut, tout en les associant le plus étroitement possible à la direction et à l'action du Préfet responsable, laisser à celui-ci la part de pouvoir indispensable pour couvrir sa responsabilité.

M. Bouisson dit qu'en pareille matière, l'expérience démontre assez que l'action des Préfets, loin d'avoir des inconvénients, ne peut qu'être utile et avantageuse.

M. Schœlcher, pense que personne n'entend pousser les choses aux conséquences rigoureuses qui viennent d'être indiquées, ni à changer aucune des bases précédemment adoptées. Il s'agit seulement de remanier la rédaction de l'article 2 et de voir s'il ne serait pas possible d'arrêter les bases de la composition des Comités, qui auront une part si capitale dans l'application de la loi.

Après une discussion à laquelle prennent part MM. Ed. Charton, de Gouvello, Houssard, Amat, comte Rampon, de Melun et Théophile Roussel, la Commission décide qu'une sous-Commission, composée de MM. de Gouvello, Houssard, Amat et Théophile Roussel, sera chargée de préparer une rédaction de l'article 2, comprenant les bases de la composition des Comités départementaux, des Commissions locales et du Comité supérieur.

Cette rédaction, présentée par la Sous-Commission dans la séance du 18 mars, a été adoptée par la Commission à l'unanimité, et est devenue l'article 2 du projet de loi.

## XVII.

### Réponse du Ministre de l'Intérieur au sujet des questionnaires à envoyer aux Conseils d'hygiène et aux Maires.

M. LE PRÉSIDENT lit une lettre de M. Durangel, conseiller d'Etat, Directeur de l'Administration départementale et communale qui annonce que les deux questionnaires adressés à M. le Ministre de l'Intérieur, seront envoyés et recommandés, ainsi que le demande la Commission, par l'Administration, aux préfets qui les transmettront aux maires et aux conseils d'hygiène. « Mais je dois, ajoute M. Durangel, vous prévenir qu'il ne figure au Budget du Ministère aucun crédit sur lequel puissent être prélevés les frais d'impression de ces tableaux. Toutefois des renseignements sont demandés à l'Imprimerie nationale sur le chiffre approximatif auquel ils s'élèveraient. L'Administration communiquera ces indications à la Commission lorsqu'elle les aura reçues. »

(Ultérieurement et dans une lettre à M. le Président de la Commission, en date du 21 mai, M. le Directeur de l'Administration départementale et communale, fait connaître que, d'après les évaluations de M. le Directeur de l'Imprimerie nationale, les frais d'impression à 45,000 exemplaires ne dépasseraient pas le chiffre de 500 fr. « Je n'ai pas besoin d'ajouter, dit ensuite M. Durangel, que je me mets d'avance à la disposition de la Commission soit pour l'envoi, soit pour le dépouillement des questionnaires. »

La Commission a décidé que M. le secrétaire est chargé de s'adresser en son nom à M. le Président de l'Assemblée et de demander que les frais d'impression soient imputés au compte des dépenses de l'Assemblée nationale).

## XVIII.

**Notes sur les Bureaux de nourrices de Paris. Parents des nourrissons parisiens. Surveillance médicale des nourrissons par les inspecteurs de la Société protectrice de l'Enfance. Age du dernier enfant des nourrices. Allaitement de deux enfants par une seule nourrice. Insuffisance du service médical et de la réglementation générale, résultant de l'ordonnance de police du 20 juin 1842. Primes aux sages-femmes et aux accoucheurs.**

M. le Président ayant donné lecture de l'article 9, dont l'ordre du jour Séance du 18 mars, amène la discussion, M. Théophile Roussel fait part à la Commission des renseignements qu'il s'est chargé de prendre sur la situation actuelle des bureaux de nourrices de Paris. Convaincu de la nécessité, pour bien apprécier les réformes dont l'industrie nourricière est susceptible, d'examiner de près cette industrie dans tous ses détails pratiques, il a visité successivement le bureau municipal des nourrices, l'hospice des enfants assistés de la Seine, et les douze bureaux particuliers de placement soumis au contrôle de la préfecture de police. Il continue cette investigation, à laquelle MM. Schœlcher et de Melun ont bien voulu plus d'une fois s'associer, par la visite des crèches et des garderies d'enfants appelées généralement *maisons de sevrage*. Il cherchera à la compléter en étudiant d'aussi près que possible, malgré le mystère dont la plupart s'entourent, les maisons d'accouchement.

Il a hâte de confirmer ce que M. Schœlcher disait, au début de la séance, de l'exagération du reproche de profonde indifférence sur le sort des enfants envoyés en nourrice, dont la population parisienne est l'objet. D'après des explications données par les directeurs des bureaux de placement, il y a lieu de penser que la majorité des parents appartenant aux classes ouvrières (même dans la catégorie des filles-mères qui travaillent et qui paient les mois de nourrice avec le produit de leur travail), vient régulièrement, chaque mois, demander des nouvelles des enfants en portant le montant du mois de nourrice. Quant aux parents retenus chez eux par leur travail ou par d'autres causes, ils reçoivent tous les mois des nouvelles par le meneur ou la meneuse qui a conduit la nourrice de leur enfant et qui est chargé de toucher à domicile les mois de nourrice. Ces agents sont en effet constamment porteurs d'un registre que le règlement de police leur impose et à l'une des colonnes duquel sont inscrits, chaque mois, des renseignements sommaires sur la santé et la tenue des nourrissons. C'est ainsi, ajoute M. Th. Roussel, que M. Schœlcher et moi avons appris, non sans quelque soulagement, que si beaucoup de parents n'ont pas répondu aux avances de la Société protectrice de l'enfance de Paris, cela s'explique pour une partie d'entr'eux au moins, par cette circonstance, qu'ils obtenaient régulièrement

des nouvelles par le bureau de nourrice. Il n'y aurait pas ainsi à les accuser
d'un déplorable endurcissement de cœur.

Il est un autre point sur lequel M. Th. Roussel ne sera pas démenti par M.
Schœlcher : d'après leurs impressions et les témoignages qu'ils ont recueillis,
la moyenne des meneurs et meneuses paraît valoir un peu (1) mieux que sa
réputation. Quant aux directeurs des bureaux, il faut rendre à la plupart
d'entre eux la justice que leur rendait M. Husson lorsqu'il nous a dit que les
bureaux particuliers valent mieux qu'autrefois. Plusieurs de ces industriels,
appelés autrefois *Logeurs de nourrices*, sont des hommes intelligents, zélés et
qui cherchent à fonder leur clientèle sur la notoriété des services rendus.
Deux d'entr'eux, MM. Cudot et Lentaigne, membres de la Société Protectrice
de l'Enfance, viennent d'adresser à M. Th. Roussel un mémoire détaillé,
vrai plaidoyer, contre la concurrence que le Bureau municipal fait aux bureaux dépendant de la Préfecture de Police.

Un passage de ce mémoire, relatif à la surveillance médicale des enfants,
mérite d'être mentionné. M. Cudot, qui effectue le placement de cent nourrissons au moins par mois et dont la clientèle est surtout fournie par les familles d'ouvriers du faubourg Saint-Antoine et par la population de petits
industriels et commerçants des quartiers du centre de l'ancien Paris, a pris
une initiative qui l'honore, celle de chercher à mettre sa clientèle en relations avec la Société Protectrice de l'Enfance. Le premier moyen qu'il a employé consistait à indiquer le bureau de cette Société à tous les parents prenant des nourrices par son intermédiaire. Il ne tarda pas à reconnaître l'insuffisance de ce moyen et prit la résolution de s'adresser lui-même à la Société protectrice, à laquelle il n'a pas cessé de transmettre les bulletins des
enfants placés par son bureau, « demandant à la Société, dit-il, de vouloir
bien nous communiquer les renseignements recueillis sur ces enfants. L'accueil le plus favorable fut fait à notre démarche. Mais le service gratuit demandé aux médecins de province n'a pas toujours eu le résultat que l'on en
attendait : le nombre des renseignements reçus a été petit. Tous les médecins en effet n'ont pas les mêmes facilités pour exercer une surveillance active ; pour un certain nombre le zèle des premiers mois ne s'est pas maintenu ; la retraite ou la mort ont interrompu le service dans maintes circonscriptions ; en sorte que les résultats de ce service gratuit de surveillance, tout
en étant très-importants, sont loin cependant d'être tout ce qu'on avait
espéré. »

« Dans le cas d'indisposition ou de maladie d'un enfant, est-il dit plus loin,
le rôle du médecin-inspecteur est rempli par le médecin cantonal, là où il y
en a ; et si l'on fait si souvent le reproche à la nourrice de ne pas faire appeler un médecin, c'est que le prix de la visite empêche la nourrice de le demander avant d'avoir consulté les parents, qui, très-souvent, refusent de

---

(1). Il nous a été cependant affirmé, de bonne source, que l'entente des meneuses avec les sages-
femmes pour des placements clandestins est loin d'être très-rare.

payer des frais relativement élevés et qui restent à la charge de la nourrice. »

On peut citer un autre passage du mémoire de MM. Cudot et Lentaigné comme un indice non douteux des effets que l'application sévère de quelques réformes depuis longtemps réclamées, doit exercer sur les pratiques actuelles de l'industrie nourricière. La Commission de 1869 n'a pas cru devoir placer dans la loi proprement dite la fixation d'une limite d'âge du dernier enfant des femmes qui veulent prendre un nourrisson ; mais l'article 2 du projet de réglement, précisant mieux que n'avait fait l'art. 1er de l'Ordonnance de police du 20 juin 1842 porte que : « *La nourrice devra être munie d'un certificat attestant que la naissance de son dernier enfant remonte à 5 mois ; qu'il est décédé ou pourvu lui-même d'une nourrice.* » Cette disposition d'une grande importance pour le placement des nourrices sur lieu et qui tend aussi à protéger les nourrissons des campagnes contre les abus du double allaitement simultané, est repoussée vivement au nom de l'industrie nourricière. Les auteurs du mémoire déclarent qu'en fait une nourrice sur lieu ne peut venir se placer convenablement à Paris que si son enfant est très-jeune, en sorte que la défense qui retarde son placement ne peut que nuire à elle et à son enfant. Quant aux nourrices de campagne , voici comment ils s'expriment : « Supprimer les nourrices ayant de jeunes enfants, alors même qu'elles doivent allaiter les deux enfants ensemble et en y suppléant au besoin par l'allaitement mixte, c'est supprimer d'un seul trait nos meilleures nourrices, celles qui nous donnent les meilleurs élèves. Il est rare qu'une nourrice ne puisse pas rendre son enfant dans de bonnes conditions, cet enfant étant sain, si elle est venue le chercher ayant un jeune lait, en procédant même par l'allaitement mixte. Elle peut le nourrir de cette façon jusqu'à 15 et 16 mois et passer heureusement la période la plus critique, celle de la dentition. » — « Sur cent nourrices s'adressant à nos établissements, disent enfin MM. Cudot et Lentaigne, trente au moins reviennent au bout de onze mois ou un an pour qu'il leur soit confié un second nourrisson. Le premier doit avoir au moins onze mois révolus et les parents de cet enfant signent une déclaration portant leur consentement à ce que la nourrice prenne un second nourrisson pour l'allaiter. Les parents accorderaient-ils cette permission si leur enfant, que la nourrice leur apporte toujours dans ce cas, n'était pas dans un état tout-à-fait satisfaisant et le laisseraient-ils reprendre pour le sevrage, s'ils avaient à se plaindre de cette nourrice ? »

L'article 4 du projet de règlement, contre lequel protestent ainsi les auteurs du mémoire n'est pas une innovation, car il ne fait que reproduire presque textuellement les termes de l'article IV de l'Ordonnance du 20 juin 1842, ainsi conçu : « *Une nourrice ne pourra se charger de plus d'un enfant pour l'allaiter.* » Il faut constater malheureusement qu'en pratique cette prescription est à peu près tombée en désuétude avec le consentement tacite de l'administration. Les réglements de police ont d'abord fixé pour limite à l'interdiction de prendre un second nourrisson, l'âge de 11 mois, considéré comme permettant le sevrage du premier. L'autorisation de prendre un second nourrisson est en outre subordonnée au consentement des parents du premier et à l'acceptation des parents du second. Mais le relâchement a été, comme toujours, prompt à s'introduire et a amené l'administration à tolérer que des nourrices se chargent d'un deuxième nourrisson, le premier n'étant âgé que de *dix mois*, quelquefois de *neuf* et souvent sans exiger le consentement des familles. Les suites de cette pratique sur la santé des nourrissons ont été si déplorables et si bien senties que l'administration a dû revenir à la prescription des onze mois et qu'elle a enjoint aux meneuses de s'y conformer rigoureusement. On prétend qu'il y a présentement peu de nourrices refusées pour cet abus. Quoi qu'il en soit et sans chercher dans le Mémoire qui vient d'être cité un motif à l'appui de soupçons peut-être mal fondés, nous croyons y trouver des raisons suffisantes d'un examen très-attentif de la double question qui vient d'être indiquée.

On vient d'apercevoir l'industrie nourricière de Paris par les côtés honorables de son personnel. Il semble inutile d'ajouter d'autres détails à ceux que la Commission connaît déjà sur les côtés qui ont provoqué une sorte de soulèvement de l'opinion et par suite l'intervention de la loi. Il faut reconnaître maintenant qu'au point de vue de l'installation matérielle, de la tenue, de la surveillance même, la plupart des bureaux se sont offerts à nous dans des conditions très-défectueuses. Rien n'est plus fâcheux que l'habitude passée en règle générale, d'envoyer les nourrices prendre leurs repas chez les petits traiteurs du voisinage. Les dortoirs des nourrices sont en général encombrés de lits et, en dépit des *réglements*, très-mal pourvus de berceaux. La pièce principale, qu'on appelle *salle de réception*, est presque partout sombre, étouffée, ou basse et humide : nous parlons des bureaux principalement affectés aux *nourrices de campagne*, car ceux qui ont la spécialité des *nourrices sur lieu* et auxquels s'adresse la clientèle riche, ont au moins une salle de luxe. Mais ces inconvénients des locaux sont encore moindres que ceux qui résultent de l'insuffisance du contrôle médical, qui tient lui-même à l'insuffisance de la réglementation générale telle qu'elle résulte de l'Ordonnance de police du 20 juin 1842.

Assurément cette ordonnance, œuvre de M. Gabriel Delessert, est un des actes de sollicitude administrative les plus louables qui ont été faits dans ce siècle en faveur des nourrissons. Elle a mis fin à beaucoup d'abus, tolérés dans le recrutement des nourrices et le placement des nourrissons, par l'ordonnance du 9 août 1828 qu'elle a abrogée ; elle a rétabli les certificats de nourrices ; elle a fait revivre les meilleures parmi les dispositions dont les anciennes *ordonnances royales*, les *lettres patentes*, les *déclarations du roi*, les *arrêts du Parlement*, les *sentences du Châtelet* et les anciennes *ordonnances de Police*, avaient fait sous l'ancienne monarchie, un véritable *Code des Nourrices*. Il suffit d'un rapprochement des textes pour reconnaître que presque tous les articles de cette Ordonnance ont été repris, presque sans changement, dans le travail de la commission de 1869. Les art. 1, 2, 3, 4, 5, 8, 10, 11 et 12 du projet de règlement préparé par cette Commission, en sont tirés textuellement. Ajoutons qu'il n'y a présentement rien de mieux à faire que de maintenir les articles de l'ordonnance de 1842 dans les dispositions réglementaires qui complèteront la loi que nous sommes chargés de préparer.

Le défaut le plus saillant en pratique de l'Ordonnance de 1842, est d'avoir négligé d'entourer les *certificats* des garanties nécessaires et, en particulier, de n'avoir rien établi pour l'examen sanitaire des nourrices. Il suffit, pour s'en convaincre, de voir comment les choses se passent aujourd'hui, tant à la Préfecture de Police que dans les bureaux de placement.

La Commission ne trouvera pas inutile de jeter un coup d'œil sur les rouages administratifs de cette industrie nourricière des Bureaux à Paris, tels qu'ils fonctionnent encore, sous l'empire de l'Ordonnance de 1842, soit pour l'établissement et l'organisation de ces Bureaux, soit pour le contrôle médical à exercer sur les nourrices et les nourrissons.

L'article VIII de l'Ordonnance porte que « *les personnes qui s'entremettent pour le louage des nourrices, sous quelque dénomination que ce soit, devront en faire la déclaration à la Préfecture de police.* » Aux termes de cet article, aucun Bureau ne peut être établi sans qu'une demande sur papier timbré ne soit adressée au Préfet par la personne qui désire être titulaire. Lorsqu'une demande de cette nature est faite, des renseignements sont demandés au commissaire de police du quartier sur lequel demeure le pétitionnaire, tant sur la moralité que sur la position pécuniaire et les antécédents de ce dernier. Une enquête est prescrite à l'effet de savoir si le local destiné à l'exploitation du Bureau, offre toutes les conditions sanitaires désirables. Le commissaire de police et l'inspecteur des maisons de santé de la circonscription fournissent un rapport à ce sujet, et si les conclusions de ce rapport sont favorables, le pétitionnaire en reçoit la notification par un arrêté d'autorisation. Nos visites ont malheureusement prouvé, comme on l'a vu plus haut, que, nonobstant les prescriptions de l'article VIII de l'Ordonnance, une partie des Bureaux actuels, se présente, quant aux locaux, dans des conditions très-mauvaises.

Le Bureau, une fois établi, le premier besoin du directeur est de se pourvoir d'un personnel d'agents pour le recrutement des nourrices : des *meneurs* et *des meneuses*. Aux termes du même article VIII, aucune personne ne peut exercer la profession de meneur sans avoir été préalablement inscrite à la police. Aux termes des règlements, tout meneur doit être attaché à un Bureau. Pour procéder au recrutement des nourrices, le directeur remet à chacun de ses meneurs et meneuses un certain nombre de certificats en blanc que ces agents distribuent dans leurs circonscriptions, et dont un exemplaire est remis à toute femme voulant se proposer pour nourrice, afin qu'elle le fasse remplir par le maire de sa commune.

Il est prescrit aux meneurs de n'amener à Paris que des nourrices munies des certificats exigés par l'article premier de l'Ordonnance de 1842.

Arrivée à Paris, la nourrice est conduite d'abord au Bureau auquel appartient le meneur ; c'est là, et non à la Préfecture de police, qu'il est satisfait à la prescription de l'art. 2 de l'Ordonnance portant que « *la nourrice devra se pourvoir, en outre, d'un certificat délivré par un docteur en médecine ou en chirurgie et attestant qu'elle réunit, sous le rapport sanitaire, toutes les conditions désirables pour élever un nourrisson.*

Ainsi, en règle générale, aujourd'hui, c'est le directeur du Bureau auquel les nourrices sont amenées, qui leur procure, moyennant le prix de 50 centimes que chacune d'elles paye, les certificats de médecin constatant les aptitudes à l'allaitement.

Munie ainsi des pièces réglementaires, la nourrice est (conformément à l'article 3 de l'Ordonnance) conduite à la préfecture de police, ou, sans autre examen et sur l'exhibition des certificats, il est procédé à son inscription sur un registre spécial ouvert à cet effet. La nourrice reçoit ensuite un certificat d'inscription délivré par le chef du 5° Bureau et elle le rapporte au directeur du Bureau de placement. Elle peut être, dès lors, pourvue d'un nourrisson.

Aussitôt qu'un placement est ainsi effectué par le directeur, celui-ci en donne avis à la police, par l'envoi au commissaire de son quartier, d'une pièce, appelée *Bulletin de départ*, dans laquelle il signale la nourrice, indique les jours de son arrivée et de son départ, fait connaître les nom, prénoms, sexe et état civil de l'enfant qui lui a été confié, avec la demeure de ses parents, conformément à l'article 14 de l'Ordonnance.

D'après l'art. 10 de l'Ordonnance il est « *interdit aux meneurs de reconduire les nourrices dans leurs communes avec des nourrissons, sans qu'elles soient munies de l'une des pièces indiquées à l'art. 5,* lequel porte que : *avant son départ pour le lieu de sa résidence, toute nourrice à laquelle un enfant aura été confié devra se munir de· l'acte de naissance de cet enfant, ou, à défaut, d'un bulletin provisoire de la mairie où la déclaration de la naissance aura été faite.* » D'après les règlements, un meneur doit toujours accompagner ses nourrices pendant leur voyage, *à moins d'empêchement légitime* ; il ne peut, (d'après l'article 11 de l'Ordonnance) emporter, ni faire emporter des enfants sans que ces enfants soient accompagnés des nourrices qui doivent les allaiter.

On vient de voir quel est, réglementairement, le rôle de l'agent de placement appelé *meneur* ou *meneuse*. Nous avons recherché quelles sont les précautions dont s'entoure l'administration lorsqu'une requête lui est adressée aux fins d'obtention d'une permission de meneur. Voici ce qu'on lit dans une pièce officielle : « Toute demande de cette nature doit être accompagnée d'un extrait du casier judiciaire et présentée par un directeur de Bureau de nourrice qui déclare accepter le requérant sous sa responsabilité personnelle pour être attaché à son établissement.

» Indépendamment de cette garantie, des renseignements sont demandés au maire de la commune ou au juge de paix du canton où réside le pétitionnaire sur la moralité, les antécédents et les ressources de ce dernier. Lorsque ces renseignements sont favorables, l'administration délivre la carte de meneur.

» Tout meneur ou meneuse est tenu d'avoir un registre sur lequel doivent être exactement inscrits les noms et domicile des nourrices, ainsi que les noms des nourrissons. Il mentionne sur le registre l'état de santé de ces enfants lors de sa dernière visite et la nature des soins dont ils étaient l'objet.

Chaque mois, il remet à la préfecture de police une feuille de renseignements qui est la copie de ce registre. »

Le paiement des mois de nourrices est une des questions les plus importantes de l'industrie nourricière. Les non-paiements ont amené, dans le passé, de véritables désastres et la direction municipale, qui, pour répondre aux besoins de la population la plus pauvre, est obligée d'assurer aux nourrices une certaine garantie, a vu son existence plusieurs fois compromise par la charge énorme de ces non-paiements. Dans les bureaux particuliers les directeurs, comme les meneurs, ne sont responsables que des sommes qui leur sont remises pour les nourrices. Pour faciliter aux familles les paiements et assurer la régularité des comptes, les bureaux se servent d'un double *Livret*. Ils remettent, à cet effet, aux parents un livret sur lequel ceux-ci inscrivent les sommes qu'ils déposent et aux nourrices un autre livret destiné à l'inscription des sommes que leur remettent les meneurs.

Ces livrets présentent quelques différences. Sur certains modèles de *Livrets de nourrice* on mentionne, non-seulement un extrait du Bulletin de naissance du nourrisson délivré à la nourrice, l'attestation par le Directeur des conditions du placement et un extrait de l'ordonnance de police, mais encore la recommandation à la nourrice de représenter chaque mois son livret au meneur, afin qu'il y inscrive exactement les sommes payées; il y est fait défense aux meneurs de payer les nourrices sans leur livret; on y porte enfin le premier Règlement de compte fait au départ de la nourrice.

Le *Livret des parents* contient généralement, sous la rubrique : *Règlement*, les indications suivantes : « Le prix des voyages (qui est fixé pour les nourrices de la campagne à 15 francs et qui est à la charge des parents), et les frais de bureau qui sont fixés à 3 francs.

» Le voyage, les frais de bureau et le premier mois de nourriture (de 22 à 25 fr.), doivent être acquittés d'avance au bureau avant le départ de la nourrice avec l'enfant. Moyennant 1 fr. par mois, les meneurs attachés au bureau sont chargés de transmettre le salaire des nourrices, versé au bureau par les parents, ainsi que le linge et les effets concernant les enfants.

» En cas de décès de l'enfant, le bureau se chargera du retour de la layette à condition que les frais d'inhumation aient été préalablement payés au bureau qui ne les fera remettre à la nourrice que contre la remise de la layette dont le port est fixé à 2 fr., etc. »

En cherchant, avec les chiffres indiqués ci-dessus, à faire le compte des frais de location d'une nourrice de campagne à Paris, on arrive au résultat suivant :

|  |  |  |
|---|---|---|
| Premier mois à payer par une famille.... | 1° Mois de nourrice (qui varie de 22 à 25 fr.). | 23 fr. |
|  | 2° Voyage de la nourrice (retour chez elle)... | 15 |
|  | 3° Frais de bureau....................... | 3 |
|  | Total à payer..... | 41 fr. |

Sur cette somme, le bureau retient à à la nourrice :

Pour les frais de placement et de logement............ 16 fr.
Pour visite et certificat du médecin du bureau........ » 50

16 fr. 50

Il reste ainsi à la nourrice 24 fr. 50 c., somme sur laquelle elle doit retrouver les frais de son voyage à Paris et la remise de 5 fr. due par elle au meneur, sans parler de sa nourriture et autres dépenses à Paris. On doit donc admettre, ainsi que les directeurs de bureau le reconnaissent, qu'il ne reste rien à la nourrice de campagne sur le montant du premier mois de nourrissage qui lui est payé d'avance. Ce fait est d'autant plus fâcheux que le second payement (de 22 à 25 fr.) ne s'effectue qu'à la fin du deuxième mois.

Si l'on cherche le bénéfice du bureau de placement, on trouve les chiffres suivants :

Retenue faite à la nourrice (ci-dessus)................. 16 fr.
Frais de bureau payés par les parents................. 3

Total........ 19 fr.

Sur ces 19 fr., le directeur du bureau doit payer :

Le montant de la prime ou remise à la sage-femme ou à l'accoucheur................................................... 10 fr.
La part du meneur sur chaque nourrice qu'il mène au bureau................................................... 3

Total........ 13 fr.

Ce qui réduirait à 6 fr. la somme qui revient au directeur du bureau sur chaque placement de nourrice et c'est sur ce produit qu'il faut payer le loyer, l'entretien du mobilier et tous les frais de l'établissement. Comme sur les douze bureaux de Paris, il n'en est qu'un petit nombre qui effectue annuellement plus de mille placements, on doit admettre, si toutefois aucun élément de profit n'a échappé à nos recherches, que l'industrie des bureaux de placement à la campagne, est, somme toute, une assez pauvre (1) industrie qui, honnêtement pratiquée, ne saurait enrichir ceux qui s'y livrent. Aussi avons-nous trouvé, sans étonnement, que plusieurs propriétaires de ces établissements seraient favorables à la pensée du rachat des bureaux et à la création d'un bureau central qui prendrait les caractères d'un service public. Nous

_______________

(1) Une directrice, madame X,..., nous donnait, le 10 février dernier, les résultats suivants de son industrie ;

avons entendu l'un d'eux évaluer à une somme d'environ 30,000 fr., la valeur moyenne de chacun des huit établissements de placement à la campagne qu'il faudrait supprimer pour cette transformation, en sorte que l'opération du rachat n'entraînerait pas une dépense excédant 250,000 fr.

Ces calculs ne s'appliquent pas à l'industrie du placement des nourrices sur le lieu, qui est plus lucrative, chaque placement donnant lieu à un prélèvement brut de 45 fr., au lieu de 16 fr.; mais nous n'avons pas à entrer dans le détail des combinaisons qui s'y rapportent (1), cette industrie ne devant nous occuper qu'en ce qui concerne le sort des enfants des nourrices, séparés de leurs mères par le fait du placement *sur lieu*.

On peut se faire une idée de l'ensemble des opérations de l'industrie nourricière qui se pratique à Paris sous le contrôle de la Préfecture de police par l'inspection des tableaux suivants dont nous devons les éléments à l'obligeance empressée de M. Lecour, chef de la 1re division de la Préfecture et de M. Rémy, chef du 5e bureau de cette division qui dirige le service des nourrices avec un dévouement très-éclairé.

| | | |
|---|---|---|
| Recettes.. | Produit du placement de 100 nourrices, sur lieu, à 30 fr..... | 3.000 fr. |
| | Produit du placement de 1.000 nourrices, à la campagne, à 6 fr. | 7.200 fr. |
| | | 10.200 fr. |

| | | |
|---|---|---|
| | Loyer................................................ | 6.600 fr. |
| | Chauffage ........................................... | 800 fr. |
| Dépenses.. | Blanchissage......................................... | 1.200 fr. |
| | Eclairage............................................ | 480 fr. |
| | Entretien des lits, etc............................... | 420 fr. |
| | | 9.500 fr. |

Bénéfice net d'un établissement évalué, en 1855, en partage de famille 25.000 fr. : 700 fr.

Il faut admettre comme devant donner lieu à une certaine augmentation de profits, les cas, rares, dit-on, où la prime n'est pas réclamée au bureau et ceux où la nourrice a son domicile distant de moins de 24 kilomètres. Dans ce cas, en effet, le bureau ne paye pas d'indemnité de voyage et réclame 20 fr. de la nourrice pour frais de placement. Il lui reste alors un bénéfice de 15 fr. au lieu de 6 fr.

(1) Ces bureaux font payer en moyenne aux familles 75 fr., comprenant 40 fr. d'à-compte à la nourrice sur son premier mois, pour payer son placement; 30 fr. d'indemnité pour le renvoi de son enfant chez elle; 5 fr. pour frais de bureau. Le bureau reçoit ainsi 45 fr. sur 75 fr. Sur ces 45 fr. il paye 5 fr. au meneur et 10 fr. à la sage-femme où à l'accoucheur. Il a donc un bénéfice de 25 fr.

Ajoutons, enfin, pour compléter ces notes, que les nourrices qui n'ont pas pu être placées et celles qui n'ont pas obtenu de nourrisson, payent au bureau, avant leur départ, 1 fr. pour leur premier jour de logement et 50 c. pour les jours suivants.

N° 1.

| ANNÉES | NOURRICES inscrites à la préfecture de police. | NOURRICES ayant emporté des nourrissons. | NOURRICES placées sur lieux. | NOURRICES reparties sans enfant ou sans être placées | OBSERVATIONS. |
|---|---|---|---|---|---|
| 1866 | 11.646 | » | » | » | |
| 1867 | 11.477 | » | » | » | |
| 1868 | 11.055 | » | » | » | |
| 1869 | 11.644 | » | » | » | |
| 1870 | 8.455 | 5.588 | 2.383 | 484 | Année de la guerre. |
| 1871 | 5.386 | 3.378 | 1.284 | 752 | Année de la guerre et de la Commune. |
| 1872 | 9.857 | 6.363 | 2,941 | 553 | Dont 1872 filles-mères. |
| 1873 | 10.081 | » | » | » | Dont 2259 filles-mères. |

N° 2.

PRÉFECTURE DE POLICE.

1re DIVISION.

5e BUREAU.

TABLEAU

DES NOURRICES INSCRITES EN 1873.

| | MARIÉES. | FILLES-MÈRES. | TOTAL. |
|---|---|---|---|
| Janvier | 687 | 219 | 956 |
| Février | 637 | 206 | 841 |
| Mars | 799 | 2'9 | 1.018 |
| Avril | 683 | 186 | 869 |
| Mai | 681 | 186 | 867 |
| Juin | 633 | 163 | 796 |
| Juillet | 615 | 191 | 806 |
| Août | 628 | 182 | 810 |
| Septembre | 661 | 184 | 845 |
| Octobre | 629 | 203 | 832 |
| Novembre | 577 | 157 | 734 |
| Décembre | 594 | 163 | 757 |
| | 7.822 | 2.259 | 10.081 |

Les 10,081 placements indiqués au tableau n° 1 pour l'année 1873 se répartissent comme il suit entre les départements exploités par les meneurs des 12 bureaux particuliers.

Le Cher, Eure-et-Loir, Loir-et-Cher et le Loiret fournissent chacun environ 1,000 nourrices.

La Nièvre et l'Yonne en fournissent à peu près 700 chacun.

L'Eure, la Mayenne, la Sarthe, la Somme, environ 400 chacun.

L'Aisne, l'Indre, la Marne, l'Oise, l'Orne, le Pas-de-Calais, Seine-et-Marne et Seine-et-Oise, chacun à peu près 300.

L'Aube, la Côte-d'Or, la Seine-Inférieure, Saône-et-Loire et la Haute-Marne à peu près 100 chacun.

Les Ardennes et Indre-et-Loire environ 50 chacun.

Le tableau suivant, qui se rapporte à l'année précédente et contient des renseignements plus détaillés, montre qu'il se produit d'assez notables différences d'une année à l'autre :

### ÉTAT, PAR ORDRE NUMÉRIQUE,

DES DÉPARTEMENTS QUI FOURNISSENT LE PLUS DE NOURRICES A LA CAPITALE.

| N°. D'ORDRE. | DÉPARTEMENTS. | NOURRICES de la campagne. | NOURRICES sur lieu. | TOTAUX | NOURRISSONS placés à la campagne. | OBSERVATIONS. |
|---|---|---|---|---|---|---|
| 1 | Nièvre | 168 | 1.044 | 1.212 | 195 | |
| 2 | Loiret | 787 | 120 | 907 | 907 | |
| 3 | Eure-et-Loir | 838 | 52 | 890 | 976 | |
| 4 | Seine | » | 860 | 860 | » | |
| 5 | Loir-et-Cher | 393 | 39 | 432 | 452 | |
| 6 | Sarthe | 370 | 37 | 407 | 408 | |
| 7 | Saône-et-Loire | » | 383 | 383 | » | |
| 8 | Yonne | 235 | 146 | 381 | 261 | |
| 9 | Cher | 143 | 238 | 381 | 160 | |
| 10 | Seine-et-Marne | 191 | 33 | 224 | 214 | |
| 11 | Somme | 186 | 6 | 192 | 205 | |
| 12 | Indre | 22 | 150 | 172 | 25 | |
| 13 | Côte-d'Or | » | 169 | 169 | » | |
| 14 | Aisne | 132 | 28 | 160 | 157 | |
| 15 | Marne | 104 | 22 | 126 | 114 | |
| 16 | Orne | 99 | 13 | 112 | 109 | |
| 17 | Eure | 83 | 7 | 90 | 91 | |
| 18 | Oise | 74 | 14 | 88 | 91 | |
| 19 | Pas-de-Calais | 61 | 10 | 71 | 70 | |
| 20 | Seine-et-Oise | 10 | 52 | 62 | 10 | |
| 21 | Mayenne | 53 | 8 | 61 | 63 | |
| 22 | Nord | 47 | 14 | 61 | 52 | |
| 23 | Indre-et-Loire | 34 | 5 | 39 | 36 | |
| 24 | Seine-Inférieure | 26 | 5 | 31 | 28 | |
| 25 | Creuse | » | 30 | 30 | » | |
| 26 | Aube | 17 | 10 | 27 | 17 | |
| 27 | Puy-de-Dôme | » | 16 | 16 | » | |
| 28 | Allier | » | 15 | 15 | » | |
| 29 | Savoie | » | 9 | 9 | » | |
| 30 | Côtes-du-Nord | » | 9 | 9 | » | |
| 31 | Corrèze | » | 6 | 6 | » | |
| 32 | Haute-Saône | » | 3 | 3 | » | |
| 33 | Morbihan | » | 2 | 2 | » | |
| 34 | Haute-Savoie | » | 2 | 8 | » | |
| 35 | 10 autres Départements. | » | 10 | 10 | » | |
| 36 | Etranger | » | 3 | 3 | » | |
| | TOTAUX | 4.073 | 3.570 | 7.643 | 4.641 | |

Les principales indications concernant les douze bureaux actuellement existant à Paris, sont résumées dans le tableau suivant :

| N°ˢ D'ORDRE. | ADRESSES DES BUREAUX ET NOMS DES DIRECTEURS. | INDUSTRIE. | NOMBRE DES MENEURS ou meneuses. | NOMBRE des nourrices autorisées à la fois. |
|---|---|---|---|---|
| 1 | Bureau de la rue Pagevin, n° 11 (M$^{me}$ veuve Coulbeaux)................ | Nourrices à emporter. | 11 | 30 |
| 2 | Bureau de la rue des Ecouffes, n° 5 (M. Emile Cudot)................... | — | 12 | 30 |
| 3 | Bureau de la rue du Faub.-St-Martin, n° 78 (M$^{me}$ veuve Hecquet)........ | — | 9 | 16 |
| 4 | Bureau de la rue de la Victoire, n° 63 (M. Lentaigne)................. | — | 8 | 25 |
| 5 | Bureau de la rue Chaptal, n° 20 (M$^{me}$ veuve Moreno).................. | Nourrices sur lieu et nourrices à emporter. | 12 | 20 |
| 6 | Bureau de la cour des Petites-Ecuries, n° 4 (M. Paquet)................ | Nourrices à emporter. | 9 | 25 |
| 7 | Bureau de la rue Pascal, n° 3 (M. Charasson)....................... | Nourrices sur lieu seulement. | 1 | 20 |
| 8 | Bureau de la rue Thouin, n° 13 (M$^{me}$ veuve Chérut)................... | — | 10 | 32 |
| 9 | Bureau de la rue Lacépède, n° 35 (M. Labessière).................... | — | 20 | 30 |
| 10 | Bureau de la rue du Cherche-Midi, n° 24 (M$^{me}$ veuve Pommereuil)......... | Nourrices à emporter. | 10 | 21 |
| 11 | Bureau de la rue Pascal, n° 13 (M. Thevenot)..................... | Nourrices sur lieu seulement. | 4 | 50 |
| 12 | Bureau de la rue de la Harpe, n° 35 (M$^{me}$ Trousse) ................. | Nourrices à emporter. | 9 | 16 |
| | TOTAUX ........ | » | 115 | 315 |

La régularité du mouvement des nourrices et de l'approvisionnement des bureaux de Paris, est établie au moyen d'un système de périodicité fixe et ordinairement mensuelle, des voyages des meneurs. Le tableau suivant du service des meneurs et meneuses du bureau de M. Lentaigne en offrira un exemple :

| MENEURS OU MENEUSES. | ARRONDISSEMENTS DESSERVIS. |
|---|---|
| **1° Madame Descamps**<br>de Guivry (Aisne).<br>Arrive le 2 à Paris, et part le 9 de chaque mois. | Péronne (Somme).<br>Senlis et Compiègne (Oise).<br>Laon et Saint-Quentin (Aisne). |
| **2° M. Moreau**<br>de Villers-Bonneux (Yonne).<br>Arrive le 5 de chaque mois, à Paris, et part le 12. | Sens (Yonne).<br>Nogent-sur-Seine (Aube).<br>Provins (Seine-et-Marne). |
| **3ª M. Debrée**<br>de La Ferté-Villeneuil (Eure-et-Loir).<br>Arrive le 9 de chaque mois à Paris, et part le 18. | Chateaudun (Eure-et-Loir).<br>Blois et Vendôme (Loir-et-Cher). |
| **4° Madame Defer**<br>de La Ferté-sous-Jouarre (Seine-et-Marne).<br>Arrive le 11 de chaque mois à Paris, et part le 16. | Meaux (Seine-et-Marne).<br>Coulommiers (Seine-et-Marne).<br>Château-Thierry (Aisne). |
| **5° M. Laillet.**<br>de Berdhuis (Orne).<br>Arrive le 15 de chaque mois à Paris, et part le 22. | Nogent-le-Rotrou (Eure-et-Loir).<br>Le Mans et Mamers (Sarthe).<br>Mortagne (Orne). |
| **6° M. Choux**<br>de Sougères (Yonne).<br>Arrive le 19 de chaque mois à Paris, et part le 27. | Auxerre (Yonne).<br>Cosne (Nièvre). |
| **7° M. Joly**<br>de Châtillon-sur-Loing (Loiret)<br>Arrive le 25 de chaque mois à Paris, et part le 3. | Montargis (Loiret).<br>Joigny (Yonne). |
| **8° M. Danteuille**<br>d'Albert (Somme).<br>Arrive le 29 de chaque mois à Paris et part le 7. | Péronne et Doullens (Somme).<br>Arras (Pas-de-Calais). |

On a vu que les frais de ces déplacements des meneurs sont payés, d'une part, par les bureaux, à raison de 5 fr. par nourrice amenée, d'autre part, par la nourrice qui paye 3 fr. pour son placement, et 1 fr. par mois qui est prélevé sur son salaire mensuel au moment où le payement lui en est fait par l'entremise du meneur.

Les meneurs de nourrices sur lieu reçoivent 5 fr. au lieu de 3 de la nourrice; il leur est alloué de plus 30 et jusqu'à 60 fr. pour rapporter l'enfant de la nourrice dans sa famille et il leur reste toujours un bénéfice sur cette somme. On nous a assuré, dans plusieurs bureaux, qu'un meneur peut gagner régulièrement environ 1,800 fr. Toutes les meneuses que nous avons questionnées, nous ont fait entendre des doléances sur l'exiguité de leurs bénéfices, presque toutes affirmant que l'impossibilité seule de faire un meilleur métier les a enchaînées à leur pénible profession.

Tels sont présentement, en ce qu'ils ont d'ostensible, les rouages de l'industrie nourricière des Bureaux particuliers sous le régime de l'Ordonnance du 20 juin 1842. Nous avons dit le principal défaut de cette Ordonnance à nos yeux : l'absence de tout contrôle médical de la part de l'administration sur les nourrices comme sur les nourrissons. Nous avons signalé aussi le plus grave des abus qu'elle a laissé subsister, à savoir : le système des primes aux sages-femmes et aux accoucheurs.

Nous n'avons pas de critique à faire sur le personnel médical chargé du service des certificats dans les bureaux de Paris. Mais, en principe, si l'on considère par qui ce personnel est choisi, de qui il relève, comment il est rétribué, soit que le bureau lui paye 30 ou 40 fr. par mois, par abonnement, soit que chaque nourrice remette 0 fr. 50 au médecin, en échange de son certificat d'aptitude nourricière, comment ne pas reconnaître l'absence complète des garanties indispensables dans un pareil service ?

La surveillance des nourrissons, autres que ceux que certains directeurs de bureau placent sous le patronage de la Société protectrice de l'enfance de Paris, est purement nominale. Dans une lettre récente, écrite par le préfet de police au préfet de Meurthe-et-Moselle, qui demandait des renseignements sur l'organisation des bureaux de nourrices, nous avons lu le passage suivant : « Dans le courant du premier mois qui suit le placement d'un enfant chez une nourrice, un bulletin par lequel sont demandés des renseignements sur la santé du nourrisson et les soins dont il est l'objet, est envoyé par mes bureaux au maire de la commune habitée par la nourrice. Si ces renseignements ne sont pas entièrement satisfaisants, avis en est donné immédiatement par mes ordres, à la famille de l'enfant, afin de la mettre à même de prendre sans retard les mesures en son pouvoir. »

Ainsi, la sollicitude administrative n'a pas cru elle-même pouvoir s'étendre au-delà du premier mois de placement et si nous avions à lui demander compte du résultat qu'elle obtient, dans les limites si étroites où elle s'est enfermée, nous pensons qu'on trouverait dans ses réponses mêmes une preuve irrécusable que tout est à faire sous ce rapport.

La question des Primes aux sages-femmes ou aux accoucheurs est plus complexe et plus ardue. Les inconvénients de cet impôt prélevé illégitimement sur les nourrices et les familles, comme sur les directeurs des bureaux, ne sont pas douteux. Quoique les deux auteurs du mémoire que nous avons cité consentent à lui attribuer le triste mérite dont on peut parer tout ce qui est mauvais en le comparant à ce qui est pire, nous n'avons pas encore trouvé un seul directeur de bureau qui n'ait déclaré, comme M. Husson l'a fait devant la Commission, que c'est un mal grave et qui n'ait avoué que c'est le grand mal de son industrie. Cette prime constitue en effet la principale dépense du bureau et réduit considérablement ses bénéfices. Malheureusement, ce mal lui est nécessaire, car il est la grande source de sa clientèle, les sages-femmes et les accoucheurs étant le canal par lequel les nourrissons affluent dans les bureaux. La concurrence entre les bureaux est donc en définitive la vraie raison d'être de la Prime : raison capitale, qui a suffi et suffira pour la maintenir, malgré tous les efforts tentés pour la détruire. La concurrence a fait plus encore, puisque la Commission a entendu cet aveu fait devant elle par M. Husson lui même: que la nécessité de défendre le bureau municipal contre la concurrence des bureaux particuliers a amené l'administration de l'assistance publique à créer elle-même des primes pour les sages-femmes.

Voici en quels termes ce détestable abus est apprécié par MM. Cudot et Lentaigne : « Qu'il nous soit permis, disent-ils d'aborder une question qui nous préoccupe beaucoup, celle des *Primes* que nous donnons aux sages-femmes et aux accoucheurs qui viennent chercher des nourrices dans nos bureaux. Cette Prime qui blesse, quant on songe pour quel motif elle est donnée et qui semble une spéculation sur la santé des enfants, peut bien être considérée comme immorale; il est certain que c'est un mal. Cependant si l'on se place au point de vue des abus qu'elle prévient et des dangers que sa suppression peut créer, on arrive à penser qu'il vaut mieux la conserver pour ne pas tomber dans un bien plus grand mal.

« En effet : la sage-femme, sûre d'être payée de son dérangement ne songe pas, ou songe peu à s'occuper du placement des nourrissons en dehors des bureaux surveillés par l'administration ; elle n'a aucun intérêt à le faire, dans l'état actuel des choses, car le peu que ce placement direct peut lui rapporter en sus du bénéfice qu'elle aurait chez nous, ne compense pas à beaucoup près les dommages qui peuvent résulter pour elle d'une infraction aux règlements de police, car ces infractions sont sévèrement punies. Si, au contraire, nous supprimons la prime, l'appât du gain et une complaisance intéressée pour des sollicitations incessantes, pousseront la sage-femme à multiplier les placements clandestins d'enfants en nourrice. »

Nous avons recherché dans le passé l'origine de cette prime et comme il arrive pour tous les abus elle nous a semblé obscure. On a cru retrouver cet abus dans le siècle dernier. « Il faut, a dit M. Vée, dans un travail sur lequel nous reviendrons ailleurs, qu'il se soit passé quelque chose d'analogue à la prime alors que Louis XV (1) obligeait les re-

(1) M. Vée fait allusion à la déclaration du Roi du 27 mars 1727 dont l'art. 1<sup>er</sup> est ainsi conçu :

commandaresses à faire bourse commune pour éteindre la concurrence qu'elles se faisaient entr'elles. » Cet essai d'entente a été repris sans succès de nos jours. En 1862, les directeurs des 12 bureaux actuels soutenus dans cette tentative par la préfecture de police, se réunirent pour réduire au moins de moitié la prime qu'ils n'osaient pas complètement supprimer. Nous avons lu la convention qu'ils signèrent alors ; elle portait :

Art. 1er. A partir du 1er mai 1862, tous les directeurs consentent et s'obligent à ne donner à MM. les médecins et sages-femmes qu'une prime ou remise de six francs pour chaque nourrice qu'ils prendront dans lesdits bureaux pour le compte de leurs clients.

Art. 2. Il ne sera payé à tous médecins et sages-femmes qui prendront une nourrice sur lieu qu'une prime de 10 fr.

Par les articles suivants, tout contrevenant devait être passible d'une amende de 100 fr. pour la première fois, de 200 fr. pour la récidive. Il devait être formé un conseil disciplinaire et tous les signataires s'engagèrent à signaler les infractions qu'ils découvriraient au président de ce conseil afin d'instruire l'affaire et poursuivre le délinquant devant les tribunaux compétents. L'inutilité de cet effort ne tarda pas à apparaître. Des soupçons et des récriminations s'échangèrent bientôt entre les signataires. Enfin en 1867, l'Administration de l'assistance publique ayant pris la mesure que M. Husson lui-même a avouée n'être qu'une moyen de concurrence avec les bureaux particuliers, les directeurs alarmés, portèrent à 10 fr. la prime du médecin et de la sage-femme et firent approuver par le préfet de police, leur protecteur naturel, les détails du tarif qui est encore en vigueur aujourd'hui.

Y a-t-il d'autres moyens d'arriver à une suppression aussi désirable qu'elle semble difficile? À notre avis, on n'en saurait trouver qu'un seul efficace : la suppression de la concurrence par le rachat des bureaux et leur remplacement par un bureau central organisé comme un service public. C'est là certainement une question délicate et complexe, et l'on peut contester qu'elle soit d'ordre législatif ; mais le mal devant persister après le vote de la loi, sa solution s'imposera avec plus d'évidence et de force, lorsqu'on étudiera par le côté administratif et pratique les moyens d'atteindre le but dominant de cette loi, qui est de favoriser l'allaitement maternel et de mettre un terme aux abus de l'allaitement mercenaire.

La prime, en effet, ne doit pas seulement être supprimée parce qu'en elle-même elle n'est, suivant l'expression d'un médecin, qu'un *honteux pourboire* réclamé sans droit et en sus de la rémunération des soins donnés à l'accouchée, et de plus perçu en secret et au mépris de toute dignité professionnelle ; elle doit l'être surtout, parce qu'elle est un des plus coupables et des plus dangereux encouragements à l'allaitement mercenaire. On a parlé de la complaisance coupable avec laquelle beaucoup d'accoucheurs des grandes

---

* Que pour maintenir l'ordre et l'union entre les quatre Recommandaresses, elles fassent bourse commune entr'elles des droits qui leur seront payés, à raison de 30 sols pour chaque nourrisson par les pères et mères ou autres personnes qui chargeront les nourrices d'enfants par le ministère des Recommandaresses. »

villes favorisent, au lieu de la combattre au nom de la science, la tendance des jeunes mères de la classe riche à s'affranchir du premier devoir de la maternité. Ce dernier mal, quelque réel et étendu qu'il puisse être, est peu de chose en comparaison de celui qui résulte de cet appat immoral de ces primes de 10 fr., de 20 et 25 fr.. tendu à toute accoucheuse qui procurera le placement d'une nourrice. Les agents de la surveillance du service de santé de la préfecture de police ont depuis longtemps constaté cette influence de la prime sur les sages-femmes de Paris. Voici ce qu'on lit dans une note dont nous devons la communication à l'obligeance de M. Rémy :

« Les sages-femmes qui reçoivent des pensionnaires conviennent généralement avec elles d'un prix pour les accoucher, les nourrir et les soigner pendant 9 jours.

» Si le nouveau-né est allaité par sa mère, celle-ci se porte bien, reprend des forces et mange avec appétit: pas ou peu de bénéfice pour la sage-femme et pas de prime au bureau des nourrices. Si, au contraire, la nouvelle accouchée est privée de son enfant, elle est bientôt prise de la flèvre de lait, qui l'empêche de manger. Puis vient le conseil de la sage-femme à la jeune mère de ne pas s'embarrasser de son enfant et de l'envoyer en nourrice. Une sage-femme (ne s'en est-il pas rencontré d'autres?) après avoir ainsi reçu le paiement du premier mois de nourrice a gardé cette somme pour elle et a fait placer l'enfant à l'hospice des enfants assistés, en affirmant que telle avait été la volonté de la mère (1). »

La principale objection à examiner avant de prendre une mesure aussi incontestablement salutaire, est tirée de l'influence que pourrait avoir la suppression de la prime sur le nombre des placements clandestins des nourrissons, c'est-à-dire de placements faits avec ou sans l'intervention directe des parents, mais en dehors des bureaux. Cette objection présentée, comme on l'a déjà vu, par MM. Cudot et Lentaigne, est puissante dans les conditions actuelles, alors qu'un contrôle légal ne s'exerce pas sur tout enfant, quel qu'il soit, qui est placé en nourrice. Mais lorsqu'en vertu de l'art. 7 de la loi que nous proposons, tout placement en nourrice, quel qu'en soit l'agent, devra sous les peines portées en l'art. 346 du code pénal, être déclaré à la mairie, qu'il sera enregistré, contrôlé, surveillé, les conditions ne seront plus les mêmes et les dangers principaux de ce qu'on appelle les placements clandestins, auront disparu.

―――――――――――――――――――――

(1) La note à laquelle appartient cet extrait, parle en ces termes d'un moyen de supprimer la prime. « Il ne serait peut-être pas impossible de la supprimer en proposant aux directeurs des bureaux d'en remettre les deux tiers aux nourrices et de garder l'autre tiers pour eux, en les menaçant de la fermeture irrévocable de leur établissement à la première infraction de leur part à la convention. La constatation de l'infraction serait rendue possible, d'abord par les plaintes directes des nourrices, puis par leurs déclarations aux maires ou aux juges de paix, chargés, au besoin, de les interroger à leur retour au pays relativement au profit qu'elles auraient retiré de leur voyage. »

## XIX

**Placements directs de nourrissons par les parents. Placements par l'intermédiaire des sages-femmes. Placements clandestins. Garderies et maisons de Sevrage des environs de Paris. Maisons d'accouchement, Asiles non surveillés ouverts aux filles enceintes.**

Séance du 23 Mars. M . Théophile Roussel reprend la Communication de ses notes sur l'industrie nourricière. « La Commission, dit-il, connait maintenant dans ses principaux détails la branche la plus considérable de cette industrie dans le rayon de Paris. Les placements opérés par les bureaux réglementés par la police représentent en effet près d'un 5ᵉ du nombre total des enfants de 0 à 1 an qui naissent à Paris, et près de la moitié des enfants parisiens envoyés en nourrice. En 1869, sur un chiffre total de 54.937 naissances, les relevés officiels portent à 11.644 le nombre des nourrices placées par l'entremise des Bureaux particuliers. Dans les années suivantes ce chiffre a été considérablement réduit par les influences perturbatrices de la guerre étrangère et de la guerre civile; mais nous le voyons remonter à 10.081 en 1873.

Après cette catégorie de nourrissons parisiens, vient, dans l'ordre de l'importance numérique, celle des enfants placés directement par leurs parents. M. Husson en a évalué ce nombre à 6.000 environ. En réalité ce nombre est inconnu et, dans les conditions actuelles, en l'absence d'une déclaration obligatoire, il est impossible de le connaître. Certains Directeurs de Bureaux particuliers, nous ont affirmé qu'il s'effectue dans leur quartier presqu'autant de placements directs, publics ou clandestins, par l'intermédiaire des sages-femmes, des meneuses, ou d'autres commères qui se dérobent à la police, que de placements par les Bureaux autorisés. Cette branche de l'industrie nourricière est celle dans laquelle se cachent souvent les pratiques criminelles qui ont reçu en Angleterre, le nom déjà fameux de Baby-Farming (1) et dont nous ne pourrions citer que trop d'exemples dans notre pays. « J'ai pendant 18 ans, disait le docteur Brochard, observé un fait : dans certaines communes pauvres, toujours éloignées du chef-lieu judiciaire de l'arrondissement, on voit

---

(1) Les faits monstrueux révélés par la presse ont puissamment contribué à la création d'une société fondée sur les mêmes principes que nos sociétés protectrices de l'Enfance, sous le nom de *Infant life protection society*. C'est à l'instigation de cette société qu'a été préparée, en 1871, la loi de protection votée le 25 juillet 1872, sous le titre de : *An act for the better protection of infant life*. Une enquête parlementaire avait été ordonnée le 5 mai 1871. La Commission, composée de 17 membres, avec pouvoir de mander toutes personnes et de réclamer tous documents nécessaires, avait pour but de rechercher *les meilleurs moyens de prévenir les destructions des vies des enfants mis en nourrice par leurs parents moyennant salaire*. La Commission procéda avec une remarquable célérité. Son rapport fut déposé et envoyé à l'impression par ordre de la Chambre des Communes, le 20 juillet 1871. Ce rapport, in-4 de 328 pages, contient les renseignements les plus intéressants sur les *Baby-farms* des environs de Londres, de Manchester, de Glasgow, des différents districts manufacturiers, sur les avortements et les infanticides, les maisons d'accouchements, la mortalité des enfants et la constatation des naissances et des décès.

des femmes ou des filles qui ont dans la Contrée la réputation bien méritée
d'être très mauvaises nourrices. Chez elles les nourrissons ne font que
paraître et disparaître. Eh bien! ces femmes ont toujours des nourrissons. Ces
nourrissons sont presque toujours des enfants de filles et les nourrices sont
toujours parfaitement payées. Un pareil fait se reproduisant d'une manière
identique sur plusieurs points d'un arrondissement, ne saurait être l'effet
du hasard; il est certainement l'effet d'un calcul. Il est évident que ces femmes
sont recherchées. » Dans une de ces communes, sur 8 nourrissons envoyés de
Paris, M. Brochard avait compté 6 décès ; dans une autre, sur 6 nourrissons, 6
décès. Dans le canton de Thison, la commune de Combres lui avait offert, dans
les mêmes conditions, 18 décès sur 29 nourrissons; celle de Saint-Denis 12 décès
sur 14 nourrissons; celle de Fraze autant de décès que de nourrissons. Ces
placements paraissent avoir été et être encore (1) nombreux dans le département d'Eure-et-Loir. Dans son discours prononcé, le 8 janvier 1867, à
l'Académie de Médecine, le Docteur Broca constatait un écart considérable
entre le nombre de 1.778 nourrissons parisiens envoyés dans ce département
et le chiffre fourni par l'administration. qui n'était que de 937. « La différence
vient, disait-il, de ce qu'un grand nombre de nouveau-nés sont placés directement sans l'intermédiaire d'aucun Bureau, par des placeurs inconnus et

---

(1) M. le D<sup>r</sup> E. Decaisne, dans une lettre du 21 avril 1874, à L'*Union médicale*, cite le fait
suivant :

« Au mois de septembre 1873, une honorable famille de Beauvais me pria de lui procurer en
toute hâte une nourrice pour un enfant atteint d'entérite, et que, d'après l'avis formel du médecin,
la mère ne devait plus nourrir. L'enfant était en grand danger, on ne pouvait pas attendre. Je
me rendis avec le père dans un bureau de nourrices situé dans le quartier du Jardin des Plantes,
et, parmi les dix ou douze femmes qu'on me présenta, je fis choix de celle qui paraissait réunir les
meilleures conditions. J'ajouterai en passant que c'était la seule qui ne fît pas partie d'une sorte de
grève d'un nouveau genre que ces femmes avaient organisée depuis quelques jours.

Le père voulant emmener la nourrice le soir même, cette femme, Maria H..., confia son enfant,
un beau et robuste bébé, à une nommée Stéphanie M.., demeurant rue Neuve-des-Petits-Champs,
qui se chargeait de le placer en nourrice à Château-Thierry.

Tranquille sur le sort de son enfant, Maria H... partit pour Beauvais. Là, pendant plus de
sept mois, elle reçut régulièrement des nouvelles de son enfant par l'entremetteuse de Paris, qui
entrait, dans chacune de ses lettres, dans les détails les plus circonstanciés sur la santé du nourrisson. Chaque mois c'était une nouvelle demande d'argent, de vêtements, de sucre, etc., qui
venait comme cela a lieu ordinairement, grossir largement les mois de nourrice.

L'enfant dont s'était chargée la femme Maria H..., à Beauvais, étant venu à mourir, elle
écrivit à la nourrice de Château-Thierry qu'elle avait l'intention d'aller voir son bébé dont elle
recevait toujours d'excellentes nouvelles. Immédiatement arriva une lettre de Paris qui lui
annonçait que l'enfant était malade; puis, presque aussitôt après, une seconde, lui disant qu'il
venait de mourir.

La pauvre femme prit le chemin de fer et débarqua à Château-Thierry pour rendre les derniers
devoirs à son enfant. Quelle ne fut pas sa stupéfaction et sa douleur en apprenant qu'il était
mort depuis plus de six mois, et que, depuis plus de six mois, l'entremetteuse, à l'insu de la
nourrice, touchait régulièrement les mois de nourrice. Elle déposa immédiatement une plainte, et la
femme Stéphanie M..., arrêtée à Paris le 8 avril, rendra prochainement compte à la justice de
cette impudente et audacieuse escroquerie.

Les faits de ce genre ne sont pas rares, hélas ! et tous ceux qui ont pris en mains dans ces
derniers temps la cause sacrée de l'enfance les connaissent ; mais j'ai cru, encore une fois, devoir
donner de la publicité à celui-ci, qui démontre si clairement la nécessité pour l'État de veiller sur
la vie des nouveau-nés, qui ont plus de droits que l'homme fait à la protection de la société,
surtout au moment du départ chez la nourrice, qu'on a appelé énergiquement *la conscription du
premier âge*. »

non autorisés. Il y a dans cette industrie, comme dans beaucoup d'autres, des courtiers marrons et il y a aussi les sages-femmes qui favorisent le mystère des naissances irrégulières et souvent même placent directement les enfants des mères honnêtes qu'elles pressurent à leur aise en les débarrassant du souci de chercher une nourrice. » Ainsi, il y aurait eu dans le seul arrondissement de Nogent-le-Rotrou 841 enfants provenant de placements opérés ouvertement ou clandestinement, sur lesquels pesait une mortalité notablement plus considérable que celle des enfants placés par les Bureaux particuliers de Paris.

Les communications des médecins aux Académies, ou à la presse scientifique, en particulier celles des médecins inspecteurs des sociétés protectrices de l'enfance, prouvent que les faits de ce genre ne sont pas plus rares aujourd'hui, dans les départements exploités par l'industrie nourricière parisienne. Quelque notoire que soit souvent le caractère criminel de ces faits, ils donnent rarement lieu à des poursuites et les pénalités sont le plus souvent dérisoires. Nous citerons un seul exemple. Il est extrait d'une note transmise à la Société protectrice de l'Enfance de Paris (1), au mois de février 1873, par le Procureur de la République près le Tribunal d'Evreux :

« La nommée Mary, femme Taverne, âgée de 42 ans, demeurant à Tierray, canton de Pacy-sur-Eure, a été traduite, le 29 août 1872, devant le tribunal correctionnel d'Evreux, sous la prévention d'homicide par imprudence, attention ou négligence.

» Il a été établi, que du 2 juin 1853 au 13 septembre 1871, *quarante enfants* sont décédés chez cette femme. Malheureusement presque tous les faits remontant à plus de trois ans, se trouvèrent couverts par la prescription. Déjà en 1868, la femme Taverne avait été poursuivie. Une ordonnance de non-lieu était intervenue ; mais cette femme avait alors été avertie des conséquences désastreuses produites sur la santé des enfants, par les mauvais aliments dont elle faisait usage, et elle avait néanmoins persisté depuis.

» La plupart des enfants confiés à la femme Taverne ont succombé à la maladie nommée gastro-entérite.

» Dans son rapport et sa déposition d'audience, le D' Prévost, de Pacy, déclare que cette maladie a dû être produite par la mauvaise alimentation des enfants et par l'emploi d'une nourriture trop grossière et trop substantielle.

» La prévenue reconnaissait que plusieurs fois elle avait été avertie par le D' Prévost des dangers de l'emploi d'une semblable nourriture, et qu'elle avait cependant continué à en faire usage.

» Il a été établi que dès l'âge d'un mois à six semaines, la femme Taverne donnait à ses nourrissons des panades, des soupes au pain et au tapioca, des pommes de terre.

» Reconnue coupable, en raison de ces faits, du délit d'homicide par imprudence *avec circonstances atténuantes*, la femme Taverne a été condamnée

_______

(1) V. *Bulletin* de mars et avril 1873, p. 139.

à 10 jours de prison et à 40 fr. d'amende par application des art. 319 et 463 du code pénal:

» Le jugement porte la date du 29 août 1872. Il est définitif. La femme Taverne n'a pas appelé. »

Le Dr Baudry, d'Evreux, en transmettant cette note, l'accompagne de détails qui font ressortir la criminalité de ce fait auquel on avait trouvé l'occasion d'accorder le bénéfice des circonstances atténuantes. « Il est, dit ce médecin, une particularité qui n'a peut-être pas été révélée au tribunal. Cette femme a commencé par nourrir des enfants des particuliers de la contrée qu'elle habite ; puis elle a nourri les enfants de l'hospice d'Evreux ; puis des enfants à elle confiés par l'administration de l'assistance publique et des hospices de Paris ; puis les petits Parisiens apportés par des meneurs ; puis des enfants secourus ou assistés, appartenant à des filles-mères auxquelles on laisse ici le soin et la liberté du placement. Et quand le maire de la commune, las d'avoir à enregistrer tant d'actes de décès, eut cessé de lui délivrer des certificats pour s'éviter d'avoir à continuer cette navrante besogne, quand il ne lui a plus été possible de se procurer des nourrissons d'aucune de ces provenances, elle n'a pas cessé pour cela son horrible métier : elle a trouvé, soit à Paris, soit dans la banlieue, d'indignes matrones qui lui ont fourni de nouvelles victimes. »

Le Dr Bellentani, d'Ouarville (Eure-et-Loir) raconte, en quelques lignes, le sort d'un de ces nourrissons livrés sans contrôle au caprice d'un meneur. Il s'agit d'une enfant naturelle (Louise Bardin) confiée à une nourrice par sa mère, qui s'était placée elle-même à Paris comme nourrice sur lieu : « Une protégée du meneur d'Honville, veut avoir un nourrisson parce qu'elle est trop vieille pour se livrer aux travaux des champs. Celui-ci déplace l'enfant Bardin, pour le confier à cette femme, âgée de 60 ans, habitant une pauvre maison insalubre et n'ayant qu'une chèvre pour alimenter son nourrisson. Celui-ci a succombé 20 jours après son arrivée à Honville. Le meneur..... va, comme d'habitude, à la mairie déclarer le décès. M. le maire... délivre de suite un permis d'inhumer. »

Enfin voici quelques lignes qu'un inspecteur de la société protectrice de l'enfance à Paris, écrivait le 21 avril 1874, de Houdan. Ce médecin, le Dr Piat, affirmait que : « même aidé du maire, il ne pouvait parvenir à se procurer les adresses des parents de certains nourrissons. *Il y a*, ajoutait-il, *de véritables maisons mortuaires, où le rapport est en raison directe de la mortalité.* » (Bulletin de la société pr. n° de mai-juin, p. 144.)

Plusieurs médecins ont signalé ce fait, que dans certaines localités les nourrices sont en général des femmes *âgées de plus de 50 ans*. Ce sont nécessairement des *nourrices sèches*, et lorsque les bureaux de placement de Paris ou la direction municipale, recourent à elles, est-il possible de garder la moindre illusion ? Ces nourrices *sèches* sont habituellement approvisionnées de nourrissons, soit par des meneurs ou des meneuses, soit, comme elles sont souvent elles-mêmes d'anciennes nourrices à lait, par des sages-femmes de Paris, avec lesquelles elles sont demeurées en relations. Ces relations, on le comprend, n'ont pour mobile que les bénéfices que procure aux unes et aux autres l'abominable trafic. sur lequel MM. Monot et Brochard sont venus, les premiers, appeler l'attention de la Commission. Aussi nous paraît-il inutile d'insister, pour établir que c'est sur la catégorie d'enfants dont nous parlons que l'*homicide par inanition*. ce meurtre qui a semblé jusqu'ici défier la justice humaine, se pratique le plus largement. La loi qui se prépare n'aurait-elle d'autres résultats que d'amener forcément sous l'œil de l'autorité publique tous ces placements, qui aujourd'hui lui échappent, elle serait pour l'humanité un bienfait dont on sent bien le prix, pour peu qu'on ait vu de près les effets de la liberté avec laquelle s'exerce l'industrie des *gardeuses*, des *sevreuses*, des *faiseuses d'anges* qui pullulent dans la banlieue de Paris. Nous avons pu constater, et nous avons déjà montré que la plupart des garderies et des maisons de sevrage échappent forcément, dans les conditions présentes, à la surveillance de la préfecture de police. Cette surveillance était complètement nulle autrefois. Il n'y avait, en effet, pour l'exercer qu'un seul agent, mal rétribué (1) appelé *Inspecteur des maisons de santé*. On a, depuis un certain nombre d'années, créé un second Inspecteur, et divisé le territoire de la Seine en deux circonscriptions d'inspection ; mais la tâche est encore en telle disproportion avec les forces de ce personnel, qu'on peut dire que la surveillance est encore purement nominale, malgré l'intelligence et le zèle des deux Inspecteurs actuels, que nous avons eu l'occasion de voir à l'œuvre. On aura une idée de cette situation par le tableau suivant, qui présente l'état numérique (approximatif) des divers établissements visités par les Inspecteurs des maisons de santé du département de la Seine :

| ÉTABLISSEMENTS. | RIVE DROITE. | | | RIVE GAUCHE. | | | TOTAL GÉNÉRAL. | | |
|---|---|---|---|---|---|---|---|---|---|
| | Paris. | Banlieue. | Total. | Paris. | Banlieue. | Total. | Paris. | Banlieue. | Total. |
| Aliénés | 5 | 2 | 7 | 1 | 3 | 4 | 6 | 5 | 11 |
| Maisons de santé | 9 | 5 | 14 | 12 | 3 | 15 | 21 | 8 | 29 |
| Sages-femmes | 350 | 41 | 391 | 145 | 25 | 170 | 495 | 66 | 561 |
| Bureaux de nourrices | 6 | » | 6 | 6 | » | 6 | 12 | » | 12 |
| Maisons de sevrage | 48 | 60 | 108 | 25 | 40 | 65 | 73 | 100 | 173 |
| Crèches | 14 | 4 | 18 | 9 | 1 | 10 | 23 | 5 | 28 |
| | | | 544 | | | 270 | | | 814 |

L'impossibilité d'un contrôle effectif des garderies et maisons de sevrage, est rendue évidente par le chiffre seul des maisons connues, qui s'élève à près de 200 ; elle ressort encore mieux en présence de ce fait, avoué par les Inspecteurs, qu'il existe beaucoup plus de garderies inconnues que de garderies connues de la police. Ces garderies clandestines se cachent dans de misérables taudis, dans lesquels une vieille femme, parfois un vieillard in-

---

(1) Le traitement des deux inspecteurs actuels n'est encore que de 3.000 fr., plus une allocation de 1.000 fr. pour frais de tournées.

firme. gardent à la journée ou au mois et ont coutume de nourrir avec des
bouillies ou des panades, bien plus qu'avec du lait, tous les enfants qu'on
leur livre, même ceux qui ne sont pas sciemment destinés à *faire des anges*,
au moyen de la faim ou de l'alimentation prématurée.

Il est impossible, en examinant le tableau qui précède, de n'être pas frappé
d'un autre fait : du nombre considérable de sages-femmes, qui reçoivent chez
elles des femmes en couche. Ce nombre dépasse 560 , et il suffit encore d'indiquer un tel chiffre pour prouver que la surveillance n'est pas moins illusoire
que celle des garderies et maisons de sevrage. La pensée de faciliter les accouchements des femmes pauvres hors des hôpitaux est très-humaine, et les
chiffres consignés au bulletin officiel des accouchements et décès constatés
dans les hôpitaux et les services administratifs dépendant de l'assistance publique à Paris, en prouvent le bienfait pour les mères. Il y a eu en 1873, un
nombre total de 19,536 accouchements, pour lesquels cette administration a
donné ses secours. Sur ce nombre, 6,726 ont eu lieu dans les 11 hôpitaux et à la
maison d'accouchement; la mortalité a été de 229, soit de 3,85 0[0 (dont 4,35 0[0
pour les hôpitaux, et 3,05 0[0 pour la maison d'accouchement ) Le nombre des
accouchements à domicile, avec l'aide des sages femmes des Bureaux de bienfaisance, a été de 11,026, sur lesquels on n'a compté que 33 décès. soit
0,23 0[0. — Enfin le nombre des femmes en couche, envoyées par l'administration pendant neuf jours chez des sages-femmes de la ville, a été de 1,784,
sur lequel il y a eu seulement 16 décès, soit 0.35 0[0. On ne peut donc qu'approuver le système de l'éparpillement et des secours à domicile dans
lequel est entrée l'administration de l'assistance publique ; mais on ne saurait se dissimuler, d'autre part, que les accouchements chez les sages-femmes
ont trop souvent pour suite des placements d'enfants dans les pires conditions, et sur lesquels il est urgent de porter la plus vigilante et la plus sévère
attention.

La charité parisienne. en portant sa sollicitude sur les femmes en couche,
ne pouvait pas oublier le sort des jeunes filles jetées par la s'duction ou par
un moment d'oub i, dans ces situations cruelles, parfois désespérées, qui se
dénouent trop fréquemment par le suicide ou l'infanticide. Quelques refuges
ont été créés pour ces malheurs si dignes de pitié. Nous avons visité les deux
principaux dont l'existence nous a été révélée. Le premier, connu sous le nom
d'*Œuvre des Veuves* , est encore dirigé par une des trois dames pieuses qui
l'ont fondé, il y a dix ou douze ans, sous l'inspiration d'un ancien médecin, aujourd'hui prêtre vénérable qui en est l'aumônier. Sa principale clientèle est
formée de domestiques, d'ouvrières. de demoiselles de magasins. d'institutrices, etc., qui sont reçues. sans distinction d'origine. moyennant une rétribution de deux f ancs par jour, pour celles qui ont quelques ressources. et gratuitement lorsque toute ressource fait défaut. Nous avons été surpris d'apprendre
qu'on n'admet aucune fille dont la grossesse date de plus de six mois. Le motif
de cette condition est l'opinion où l'on est qu'il faut un séjour de plus de
trois mois de durée pour qu'on puisse obtenir un résultat de l'action mora-
lisatrice qui semble être le but dominant de l'œuvre. Après les relevailles, on

s'occupe de replacer les jeunes mères ou de leur faciliter la recherche d'une situation convenable. Malheureusement dans la poursuite de ce but, toujours exclusif de l'allaitement maternel, qui rendrait la faute notoire et ferait obstacle à la réhabilitation, il faut reconnaître que l'enfant est sacrifié à la mère, et n'est plus qu'un objet secondaire. Toutefois les placements sont opérés régulièrement par l'intermédiaire de l'un des Bureaux importants de Paris, et nous avons appris avec satisfaction que la sollicitude de la Direction ne finit pas avec la période du nourrissage. Les garçons sont placés dans un orphelinat du département de Seine-et-Oise, et les filles sont rapportées à la maison de l'Œuvre, où nous en avons compté six, dont la plus âgée avait huit ans, et qui toutes étaient de bonne mine, bien tenues, et confiées aux soins d'une institutrice brevetée. Comme les accouchements ont lieu dans la maison par le ministère d'une sage-femme qui y est attachée, l'*Œuvre des Veuves* tombe directement sous le contrôle de la police, au double titre de maison d'accouchement et de garderie d'enfants ou maison de sevrage.

Il n'en est pas de même d'un autre Refuge créé, plus récemment, sous les mêmes inspirations charitables et moralisatrices et appelé *Asile sainte Madeleine*. La porte de cet asile, qui est un établissement privé, entièrement soustrait au contrôle de la police, nous a été ouverte le 28 février dernier et par là visite que nous avons faite, comme par les détails qui nous ont été donnés, nous avons dû reconnaître, nonobstant les plaintes que nous avions entendues, que l'installation matérielle est satisfaisante et que la noble fondatrice n'épargne rien pour donner satisfaction au sentiment chrétien qui l'a poussée à venir au secours de pauvres filles accablées sous le poids d'une faute et à travailler à les ramener au bien et à la religion. Nous avons vu une trentaine de jeunes filles, dont quelques-unes frêles et à peine adolescentes, paraissant dans un état de grossesse très-avancée. Toutes sont uniformément vêtues d'une robe et d'un mantelet en gros drap gris, et coiffées d'un bonnet de forme ronde avec une guimpe d'une irréprochable propreté. Toutes s'occupent à des travaux d'aiguille au profit de la maison. Elles doivent en outre payer une pension de 1 fr. par jour. Le Règlement de cette maison a sur celui de *l'Œuvre des Veuves*, l'avantage de donner accès à toutes les périodes de la grossesse; mais il a l'inconvénient très-grave de ne permettre aucun accouchement dans la maison. L'établissement s'exonère ainsi de toute surveillance de la police, en se débarrassant de ces pensionnaires, aussitôt que l'heure de l'accouchement sonne. On les évacue alors en hâte et suivant leurs ressources, tantôt sur les hôpitaux de Necker, de la Maternité ou des Cliniques, tantôt chez des sages-femmes.

Dans le premier cas, les enfants des filles pauvres sont les plus souvent envoyés à l'Hospice des Enfants-assistés ou placés en nourrice à l'aide de secours de l'assistance publique. Quant aux enfants dont les mères peuvent payer un prix de nourrissage de 20 à 22 fr. par mois, l'établissement se charge ordinairement d'eux. Ils sont envoyés dans une localité du département de la Marne, à Bergère-les-Vertus, où ils sont confiés à des gardeurs ou gardeuses en relations suivies avec l'établissement et qui les élèvent *tous* au biberon. Nous avons fait part de ce qui nous avait été dit de la mortalité *effroyable* à laquelle ces enfants seraient soumis. La Direction de l'asile a reconnu que cette moralité est considérable et nous a donné les chiffres suivants : en 6 ans il aurait été placé 379 enfants, dont 114 envoyés à l'hospice des enfants assistés de la Seine ou placés avec les secours de l'assistance publique, et 265 envoyés en nourrice dans la Marne. On a compté 209 morts. Nous acceptons ces chiffres et ne voulons pas donner d'autre preuve de la nécessité d'une active surveillance de tous ces placements plus ou moins irréguliers, même lorsqu'ils s'effectuent dans des conditions qui doivent éloigner les soupçons.

Le nombre des placements directs, réguliers ou clandestins, opérés par les parents parisiens avec l'entremise des sages-femmes, des meneurs et meneuses de nourrices, paraît avoir beaucoup varié ; mais il semble qu'il a toujours été en raison inverse de la surveillance et de la repression exercées. M. Vée, dans le Rapport que nous avons cité, assure *qu'il s'opérait clandestinement un grand nombre de ces placements*, lorsque le Bureau des nourrices passa définitivement sous la direction du Conseils général des hospices. A cette époque les placements réguliers par le Bureau général étaient tombés de 10.000 environ au desssous de 5.000 (1). Alors comme à toutes les époques, on reconnaissait que les placements irréguliers donnaient le maximum des décès.

---

## XX.

**Enfants assistés. — Diminution de la mortalité dans l'Eure et la Seine-Inférieure par suite de l'extension du système des secours temporaires aux filles-mères. — Service des enfants assistés du département de la Seine.**

Séance du 25 mars.

M. THÉOPHILE ROUSSEL, reprenant la suite de ses notes, arrive aux nourrissons qui appartiennent à la catégorie des enfants assistés. « Si le système de comptabilité exacte et de surveillance effective que notre projet de loi a pour objet d'appliquer enfin aux nourrissons éloignés de leurs parents, doit être un bienfait considérable pour les enfants placés par les bureaux particuliers ou par des intermédiaires moins réguliers et plus justement suspects, il n'est pas douteux que ce bienfait doit être ressenti par une catégorie moins nombreuse à Paris, mais plus importante si l'on envisage la France entière : celle des enfants assistés. Les chiffres de la mortalité de cette catégorie, élevés partout, encore excessifs dans beaucoup de départements, prouvent que les lois spéciales aux enfants assistés, ne les protégent pas suffisamment.

L'un de nos honorables collègues a demandé à la Commission, au nom du

(1) 4,080 en l'an IX; 4,591 en l'an X.

bureau qu'il représente, d'examiner les vices de cette législation et de chercher à les corriger. La Commission a pensé qu'elle n'a pas pu être investie d'un pareil mandat. Il y a là une tâche immense et pleine de difficultés. devant laquelle, malgré l'évidence et l'urgence du mal, les législatures (1) qui nous ont précédé, ont toutes, après de sérieuses tentatives. perdu courage et fini par reculer. Il y a lieu de penser que le moment n'est pas loin. où nous trouverons la force et la volonté nécessaires pour aborder et résoudre ces difficultés. Mais un tel effort ne saurait être tenté incidemment, à propos de la protection des nourrissons. La Commission a compris toutefois qu'elle a le devoir et la mission de ne pas perdre de vue les enfants assistés nourrissons et d'étendre sur eux la protection tutélaire de la nouvelle loi, sans toucher en rien à la législation spéciale de 1811.

Il faut reconnaître que la mortalité générale des enfants assistés nourrissons quoique trop élevée, est bien moindre que dans le passé. Nous avons cité dans l'Exposé des motifs de la présente loi (p. 13) le rapport officiel présenté en 1818, par le Ministre de l'intérieur Lainé, dans lequel il est établi que, dans les années 1787, 1788 et 1789 la mortalité générale des enfants trouvés nourrissons s'élevait à 91 0/0. Le Ministre avouait que la moyenne générale pour les années 1815, 1816 et 1817 était encore de 75 0/0 ; Benoiston de Châteauneuf indiquait le chiffre de 60 0/0 comme moyenne générale pour 1824. En 1860, la mortalité était encore excessive, ainsi que l'attestent les chiffres produits par M. Husson, et qui font connaître la situation dans huit de nos plus riches départements. Elle s'élevait à cette époque :

| | | |
|---|---|---|
| Dans le département d'Indre-et-Loire, à........ | 62,16 | 0/0 |
| — | — | de la Côte-d'Or, à........ | 66,46 | — |
| — | — | de Seine-et-Oise, à....... | 69,23 | — |
| — | — | de l'Aube, à............. | 70,27 | — |
| — | — | du Calvados, à.......... | 78,09 | — |
| — | — | de l'Eure, à............. | 78,12 | — |
| — | — | de la Seine-Inférieure, à.. | 87,36 | — |
| — | — | de la Loire-Inférieure, à... | 90,50 | — |

De sensibles améliorations ont eu lieu depuis, dues principalement au développement donné à l'allaitement maternel par l'extension du système de secours aux filles-mères. Les rapports de M. Ramel au Conseil général de la Seine-Inférieure ont constaté, par exemple, que la mortalité des enfants as-

---

(1) Les tentavives infructueuses dont il s'agit pour reviser la législation de 1811 sont résumées en ces termes dans le r pport lu au Sénat, le 26 juin 1856, par M. le comte Siméon :

« En 1849, une Commission nommée par le Ministre de l'Intérieur s'est livrée à une longue enquête et a préparé un projet de loi. Il n'a pas été présenté.

« En 1850, un autre projet a été soumis à l'Assemblée législative par la Commission de l'assistance publique et examiné par le Conseil d Etat ; il n'a pas été discuté.

« En 1853, un nouveau projet a été porté au Corps législatif ; sa rédaction avait été adoptée par la Commission et le Conseil d'Etat. Il a été retiré . »

Les dificultés d'exécution révélées par ces échecs poussaient, en 1856, la Commission du Sénat chargée d'examiner la proposition de la loi de MM. Troplong et Portalis, à rechercher surtout les améliorations qu'il était possible de réaliser sans toucher au système établi par le décret de 1811.

sistés de 0 à 1 an n'a été dans les années qui ont précédé 1871 que de 45 0/0 ; au lieu de 87,36 0/0 en 1860 ; qu'en 1871 elle est descendue à 37,65 0[0 , et qu'enfin, en 1872, elle est descendue à 26,48 0[0. Ce résultat si frappant est d'autant plus digne de remarque que M. Ramel a soin de faire connaître *« qu'il a été obtenu, grâce au placement de tous ces enfants chez des nourrices au sein, »* c'est-à-dire, ajoute-t-il, grâce, aux améliorations qu'a permis de réaliser un supplément de dépense de 40,000 fr. ajouté au budget départemental. »

L'enseignement qui ressort de ces chiffres devient plus remarquable si on les compare aux faits constatés dans le département voisin de l'Eure où la mortalité du premier âge, en 1860, était inférieure de près de 10 0[0 à celle du même âge dans la Seine-Inférieure. Le rapport présenté au Conseil général, au mois d'août 1873, par le Préfet, établit que cette mortalité est encore dans la proportion « lamentable » de 53 0[0. D'autre part il signale les différences frappantes que l'inspecteur de service relève chaque année entre les enfants de l'hospice d'Evreux et ceux de l'hospice de Bernay. Elles sont marquées dans le tableau comparatif suivant dressé par l'inspecteur et concernant les enfants du premier âge appartenant à ces deux hospices :

| | |
|---|---|
| Années 1869-1870. | Evreux, 62,06 0/0 ; soit 18 décès sur 29 enfants. |
| | Bernay, 36,84 0/0 ; soit 7 décès sur 19 enfants. |
| — 1870-1871. | Evreux, 83,33 0/0 ; soit 15 décès sur 18 enfants. |
| | Bernay, 50 0/0 ; soit 6 décès sur 12 enfants. |
| — 1871-1872. | Evreux, 64,40 0/0 ; soit 11 décès sur 15 enfants. |
| | Bernay, 40 0/0 ; soit 6 décès sur 15 enfants. |
| — 1872 (provisoire). | Evreux, 40,90 0/0 ; soit 9 décès sur 22 enfants. |
| | Bernay, 23,07 0/0 ; soit 3 décès sur 13 enfants. |

Le commentaire de ces chiffres se trouve dans ces lignes du rapport de l'inspecteur : « Depuis bien des années, dit-il, et tous mes rapports en font foi, j'ai remarqué une différence très-grande entre la mortalité des enfants du premier âge appartenant à l'hospice d'Evreux, et ceux placés sous la tutelle de l'hospice de Bernay. J'ai pensé que cette différence, à l'avantage de Bernay, pouvait tenir à l'abondance des pâturages qu'on rencontre dans cet arrondissement et celui de Pont-Audemer, et qu'on chercherait vainement dans ceux d'Evreux, de Louviers et des Andelys. Le laitage étant moins rare dans la circonscription de Bernay, les gardiens qui y résident ont recours plus facilement à cet aliment reconnu par l'expérience comme la nourriture par excellence des enfants du premier âge. Ce mode d'alimentation est d'autant plus praticable dans cette partie de notre département, que l'industrie laitière y est inconnue, et que le lait recueilli trouve sa consommation sur place sans avoir subi de falsification.

» Dans la circonscription hospitalière d'Evreux, au contraire, le lait est la base d'un commerce important ; on va le chercher dans les campagnes pour le diriger sur les grands centres ; le peu qu'il en reste dans les pays de production, subit une augmentation de prix assez sensible, et les nourrices avec leur salaire de 20 fr. par mois, doivent renoncer à l'employer aussi abondamment qu'il le faudrait.

» C'est alors qu'elles ont recours à ces bouillies mal préparées, toujours indigestes, qui deviennent, à défaut de lait, la principale nourriture de leurs élèves. Cette alimentation appliquée la plupart du temps avant l'âge où les enfants seraient de force à la supporter, détermine chez eux des affections intestinales, auxquelles succombe le plus grand nombre. C'est à cette nourriture défectueuse qu'on doit attribuer la mortalité qui frappe les jeunes enfants de l'hospice d'Evreux. Aussi verrais-je avec satisfaction la mesure administrative qui ordonnerait le placement de tous les enfants nouvellement nés appartenant à cet établissement, dans les arrondissements de Bernay et de Pont-Audemer, sauf à les ramener plus tard dans leur circonscription primitive. »

Enfin l'enseignement qui sort de ces résultats, est complété dans ce même rapport par les chiffres de la mortalité des enfants secourus allaités par leur mère. La moyenne de cette mortalité avait été de 18,86 0/0 en 1870 ; elle est descendue à 9,30 0/0 en 1871-1872.

« Que doit-on en conclure? ajoute l'inspecteur. C'est que le secours temporaire, qui consiste à placer les jeunes enfants chez leurs parents ou des amis de la famille, protége bien plus efficacement l'existence des nouveaunés, que ne peut le faire l'assistance hospitalière, obligée par les règlements de recruter ses nourrices en dehors de la famille et à son insu, dans un personnel pauvre, attaché seulement à l'enfant par la pension qu'il reçoit. »

Le département de la Seine est un de ceux où le service des enfants assistés a été organisé avec le plus de soin, et nous croyons utile d'ajouter certains détails à ceux que M. Husson a donnés de vive voix à la Commission, sur le placement et la surveillance des nourrissons. Ce vaste service de tutelle administrative, qui s'étendait, en 1872, sur plus de 29,000 individus au-dessous de 21 ans, et entraînait une dépense de 3,300,000 fr., comptait cette année 2,163 enfants du premier âge placés en nourrice (sur 3,551 enfants que l'hospice dépositaire avait reçus). On avait compté dans les quatre années précédentes, savoir : 1,430 nourrissons en 1871 (année de la Commune), 2,110 en 1870 (année de la guerre), et pour les deux dernières années de l'Empire, 2,756 en 1869, et 2,926 en 1868.

Les placements de ces enfants étaient répartis dans treize départements; mais les inconvénients de la distance, et ceux, plus graves, de l'encombrement des nourrissons parisiens, ont fait renoncer aux envois dans les départements du Nord, de l'Aisne et d'Eure-et-Loir; en sorte que les enfants apportés à l'hospice dépositaire de Paris, ne sont plus dirigés présentement que sur les dix départements de l'Allier, de la Côte-d'Or, d'Ille-et-Vilaine, de Loir-et-Cher, de la Nièvre, du Pas-de-Calais, de Saôneet-Loire, de la Sarthe, de la Saône et de l'Yonne.

Les circonscriptions de placement formées dans ces départements, sont au nombre de vingt-deux. Une circonscription correspond à un seul arrondissement administratif, ou peut en comprendre plusieurs, selon les ressources du pays, la facilité des communications, le nombre des placements. Lorsque ceux-ci sont très-nombreux, il peut arriver, comme dans l'arrondissement d'Autun, qu'un seul arrondissement administratif comprend deux circonscriptions de placement et d'inspection des enfants assistés de la Seine.

Le placement et la surveillance sont confiés à des agents appelés autrefois *préposés*, et auxquels le préfet de la Seine, après leur avoir donné le titre de *sous-inspecteurs du service des enfants assistés*, conféra par un arrêté du 2 mars 1860, les attributions suivantes :

Représenter l'administration dans sa circonscription ; diriger le service avec le concours des médecins chargés de choisir les nourrices et de donner des soins aux enfants ; veiller à ce que les médecins s'acquittent exactement de leurs devoirs ; visiter, au moins une fois par trimestre, les enfants placés sous leur surveillance ; pourvoir à tous leurs besoins, et accompagner, s'il est nécessaire, les inspecteurs dans leurs tournées ; ordonnancer les dépenses de toute nature.

Chaque sous-inspecteur a sous ses ordres, pour le transport des enfants qui lui sont envoyés de l'hospice, une surveillante présentée par lui, sous sa responsabilité, et agréée par l'administration.

On voit combien les attributions de ces agents sont importantes et multiples. Ajoutons qu'ayant à s'occuper des enfants assistés de toutes les catégories, ils ont en moyenne à surveiller environ 1,000 à 1,200 enfants.

La rétribution de ces employés est composée d'un traitement fixe de 2.100 à 3.000 fr. et de primes combinées de telle façon que l'intérêt de la personne est lié à l'intérêt du service : c'est-à-dire qu'elles consistent en une remise de 1 fr. 40 c. par an et par élève de tout âge ; il leur est en outre alloué une indemnité de frais de tournées, qui varie de 300 fr. à 1.200 fr. D'autre part il leur est fait une retenue de 5 p. 0[0 pour la retraite et on exige d'eux un cautionnement.

En 1870 la dépense totale du service des sous-inspecteurs s'est élevée à 121,262 fr. 78 c., mais cette dépense ne couvre pas tous les frais de la surveillance : au-dessus des sous-inspecteurs, qui en sont les agents principaux, on a établi deux inspecteurs en 1850, et, à côté d'eux, se trouvent des auxiliaires, appelés *commis de sous-inspection*, dont la nécessité amena, la création, en 1861, dans toutes les circonscriptions où le service était le plus chargé de détails.

Les inspecteurs font une tournée annuelle pour examiner en détail toutes les parties du service. Ils sont en outre envoyés dans les circonscriptions pour diriger des enquêtes, faire des visites imprévues, examiner des réclamations de toutes sortes, procéder à des installations, etc. Les frais de ce service s'élèvent à environ 18.000 fr.

En 1870, le service de six commis de sous-inspection entraînait une dépense de 15,500 f. environ, mais les nécessités du service exigeant de porter à 13 le nombre de ces auxiliaires, les frais du personnel de la surveillance devaient dépasser 170.000 fr., d'après les calculs présentés par M. Husson dans une *note* adressée au Ministre de l'intérieur.

Le service médical des enfants assistés de la Seine est confié à des médecins nommés et révoqués par le Préfet de la Seine sur la proposition du Directeur de l'assistance publique.

*L'instruction générale* sur le service définit ainsi les attributions et devoirs de ces médecins :

ARTICLE 35. — Chargés du recrutement des nourrices, ils en adressent chaque mois, un nombre déterminé au sous-inspecteur, qui les envoie à l'hospice.

ART. 36. — Ils doivent à l'arrivée des enfants dans leur circonscription constater et mentionner sur les livrets l'état dans lequel se trouvent ces enfants; ils doivent encore visiter les enfants à lait, nouvellement arrivés de Paris, une seconde fois, dans le courant du premier mois.

ART. 37. — Les médecins doivent en outre visiter les enfants à la pension au moins une fois tous les trois mois et autant qu'il est nécessaire lorsqu'ils sont malades ou qu'il est survenu quelqu'accident; dans ce dern'er cas, les médecins doivent également faire un rapport au sous-inspecteur sur les causes de l'accident (défaut de soins, imprudence, mauvais traitements, etc.)

Fournir à leurs frais et administrer aux enfants malades tous les médicaments dont ils ont besoin ;

Produire chaque trimestre, au sous-inspecteur, des états nominatifs de tous les enfants à la pension et hors pension, lorsqu'ils auront été appelés à donner des soins.

Vacciner les enfants nouveau-nés dans les trois premiers mois de leur envoi en nourrice, mais trois semaines ou plus tôt après leur naissance.

Se transporter dans les communes où se manifestent des épidémies pour soigner les enfants qui peuvent en être atteints et prescrire les mesures préservatrices jugées nécessaires.

L'ARTICLE 37 et l'ARTICLE 38 imposent encore aux médecins beaucoup d'autres obligations relatives à la surveillance des enfants, aux changements de nourrice à effectuer d'urgence, à la tenue des écritures relatives au placement et au mouvement des enfants. En cas de décès, ils doivent en aviser immédiatement le sous-inspecteur, qui est tenu, à son tour, d'en informer l'administration dans les dix jours au plus tard.

Le chapitre III de *l'instruction générale*, relatif aux nourrices, mérite d'être cité dans ses principales dispositions :

ART. 39. — Les nourrices sont choisies par les médecins : chaque nourrice doit être munie d'un certificat délivré par les autorités de sa commune, constatant qu'elle *est mariée*, qu'elle est de *bonnes vie et mœurs*, et qu'elle peut élever convenablement l'enfant qui lui sera confié (1).

ART. 40. — Les nourrices ne doivent pas être âgées de moins de *vingt ans* ni de plus de *quarante ans*; leur lait ne doit pas avoir plus de *dix-huit mois*; il leur est interdit *d'allaiter un autre enfant*, en même temps que celui qui leur est confié par l'administration.

ART. 41. — Aucune nourrice ne peut venir chercher un enfant à l'hospice,

---

(1) Le certificat doit aussi constater que *le mari est lui-même de bonnes mœurs* et qu'il consent à ce que *sa femme prenne un nourrisson de l'hospice.*

si son dernier *enfant n'a pas atteint neuf mois révolus, et s'il n'est pas sevré.*

Art. 42. — Avant leur départ pour Paris, les nourrices sont soumises à la visite du médecin chargé de soigner les enfants placés dans leur commune; elles passent ensuite à la contre-visite d'un médecin désigné à cet effet dans chaque arrondissement; elles ne sont admises à faire partie du convoi, que lorsque le médecin contre-visiteur a constaté qu'elles sont pourvues d'un lait sain et abondant. et qu'elles ne sont affectées d'aucune maladie contagieuse, ni d'aucune infirmité. Après l'accomplissement de ces formalités, elles se rendent à l'hospice sous la conduite d'une surveillante.

Art. 43. — A leur arrivée à Paris, les nourrices sont soumises à la visite du médecin de l'Hospice, qui constate la qualité de leur lait et l'état de leur santé. Ce n'est que lorsqu'il a reconnu qu'elles réunissent toutes les conditions exigées par les règlements que l'administration leur confie un nourrisson.

Art. 44. — Le Directeur de l'hospice établit pour chaque enfant un livret indiquant son sexe, ses nom et prénoms, la date de sa naissance, celle de sa réception à l'Hospice, ainsi que le numéro sous lequel il a été enregistré. Ce livret contient, en outre, les obligations réciproques de l'Administration et des nourrices.

Art. 45. — A leur arrivée dans l'arrondissement, les nourrices sont conduites au sous-inspecteur, qui doit examiner l'état dans lequel se trouvent les enfants, et s'assurer que chacun d'eux est porteur de son collier.

Art. 46. — Après avoir remis à chaque nourrice le livret correspondant au numéro de l'enfant qui lui est confié, le sous-inspecteur inscrit les élèves sur les contrôles qu'il est chargé de tenir; il dresse ensuite, pour chacun des élèves, deux bulletins individuels qu'il transmet, l'un au Maire de la commune où réside la nourrice et l'autre au médecin, qui doit y mentionner les visites qu'il fait, les maladies survenues à l'élève, les changement de nourrice, et généralement tous les faits qui présentent quelque intérêt.

M. Husson a signalé à la Commission, comme le défaut le plus grave, à ses yeux, de ce service réglementé avec tant de soins, l'insuffisance du salaire des nourrices. Les gages des nourrices en sont une des plus grosses dépenses : Les nourrices sédentaires, qui font le service dans l'hospice dépositaire, ne figurent que pour la somme minime de 8,000 fr. au budget de 1874 ; mais la somme inscrite au même budget pour les nourrices du service extérieur est considérable. Il a été relevé pour 1873, un chiffre de dépenses, pour mois de nourrices ou suppléments de pensions accordés pour des cas de maladies ou infirmités (cas d'ailleurs très-rares chez les enfants de la naissance à 1 an) de...................... 271.079 fr. 37 c.

Pour layettes, maillots et première vêture qui se délivrent soit à la naissance de l'enfant, soit lorsqu'il a atteint 7 mois. 86.143 91

Pour frais de voyage des enfants nouveau-nés pour leur envoi à la campagne (à raison de 38 fr. prix moyen)..... 69.198 00

Pour indemnités aux médecins pour visites, vaccinations, contre-visites des nourrices.................... 13.806 00

Total...... 440.227 fr. 28 c.

Tels sont les chiffres par la communication desquels M. le Préfet de la Seine a répondu à notre prière de faire détacher du Budget général du Service des enfants assistés le compte des dépenses spéciales aux nourrissons de ce service. En ajoutant, comme il convient de le faire, les frais généraux d'administration, au prorata du nombre d'enfants de 1 jour à 1 an qui ont vécu pendant l'année 1843 (frais que l'administration évalue à environ 14,000 fr.), on arrive à une somme de 455,000 fr., comme montant total de la dépense des Enfants assistés de la Seine de 1 jour à un an en 1873.

Quelqu'importante que soit, dans ce compte de dépenses, la part des mois de nourrices, le Conseil général de la Seine reconnaît son insuffisance. Nous en donnerons pour preuve le passage suivant du rapport de M. Béclard, à la session ordinaire de 1873 :

« Les gages que le département donne aux nourrices sont si faibles, que le recrutement des nourrices devient de jour en jour plus difficile, et que force est de se contenter de celles qui n'ont pu se placer plus avantageusement.

« Dans l'état actuel, les gages sont ainsi fixés :

Pour les enfants de 1 jour à 1 an  14 fr. par mois.
— de 1 ans à 2 ans 12 fr. —
— de 2 ans à 4 ans 8 fr. —
— de 4 ans à 6 ans 7 fr. —
— de 6 ans à 12 ans 6 fr. —

« Il a été reconnu que c'était sur les gages afférents aux deux premières catégories d'enfants, que l'augmentation devait principalement porter. Les enfants appartenant par leur âge à ces deux premières catégories, sont ceux dont l'existence est la plus menacée, et chacun sait que c'est sur eux que la mortalité prélève son plus lourd tribut.

« Or, en élevant seulement de 15 à 20 fr. par mois les gages des nourrices des enfants de un jour à un an, de 12 à 15 fr. les gages des nourrices des enfants de un an à deux ans, et de 2 fr. les gages des nourrices des enfants classés dans les autres catégories, on arrive à une augmentation de dépenses de 500,000 à 600,000 fr. par an.

« Ce serait pour le département un accroissement de dépenses considérable. La Commission départementale n'a pas hésité, cependant, à recommander à l'attention du Conseil la question de l'élévation des gages des nourrices. Si les nécessités financières du moment ne permettent pas d'inscrire intégralement au budget de 1874, les crédits nécessaires pour opérer les améliorations indiquées, j'exprime au nom de la Commission de l'assistance publique, le désir que cette question reste présente à votre esprit, afin que vous lui donniez, quand le moment sera venu, une solution conforme à l'humanité. »

Il est certain que les Conseils généraux et les administrations chargées des enfants assistés devront, comme le Conseil dont M. Béclard est l'organe, reconnaître qu'ils n'ont pas assez fait, et qu'il leur reste beaucoup à faire, aussi longtemps qu'on verra osciller autour de 50 0/0, le chiffre de la mortalité du premier âge, tandis que nous la voyons dans certains départements ramenée déjà à son chiffre normal (1), par la généralisation et par une bonne direction des secours aux filles-mères.

Nous avons demandé à M. le Préfet de la Seine un relevé statistique de la mortalité des Enfants assistés nourrissons, de 0 à 1 an, de 1866 à 1873. Mais la reconstitution des pièces brûlées dans l'incendie de 1871, n'est pas encore assez avancée pour permettre de faire remonter en ce moment cette statistique au-delà de 1868. Le Tableau suivant en offre les résultats dans ces limites :

| ANNÉES. | ENFANTS DE 1 JOUR A 1 AN. | | MORTALITÉ | OBSERVATIONS. |
|---|---|---|---|---|
| | Reçus à l'hospice. | Décédés. | p. 100. | |
| 1868 | 3.326 | 1.465 | 40.40 | |
| 1869 | 3.272 | 1.490 | 45.54 | |
| 1870 | 3.171 | 1.958 | 61.74 | Siége de Paris, les envois de nouveaux nés à la campa- |
| 1871 | 1.902 | 984 | 51.74 | gne sont suspendus de Septembre 1870 à mars 1871. |
| 1872 | 2.599 | 1.105 | 42.52 | |
| 1873 | 2.124 | 924 | 43.50 | |
| | 16.694 | 7.926 | 47.48 | |

(1) Dans le département de la Lozère la mortalité de cette catégorie d'enfants (de 1 jour à 12 mois,) a été d'après les calculs de M. Hermantier, inspecteur du service, de : 9.87 0[0 en 1869; de 14.63 0[0 en 1870; de 8.70 0[0 en 1872.

Le rapport présenté à la session d'août 1873 du Conseil général de l'Ain, par l'inspecteur départemental, M. Billotel, contient des détails non moins instructifs. Tandis que la mortalité des enfants assistés du pays est de 57 0[0, à l'hospice dépositaire, elle n'est que de 23 0[0 pour les enfants nourris chez leurs mères. On voit, dans ce rapport, que l'allaitement artificiel est là seule ressource pour les enfants que les filles mères ne nourrissent pas : « Allez, dit l'inspecteur, visiter les enfants sur place à la campagne, vous n'en trouverez plus un seul nourri au sein. Les nouveau-nés meurent faute d'aliments, ou par suite d'une alimentation mal appropriée ! Il n'y a qu'un cri là-dessus : point de nourrices et rien pour les remplacer. Nul système organisé d'allaitement artificiel; rien même qui montre que l'on ait l'idée de la situation, là où on devrait en avoir souci.

« L'absence de nourrices s'explique par le perfectionnement des cultures et l'introduction de certaines industries qui procurent aux femmes de meilleurs salaires. Le peu qui reste est absorbé par les familles. Le prix courant des familles est de 24 fr. par mois, plus une livre de savon et une livre de sucre. Le 6e mois se paie double. La 2e année se cote de même. Notre tarif à nous porte 12 fr. par mois pour la 1re année, sans redevance d'aucune sorte en nature; pour la 2e année 7 fr. 50.

« Quand la disette des nourrices a commencé à se faire sentir, l'hospice a eu recours à ce qu'il appelle des sévreuses, c'est-à-dire à des éleveuses au biberon, à la fiole ou à la cuiller. Ce système acceptable en principe, ne valait rien en fait, parce qu'on en confiait l'exécution à des femmes de la campagne, dépourvues d'expérience pratique, etc... Aujourd'hui, l'hospice commence à ne plus trouver de sévreuses, et une partie des nouveau-nés succombent avant tout placement. On ne compte 15 placements sur 47 admissions pendant le 1er semestre de 1873. — Une des principales causes de mort des enfants assistés, reconnue partout, est la lenteur des secours, après leur admission à l'hospice, par suite des formalités exigées et le manque de bonnes nourrices sédentaires. On a dit avec raison que beaucoup d'enfants trouvés ne meurent que parce qu'ils arrivent trop tard au sein. « Là, dit le Dr Brochard, où un enfant trouvé déposé dans un tour, mis de suite en nourrice, aurait vécu, un enfant assisté, grâce aux secours lents et insuffisants qu'on lui donne, succombe. »

## XXI

**Disposition législative ayant pour objet la protection des enfants des nourrices et en particulier des nourrices sur lieu.**

M. Schœlcher croit devoir faire remarquer à la Commission l'existence d'une lacune qu'il importe de combler, dans l'article 6 de la proposition de M. Théophile Roussel, qui est devenu l'article 8 du projet de loi. C'est dans cet article, en effet, que se trouverait la place d'une clause interdisant aux mères de se placer comme nourrices avant que leur enfant ait atteint l'âge et les forces qui permettent de le sevrer sans péril pour sa vie.

M. Schœlcher rappelle combien cette question avait paru importante à la Commission, lors qu'au début de ses travaux, les hommes les plus compétents et notamment M. le docteur Blot, sont venus lui faire part des résultats de leur expérience ; combien son importance s'est encore accrue en présence des chiffres et des faits si frappants apportés par M. le docteur Monot, de Montsauche, au sujet de l'affreuse mortalité des enfants des nourrices morvandiotes avant la guerre, et de la brusque diminution de cette mortalité aussitôt que la guerre, en fermant à ces mères les portes de Paris, les a forcées à nourrir leurs enfants au lieu de vendre leur lait à des nourrissons étrangers.

MM. de Melun, de Gouvello, Labélonye, Soye, comte Rampon, appuient l'observation de M. Schœlcher, sur la nécessité de réparer cette omission et d'ajouter un paragraphe spécial pour interdire aux nourrices sur lieu le sevrage et le délaissement prématuré de leurs enfants.

M. Théophile Roussel dit que l'omission signalée par M. Schœlcher n'est pas due à un oubli Il n'est pas possible d'oublier une pareille question ni d'en méconnaître la gravité ; à cet égard, il déclare partager le sentiment que viennent d'exprimer ses collègues, et il n'a jamais perdu de vue la nécessité de chercher à remédier au mal dont il s'agit, par une disposition ayant force de loi. S'il n'a pas cherché à introduire cette disposition dans le texte même de la loi, cela tient à deux causes. En premier lieu, la Commission a décidé que la question si importante des certificats de nourrices, et des obligations à y insérer, sera renvoyée au règlement d'administration publique qui doit être le complément pratique de la loi et avoir la même force que la loi elle-même. Or, le point qui nous occupe rentre dans cette question des certificats de nourrices.

En second lieu, ce point particulier semble convenir mieux à un article de règlement qu'à un texte de loi proprement dit. La détermination précise de l'âge auquel un enfant peut être sevré sans danger pour sa vie ou sa santé est une question de science, soumise à discussion et sur laquelle tous les médecins ne sont pas d'accord. Il y a moins d'inconvénient à la trancher dans un réglement qui peut facilement être modifié et amélioré que dans une loi qui ne peut pas être soumise aux mêmes variations. La situation d'ailleurs est en ce moment assez embarrassante. Les solutions qui figurent dans les textes que nous avons sous les yeux et entre lesquelles nous avons à faire un choix diffèrent considérablement entr'elles. L'article 2, du projet de réglement préparé par M. de Beauverger, exige qu'il soit attesté dans tout certificat de nourrice *que la naissance de son dernier enfant remonte à cinq mois accomplis.* » Le réglement du service de la Direction municipale des nourrices de Paris, interdit d'accepter une nourrice « *dont l'enfant, s'il est vivant, serait âgé de moins de sept mois.* » Enfin le réglement du service des enfants assistés de la Seine porte, ainsi que nous l'avons vu, que « *aucune nourrice ne peut recevoir un nourrisson de l hospice si son dernier enfant n'a pas atteint 9 mois révolus et s'il n'est pas sevré.* »

Quelle est de ces trois solutions celle à laquelle il convient de s'arrêter ? « Pour mon compte, dit M. Roussel, mon opinion est très-arrêtée. Au point de vue de la science et de l'humanité, la fixation d'âge la plus reculée pour le sevrage est la meilleure et je choisirais l'âge de 9 mois ; mais la question est complexe et il y a des intérêts opposés entre lesquels il faut opter et chercher une transaction. Il m'a paru très-difficile pour la Commission de s'engager dans ce débat ; j'ai pensé qu'elle était disposée à s'en rapporter, de même que pour les certificats médicaux, aux hommes compétents et autorisés qui auront à préparer le réglement d'administration publique. » Mais puisque les membres présents de la Commission partagent résolument l'avis de M. Schœlcher, M. Th. Roussel annonce qu'il cherchera à introduire dans l'article 8, une disposition particulière aux nourrices *sur lieu* et ayant pour objet de sauvegarder la vie et la santé de leur dernier enfant. Il soumettra cette rédaction à la Commission dans la prochaine séance.

---

M. THÉOPHILE ROUSSEL donne lecture de la disposition suivante relative à l'âge du dernier enfant des nourrices sur lieu ; disposition qui deviendra le paragraphe 2 de l'article 8 du projet de loi, si elle est adoptée par la Commission : « Toute personne qui veut se placer comme nourrice *sur lieu*, est tenue de se munir d'un certificat du maire de la commune indiquant si son dernier enfant est vivant ou décédé et, s'il est vivant, constatant qu'il est âgé de sept mois révolus, ou, s'il n'a pas atteint cet âge, qu'il est allaité par une nourrice qui n'a pas d'autre nourrisson. »

M. SOYE pense que la Commission devrait adopter l'âge de cinq mois, comme l'avait fait la Commission ministérielle dont M. de Beauverger était l'organe. Beaucoup d'enfants à la campagne, sont assez forts pour pouvoir être sevrés à l'âge de cinq mois, ou pour que leur nourrissage soit continué sans inconvénient avec le biberon. Il y a en outre généralement, moins d'inconvénient à cet âge qu'à l'âge de sept mois, de voir le sevrage entravé et contrarié par le travail de la dentition.

Séance du 27 mars.

M. BAMBERGER partage l'opinion de M. Soye.

M. MORVAN pense au contraire que l'âge de sept mois est préférable, parce que l'enfant a eu deux mois de plus pour acquérir la force indispensable pour traverser la dangereuse épreuve d'un sevrage hâtif et prématuré dans les deux cas. Chez beaucoup d'enfants, le travail de la dentition n'attend pas sept mois pour commencer. Le sevrage et ses effets immédiats coïncident avec ce travail dans les deux cas. Dans l'un seulement l'enfant est plus fort pour résister ; dans l'autre il est plus faible et supporte plus difficilement le changement d'alimentation.

M. THÉOPHILE ROUSSEL dit que, dans son opinion, la Commission aurait pu éviter de se prononcer sur cette question ; mais puisqu'elle a décidé le contraire, il faut, du moins, qu'elle insère dans la loi, une mesure sérieusement protectrice des enfants qu'elle déclare vouloir protéger. Elle ne saurait faire moins aujourd'hui que les législateurs de l'ancien régime auxquels l'expérience avait dicté la mesure que nous proposons en ce moment d'appliquer aux enfants de toutes les nourrices *sur lieu*. M. Th. Roussel a déjà fait passer sous les yeux de la Commission la remarquable ordonnance de 1762, due au lieutenant général de police, de Sartine, dans laquelle se trouve contenue *l'obligation aux nourrices d'établir par un certificat de leur curé que leur enfant est âgé de sept mois ou confié à une autre nourrice pour l'allaiter.* » Cette mesure a été maintenue par la tradition dans le service de la Direction municipale des nourrices où nous la trouvons toujours en vigueur. Elle a pour elle l'expérience ; elle est l'expression d'un esprit de transaction équitable entre les intérêts contraires de ces deux enfants appelés *les frères ennemis*, intérêts inégalement ménagés dans les réglements que nous avons cités : ainsi le réglement des enfants assistés, a fait de l'enfant de la nourrice l'objet de sa préoccupation dominante et a reculé jusqu'à neuf mois la limite de son sevrage ; le réglement proposé en 1870, au contraire, s'est préoccupé surtout du nourrisson étranger et a consenti au sevrage de l'enfant de la nourrice dès l'âge de 5 mois. La véritable ou plutôt l'unique raison de cette dernière fixation a été tirée de la crainte sinon de manquer de nourrices sur lieu, du moins d'en voir diminuer le nombre et augmenter encore le salaire. Cette fixation à l'âge de 5 mois n'a été qu'une concession aux convenances de l'industrie nourricière. La Commission doit se rappeler que M. Husson et M. Blot, membres l'un et l'autre de la Commission de 1869, ont parlé de l'âge de 5 mois, comme d'un minimum, d'une limite extrême. M. Th. Roussel est convaincu que l'un et l'autre partagent sur ce point sa manière de voir et qu'ils reconnaîtraient que le projet du réglement de 1870 se prêtait à une concession extrême et que la rédaction proposée pour le deuxième paragraphe de l'article 8 de notre projet de loi, satisfait beaucoup mieux aux exigences de la science et de l'humanité.

M. LE PRÉSIDENT met aux voix la rédaction proposée par M. Th. Roussel. Cette rédaction est adoptée.

## XXII.

**Opinion de M. Durangel, Directeur de l'Administration départemen-
tale et communale, désigné par le Ministre de l'Intérieur pour le
représenter devant la Commission, sur le projet de loi.**

M. LE PRÉSIDENT exprime à M. Durangel la satisfaction qu'a éprouvée la
Commission de voir le gouvernement représenté devant elle par le membre de
l'Administration qui a pris la part la plus notable aux travaux dont la
protection des nourrissons a été l'objet pendant les dernières années de
l'Empire. Il l'invite à faire connaître à la Commission les observations
auxquelles la proposition présentée par M. Théophile Roussel peut donner lieu de la part du Gouvernement.

M. DURANGEL répond que le nouveau texte imprimé présenté par M. Th.
Roussel différant, sur divers points, de la proposition élaborée par la Commission mixte dont il a fait partie, il lui paraît nécessaire d'entendre d'abord
une lecture du projet adopté par la Commission, après quoi il fera connaître
son opinion sur l'ensemble de ce projet et sur chacun de ses articles, si la
Commission le désire.

M. LE SECRÉTAIRE donne lecture du projet, en 15 articles, dont la discussion a été terminée et dont l'adoption a eu lieu dans la dernière séance.

Après cette lecture, M. Durangel dit que l'étude suivie à laquelle il a pu
se livrer sur l'important sujet dont s'occupe la Commission, l'a conduit à la
conviction qu'il est fort difficile de faire une bonne loi en pareille matière.
Une loi serait certainement insuffisante pour la protection efficace des enfants du premier âge, si l'on ne parvient pas, à son aide, à pénétrer jusque
dans le sein des familles. Ce n'est pas seulement par les nourrices qui emportent les enfants loin de leurs parents, que la vie des enfants est mise en
péril : elle l'est encore trop souvent par le fait des parents eux-mêmes. Il y a
malheureusement, il faut le reconnaître, des classes de la Société qui ne
comprennent pas ou qui ne pratiquent pas les devoirs les plus élémentaires
sous ce rapport.

Il importe assurément d'établir une surveillance vigilante sur les enfants
mis en nourrice. Cette surveillance n'a eu lieu jusqu'ici avec quelque régularité que pour les enfants assistés et pour les nourrissons confiés au bureau municipal de Paris ; mais lorsqu'on l'aura étendue à tous les enfants envoyés
loin de leur famille, il restera encore à protéger les enfants des nourrices
*sur lieu*, à protéger les enfants confiés à ces dernières nourrices : il restera
à parer aux maux que le biberon produit dans les familles, à lutter contre
les abus de l'allaitement artificiel qui sont si répandus et si funestes !

Ainsi la loi, en admettant qu'elle soit de tout point conforme au projet dont il vient d'être donné lecture, ne pourra ni guérir, ni atteindre tout le mal dont on se plaint. Une partie de ce mal lui échappera.

Au surplus, il ne faut pas s'y tromper : le mal le plus considérable au point de vue de ce mouvement décroissant de notre population dont on se plaint et dont on s'inquiète plus particulièrement, tient moins à l'excès de la mortalité qu'à la diminution progressive de la natalité. C'est là le fait le plus grave et le plus dangereux : d'autant plus grave qu'on le voit augmenter avec les progrès de l'aisance et se propager comme une sorte de contagion parmi nos plus riches populations. Aujourd'hui le paysan normand ne veut pas plus que le bourgeois des villes qu'une nombreuse lignée d'enfants vienne diminuer son bien-être et déranger ses calculs. On ne veut plus de nombreuses familles. C'est là, comme on voit, une affaire de mœurs et la loi n'y peut rien.

M. Durangel n'entend point, pour cela, diminuer l'importance de la question de la mortalité des nourrissons. Cette question, pour n'être qu'un des éléments du problème de la population française, n'en est pas moins un des éléments les plus sérieux et les plus dignes, en ce moment, de toute l'attention de l'Assemblée nationale; et M. Durangel reconnaît avec satisfaction que sous ce rapport, le projet qui vient d'être lu réalisera de notables bienfaits.

S'il se croyait autorisé sur une simple lecture, à faire un reproche au projet de loi, il dirait que les pénalités lui ont paru très-multipliées. N'y aurait-il pas à craindre, en s'engageant trop dans cette voie, de rendre l'application de la loi moins exacte, de la part des juges eux mêmes? Il a remarqué, toutefois, qu'on emploie, en général, cette formule, très-bonne : Telle peine *peut être appliquée*. On laisse par là une faculté précieuse à la conscience du juge, et on facilite ainsi l'application pratique de la loi.

M. Durangel a vu avec satisfaction que la Commission s'est appliquée avec grand soin à constituer fortement les comités de protection des nourrissons. Au point de vue pratique, c'est peut-être le point capital de cette loi. M. Durangel approuve la composition de ces comités, et la place qu'on y a donnée à l'inspecteur du service des enfants assistés, ainsi qu'aux membres des commissions administratives des hospices. Il y a là de précieux éléments d'un personnel expérimenté, compétent et dévoué.

M. Durangel approuve aussi sans réserve, la faculté donnée au projet, de créer des commissions locales partout où elles paraîtront devoir être utiles. Ce sera le principal et le meilleur moyen de surveillance. L'expérience des comités institués en 1862, pour les enfants assistés, tout incomplète qu'elle semble encore, a démontré à M. Durangel, qui a pu et dû la suivre de très-près, qu'il y a là une idée excellente et féconde, dont on ne saurait trop chercher à étendre et à bien asseoir l'application.

En somme, le projet de loi paraît à M. Durangel conçu dans des vues éminemment pratiques et très-réalisables. Les difficultés du sujet y sont nettement comprises et courageusement abordées, et l'on ne voit guère où chercher d'autres solutions. On ne doit pas sans doute attendre que cette loi produise de bien grands résultats sur le mouvement de notre population, parce que, comme il a été dit, il existe bien d'autres causes qui influent sur ce mouvement. Mais le résultat sur la mortalité du premier âge, qui est un fait très grave, sera incontestablement bon, et le projet ne peut qu'éveiller les sympathies du Gouvernement, comme il a obtenu déjà l'assentiment unanime de la Commission.

M. Schœlcher fait remarquer que M. Durangel vient de professer sur l'allaitement artificiel et l'emploi du biberon en particulier, une opinion très défavorable et absolue, qui est loin de concorder avec plusieurs témoignages favorables qui ont été apportés devant la Commission, notamment par M. le docteur Remilly, de Versailles, qui parlait au nom de l'expérience.

M. Durangel répond que c'est aussi une expérience longue, cruelle, qui a formé son opinion et qui a donné à cette opinion le caractère absolu qu'il ne veut pas dissimuler. Oui, le biberon, le petit-pot, l'allaitement artificiel en un mot, surtout là où il s'agit d'allaitement mercenaire, est une des grandes causes de la mortalité excessive du premier âge. Ce fait ne peut pas être sérieusement contesté. Sans doute, une femme du monde, une mère qui veut ne pas se séparer de son enfant, et n'a pas assez de lait pour le nourrir, préférant le biberon au sein d'une étrangère, saura employer avec avantage le biberon, parce qu'elle prendra tous ces soins délicats, incessants, infinis que l'emploi du biberon exige. Mais comment attendre de semblables précautions d'une nourrice? Et c'est ici que l'expérience condamne partout l'allaitement artificiel. Malheureusement la loi est ici tout à fait désarmée.

M. Edouard Charton croit devoir mentionner un autre mal que la loi ne peut sans doute pas atteindre non plus, mais contre lequel il voudrait au moins trouver une protestation partie du sein de la Commission : il veut parler de la coupable complaisance avec laquelle on voit des praticiens de Paris entretenir, confirmer par leurs conseils, la fâcheuse disposition des jeunes femmes du monde, à ne pas nourrir leurs enfants. La plupart de ces jeunes mères pourraient, sinon nourrir complètement l'enfant avec leur lait, du moins, en s'aidant du biberon, remplir leur devoir de maternité! Mais cela donnerait de la peine; il faudrait renoncer au bal, à ce qu'elles appellent les plaisirs du monde, et on a là, sous la main, la prescription de l'accoucheur et avec elle l'indiscutable autorité qui vient absoudre l'abandon du devoir et légitimer la remise de l'enfant en des mains mercenaires.

M. Soye dit que puisqu'on revient à cette question de l'allaitement artificiel, dont la Commission s'est déjà tant occupée, il ne peut pas s'empêcher de constater qu'elle ne doit pas être traitée avec des opinions absolues ; qu'il est toujours nécessaire de tenir compte des conditions dans lesquelles cet allaitement se pratique et desquelles dépendent uniquement les résultats. L'expérience, qui est si variée en cette matière, démontre que l'allaitement artificiel, même pratiqué par d'autres mains que celles de la mère, mais pratiqué avec du bon lait, à la campagne, donne de bons résultats, avec des soins convenables et surtout s'il est soutenu par beaucoup de mouvement au grand air. Ce point doit être retenu : avec le biberon, il faut une *remueuse*, selon l'expression usitée dans certains pays, c'est-à-dire une personne qui a soin de promener beaucoup l'enfant.

M. Durangel ne conteste pas la salutaire influence du mouvement et de la promenade au grand air sur les nourrissons. Mais il fait remarquer que ces deux conditions font précisément défaut dans la pratique de l'allaitement artificiel, telle qu'on l'observe généralement surtout dans les hôpitaux; dans les crèches, partout où un certain nombre de nourrissons se trouvent réunis. Que remarque-t-on partout? On voit de pauvres enfants couchés dans leurs berceaux, ayant dans leur bouche le bout du tuyau en caoutchouc d'un flacon contenant un mélange d'eau et de lait; l'enfant aspire le liquide à travers ce tube, souvent malpropre, presque toujours encroûté de matière caséeuse qui s'y est déposée et aigrie, et quand tout est fini; l'enfant reste toujours là immobile, abandonné à lui-même jusqu'à ce qu'on ait le temps de penser à lui.

Il faut ajouter que dans les familles elles-mêmes, l'emploi du biberon n'est que trop souvent un moyen de permettre à la mère de remplir négligemment ses devoirs ou de les éluder, sous le prétexte que l'enfant, si elle s'éloigne de lui, ne manquera de rien dans son berceau. Avec ce prétexte, l'enfant est laissé à lui-même; il est moins promené, moins remué que dans toute autre condition. C'est ainsi qu'on fabrique avec le biberon, au lieu de créatures humaines bien développées, de pauvres machines, des êtres chétifs, des idiots.

M. Schœlcher demande à M. Durangel son opinion sur la question de savoir s'il convient d'insérer dans la loi un article interdisant à une nourrice d'allaiter deux enfants à la fois?

M. Durangel répond que l'avantage d'une semblable mesure n'est pas contestable; mais la question est de savoir si on peut la faire appliquer. Il y a là un point très-difficile. Des articles de règlement ont été été faits dans ce but; ils ne l'ont guère atteint. Il ne serait pas beaucoup plus aisé de l'atteindre par la loi.

M. Houssard a noté l'approbation donnée par M. Durangel à la composition des comités départementaux et en particulier à la présence dans ces comités de l'inspecteur du service départemental des enfants assistés, il serait heureux que M. Durangel voulût bien exprimer plus complètement son opinion sur le rôle qu'auront ces fonctionnaires.

M. Durangel répète qu'il a trouvé l'idée très-juste et qu'il croit qu'elle donnera de très-bons résultats en pratique; on aura dans l'inspecteur, qu'il soit ou qu'il ne soit pas médecin, un membre très-compétent. qui voit les choses de près, qui les sait et, de plus, on aura un membre dévoué à cette œuvre en raison de ses fonctions mêmes et très-assidu aux séances. A côté de ces avantages évidents, il ne voit pas quelles objections pourraient être faites à la participation donnée à l'inspecteur des enfants assistés.

Personne n'ayant plus d'observation à présenter, M. le Président remercie, au nom de la Commission, M. Durangel du vif intérêt qu'il vient de manifester pour la cause dont elle se préoccupe et de la précieuse adhésion qu'il vient de donner avec l'autorité qui lui appartient, à l'œuvre législative qu'elle achève.

## XXIII.

**Note sur l'industrie nourricière dans la Nièvre. Placements clandestins.**

M. Théophile Roussel communique l'extrait suivant d'une lettre qu'il a reçue de M. le d<sup>r</sup> Monot, de Montsauche :

« L'industrie nourricière, immorale à tous les points de vue : de l'enfant, de la famille, de la religion, de l'intérêt social, de l'agriculture, etc., va prenant de l'extension, chaque jour et donne des résultats de plus en plus déplorables. Dans les 9 premiers mois de 1873, il y a eu dans le canton que j'habite 272 naissances, 152 mères sont déjà parties (La lettre est datée du 29 décembre) pour nourrir sur lieu et 72 de leurs enfants sont morts. Sur ces 272 naissances, 12 enfants sont morts-nés. Le chiffre des morts-nés va augmentant chaque année. Il est si facile de faire ou de laisser mourir un enfant au moment de sa naissance !

»Il est mort, depuis le commencement de l'année, 33 nourrissons étrangers, mais je n'ai pu savoir encore avec précision combien de ces enfants ont été apportés dans le pays. On peut toujours compter sur la proportion de la mortalité que je vous ai indiquée : 70 0/0. Ces nourrissons sont fournis par les meneuses qui en rapportent de Paris, 2, 3, à chaque voyage. Ils sont placés au rabais, nullement allaités, nourris de soupe indigeste.

» C'est à la meneuse que s'adressent les sages-femmes lorsqu'il s'agit de faire mourir un enfant qu'on a intérêt à faire disparaître ; la meneuse reçoit pour cela une prime plus ou moins importante.

» Commerce infâme qu'il faut supprimer enfin et au plus vite !

» Les enfants ainsi rapportés sont inconnus de tout le monde, souvent même de la nourrice, qui ignore jusqu'à leur nom. Ils ne sont inscrits nulle part; ils vivent et meurent en dehors des conditions sociales ordinaires. Ils ne sont soumis à aucune surveillance; ne sont nullement traités en cas de maladie ; à peine vêtus en hiver. La meneuse conserve pour elle-même une partie des vêtures et la nourrice parc ses enfants des vêtements de son nourrisson.

» Un point très-important serait aussi de venir en aide à la fille-mère, qui souvent tombée, malgré elle, par un concours de circonstances fatales, a fait une faute, mais est restée honnête. Donnons-lui les moyens de conserver son enfant auprès d'elle; créons pour elle une maternité dans chaque grand centre de population ; qu'elle y soit reçue dès que sa grossesse l'empêchera de travailler; là, soustraite aux regards du public, elle sera instruite, moralisée elle pourra devenir bonne si elle est entrée mauvaise, et nous verrons disparaître ces infanticides nombreux, nouvelle cause de démoralisation de la population.

« Enfin, il importerait d'ajouter à la loi les deux articles suivants ;

1° Tant que l'allaitement est *absolument* nécessaire, c'est-à-dire jusqu'à ce que l'enfant ait atteint l'âge de 6 mois, *au moins*, la femme qui lui aura par ses traitements, manœuvres, etc., procuré la mort, sera coupable *d'infanticide* et poursuivie comme telle.

2° La femme qui, par *l'abandon de son enfant* ou celle qui, par le manquement à ses devoirs vis-à-vis de son nourrisson, aura été la cause, *même involontaire*, de sa mort, sera passible de l'article 319 du code pénal. »

---

## XXIV.

**Mortalité comparée des enfants assistés de 0 à 1 an élèves des hospices et des enfants secourus nourris par leurs mères, dans le département du Finistère. — Projets d'établissements de nourrissage.**

Séance du 22 mai.

M. MORVAN propose d'ajouter au texte du projet de loi un article additionnel concernant spécialement les enfants assistés et qui serait ainsi conçu :

« Toute fille-mère qui déclare ne pouvoir élever son enfant pour insuffisance de ressources, sera tenue, avant de recevoir du maire de la commune le certificat d'indigence nécessaire pour l'admission de son enfant à l'hospice, de déclarer qu'elle s'engage à élever elle-même cet enfant moyennant le secours qui lui est donné par le département, pendant 5 ans au moins.

» La quotité de ce secours ne sera pas inférieure à 10 fr. par mois. »

M. MORVAN pense qu'il résulterait de l'adoption de cet article une notable diminution de la mortalité des enfants assistés du premier âge. L'expérience a déjà prononcé à cet égard. L'adoption de ce mode d'assistance dans le département du Finistère en 1859 et les développements qu'il y a pris depuis 1861, ont eu des effets si remarquables qu'ils méritent toute l'attention de la Commission. Il résulte, en effet, d'un état comparatif des décès du premier âge dans le service hospitalier et dans celui des enfants secourus qui sont tous élevés par leurs mères, que sur 2.733 élèves des hospices (de 0 à 1 an) on compte 1,390 décès, soit 50 0/0, tandis que sur 1,005 enfants secourus, on ne compte que 178 décès, soit 17 0/0. Voici cet état, dont les détails sont intéressants et qui a été communiqué à M. Morvan par l'administration départementale :

*ÉTAT comparatif des décès du 1ᵉʳ âge dans le service hospitalier et dans le service des secours aux filles-mères, de 1861 à 1873 (Finistère).*

| ANNÉES. | ÉLÈVES DES HOSPICES. | | | ENFANTS SECOURUS. | | | OBSERVATIONS. |
|---|---|---|---|---|---|---|---|
| | Enfants admis dans leur 1ʳᵉ année d'âge. | Enfants décédés avant d'avoir atteint 1 an. | Proportion pour cent. | Admis dans la 1ʳᵉ année d'âge. | Enfants décédés avant d'avoir atteint 1 an. | Proportion pour cent. | |
| 1861 | 381 | 188 | 49 | 11 | 1 | 9 | |
| *a)* 1862 | 393 | 231 | 58 | 30 | 6 | 20 | (*a*) Fermeture du tour de Quimper. |
| 1863 | 283 | 142 | 50 | 57 | 5 | 8 | |
| (*b*) 1864 | 316 | 143 | 45 | 57 | 6 | 10 | (*b*) Fermeture du tour de Brest. |
| 1865 | 259 | 117 | 45 | 68 | 9 | 13 | |
| 1866 | 280 | 142 | 50 | 73 | 15 | 20 | |
| 1867 | 254 | 124 | 48 | 59 | 5 | 8 | |
| 1868 | 174 | 88 | 50 | 70 | 12 | 17 | |
| 1869 | 148 | 73 | 49 | 92 | 24 | 26 | |
| 1870 | 127 | 86 | 67 | 69 | 17 | 24 | |
| *c)* 1871 | 89 | 42 | 47 | 118 | 20 | 16 | (*c*) Application rigoureuse du règlement de 1862, concernant les admissions dans les hospices. Dispensation plus large des secours. |
| 1872 | 16 | 10 | 62 | 159 | 22 | 13 | |
| 1873 | 13 | 4 | 30 | 142 | 36 | 25 | |
| | 2.733 | 1.390 | 50 | 1.005 | 178 | 17 | |
| Moyenne 1/13 | 210 | 106 | 50 | 77 | 13 | 17 | |

M. Houssard dit que le système indiqué par M. Morvan est mis en pratique dans le département d'Indre-et-Loire avec des résultats très-favorables. Mais il pense que cette question ne peut pas trouver sa place dans le projet de loi en discussion.

M. le comte Rampon dit qu'il a été bien entendu cependant que la loi s'appliquera aux services des enfants assistés, qui sont frappés par la mortalité dans une plus forte proportion que les autres catégories d'enfants.

M. Théophile Roussel fait remarquer que la loi, visant surtout l'allaitement mercenaire et l'allaitement hors de la famille, ne peut être applicable qu'aux nourrissons appartenant aux services des enfants assistés, et qu'elle ne l'est pas logiquement aux enfants secourus, allaités par leurs mères dans le domicile de celles-ci. La communication de M. Morvan n'en est pas moins digne d'intérêt, et sa proposition mérite d'être reprise dans un projet de révision de la législation actuelle des enfants assistés. C'est là qu'est sa véritable place.

M. le Président remet aux membres de la Commission, de la part de l'auteur, M. l'abbé Raymond, une note imprimée ayant pour titre : *Pensionnats des enfants du premier âge*. L'auteur demande à la Commission d'exprimer le vœu que le Ministre de l'Intérieur lui vienne en aide pour la création autour de Paris et des grandes villes de France, d'établissements où tous les enfants du *premier* âge légitimes ou reconnus, pourraient être admis, au prix de 35 fr. par mois, élevés dans les meilleures conditions hygiéniques, à proximité de leurs mères, qui pourraient les visiter sans frais ni perte de temps appréciable.

La Commission, qui a reçu précédemment plusieurs écrits analogues, a décidé qu'elle n'a ni les moyens, ni la mission d'apprécier la valeur pratique des projets exposés dans ces écrits. Elle ne peut que répondre par la même fin de non-recevoir à la demande qui lui est faite en ce moment.

## XXV

### Notes sur la Direction municipale des nourrices de la ville de Paris.

Séance du 29 mai.

M. Théophile Roussel termine la communication de ses notes et documents sur l'industrie nourricière à Paris, par les détails suivants concernant la *Direction municipale des nourrices de Paris*, appelée autrefois *Bureau général, Grand bureau* ou *Bureau Ste-Apolline*.

L'*Exposé des motifs* présenté le 24 mars 1873 (v. p. 22 et suiv.), et le rapport sur le projet de loi ont déjà fait connaître les principaux actes législatifs qui ont constitué cette branche de l'assistance publique et lui ont donné son organisation actuelle. On a dit et répété mal à propos que ce service municipal représente les anciens bureaux des recommandaresses, et qu'il en est la continuation, sauf des changements apportés par le temps. L'examen des documents montre que le *Grand bureau*, (longtemps appelé *Bureau Ste-Apolline* du nom de la rue où il était situé avant sa translation récente dans la rue des Tournelles) a succédé aux bureaux des recommandaresses, mais avec des différences capitales dès l'origine. Il a été créé précisément pour remplacer, par un service public, l'ancienne industrie parisienne des logeuses privilégiées, appelées recommandaresses, qui procuraient aux bourgeois de Paris des nourrices et des chambrières. L'origine de la Direction municipale remonte ainsi à la Déclaration du roi du 24 juillet 1769 qui supprima ces bureaux privilégiés, et créa un *Bureau général* dans lequel le service des nourrices fut centralisé et placé sous la surveillance et l'autorité du Lieutenant général de police. Nous avons rapporté ailleurs l'arrêté de la municipalité de Paris, en date du 15 messidor an II, qui enleva ce service aux attributions de la police, et aussi l'arrêté des consuls, du 22 germinal an IX, qui, malgré les réclamations de la nouvelle administration de la police, le maintint dans les attributions de la municipalité comme une branche de l'administration des hôpitaux et établissements de secours de Paris.

La création du *Bureau général* des nourrices sous l'ancien régime, de même que les changements d'attributions et d'organisations que ce bureau a subis, depuis la révolution française jusqu'à ce jour, ont toujours eu pour cause la persistance des abus de l'industrie nourricière et leur tendance à s'accroître en dépit des mesures qui leur étaient opposées. Le manque de garantie dans le paiement des mois de nourrices a toujours été une plaie incurable de l'industrie nourricière; l'énormité, à certains moments, de la dette des familles pauvres, y a causé de grandes perturbations et a amené de véritables disettes de nourrices. On voit dans le préambule de la Déclaration de 1769, que la création du *Bureau général* s'est opérée en grande partie sous l'influence des ces faits. « Soit, dit le roi, parce que les nourrices étant souvent dans le cas d'attendre pendant longtemps le paiement de leurs mois de nourriture, par les obstacles qui se rencontraient dans les recouvrements, on s'apercevait de jour en jour de la diminution dans le nombre de celles qui étaient dans l'usage de venir chercher les nourrissons, etc... c'est ce qui nous aurait déterminé... de charger les directeurs préposés (du Bureau général), non-seulement, de faire aux nourrices des avances de leurs mois de nourriture, sauf le recours contre les pères et mères desdits enfants, mais même d'entretenir entre les nourrices et les dits pères et mères une correspondance continuelle qui les mette en état de concourir tous également à la sûreté des jours de leurs enfants. »

Malgré les mesures décrétées par la Déclaration royale, malgré la création d'*Inspecteurs de tournées* qui devaient se transporter dans tous le lieux où se trouvaient des nourrissons parisiens, à l'effet de les visiter et d faire exécuter tout ce qui était prescrit par le lieutenant-général de police, la situation de l'industrie nourricière ne s'améliora pas sensiblement et la Révolution la trouva dans un état misérable. On voulut y remédier en enlevant le *Bureau général* à la police pour le rattacher à une administration, moins bien placée sans doute pour réprimer les contraventions, mais plus disposée par la nature de ses attributions, à faire de la conservation des enfants son objet dominant. Les effets de ce changement ne furent pas plus sensibles. Lorsque l'arrêté de l'an IX fut rendu, le nombre des placements, qui s'était élevé jusqu'à 10.000 par an, était réduit de plus de moitié! Les nourrices de campagne ne recevaient plus rien depuis les paiements en assignats. Le Bureau leur devait lui-même une somme exigible de 160.000 livres, sur laquelle un déficit d'au moins 80.000 livres était prévu.

Les mesures prises sous l'Empire n'amenèrent pas d'améliorations notables. La Direction était encore loin de prospérer, lorsqu'en 1821, à l'occasion de la naissance du duc de Bordeaux, le roi voulant faire une bonne œuvre, lui envoya une somme de 50.000 fr., pour le paiement des mois de nourrices laissés à sa charge par les familles pauvres. Un rapport mémorable fut présenté à cette occasion, le 21 avril 1821, par Péligot. Nous y apprenons que le chiffre des placements de nourrissons s'élevait alors à près de 6.000 ; mais il existait un tel désordre dans l'administration qu'un dixième des enfants placés ne figurait pas au registre matricule. Les nourrices étaient toujours odieusement rançonnées par les meneurs qui trafiquaient en dehors de leurs opérations avec le Bureau ; les parents étaient plus odieusement trompés et tous les abus que la Déclaration royale de 1769 avait voulu supprimer, avaient repris leur cours comme sous l'ancien régime. Péligot citait, entr'autres exemples des soins donnés aux nourrissons parisiens, le fait d'un meneur conduisant à Alençon un convoi de vingt-deux nourrices avec vingt-deux enfants, dans une charrette à trois chevaux, dans laquelle, en outre de ce chargement humain, se trouvaient deux voies de charbon de terre, 600 kilogr. de fer en barre, quatre balles de cuirs gras et deux gros paniers de verrerie.

Le rapport dont nous parlons provoqua une mesure importante, à laquelle remonte l'origine des Bureaux particuliers de placement de nourrices qui existent actuellement à Paris : la suppression des meneurs et meneuses. Reconnaissant l'impossibilité de se fier à un pareil personnel et de l'améliorer, l'Administration de l'assistance publique le remplaça par un personnel nouveau d'agents choisis par elle, qu'elle chargea d'opérer les recettes au domicile des parents des nourrissons et de conduire les nourrices. En même temps on créa des emplois de médecins dans les départements qui devaient, en constatant l'état de santé et l'aptitude laitière des nourrices, aider à leur recrutement. Mais ces réformes capitales eurent sur le chiffre des placements réguliers, opérés par la Direction un effet contraire à celui qu'on attendait : ce chiffre décrut considérablement. En 1822 et 1823, il ne dépassa pas 3.200.

Un rapport administratif, en date du 24 novembre 1824, révélait la cause de cette décroissance inattendue. Nous y voyons signalée, pour la première fois, la concurrence que les Bureaux particuliers commençaient à faire à la Direction municipale. Cette concurrence était l'œuvre des anciens meneurs. Renvoyés par l'Administration, ces agents n'avaient pas voulu perdre les profits illicites que la plupart d'entr'eux obtenaient des placements effectués en dehors de l'Administration. Quelques-uns fondèrent, dans la rue des Prouvaires, un bureau particulier de placement dont ils réussirent à faire approuver les règlements et autoriser les opérations par la préfecture de police. D'autres établissements de ce genre se développèrent ensuite, et suivant M. Vée, à qui nous empruntons une partie de ces détails « leur réussite eut pour cause la liberté dont ils jouissaient et qui, dégénérant en licence, leur permettait mille abus plus ou moins lucratifs. »

Le Conseil général de l'administration des hospices réclama l'appui du Gouvernement contre cette concurrence redoutable « afin, disait-il, que la Direction municipale pût continuer à procurer des nourrices à la population pauvre. » Cet argument, tiré des intérêts de la *population pauvre* de Paris, a été sans cesse reproduit depuis dans la longue lutte, qui n'est pas à sa fin, entre le Bureau municipal et les Bureaux particuliers. C'était déjà le grand argument à l'aide duquel, en l'an IX, Thouret avait fait maintenir et confirmer le transfert du *Grand Bureau* de l'Administration de la police à celle de l'assistance publique : « Le Bureau des nourrices, disait-il, doit être un véritable établissement de bienfaisance. »

En même temps qu'il s'efforçait de soutenir la concurrence, avec l'aide de subventions de la ville, le Conseil général des hospices adressait des plaintes au préfet de police et réclamait de sa part une réglementation plus sévère des Bureaux placés sous son contrôle. Cette réclamation paraît avoir provoqué l'ordonnance de police du 8 août 1828, par laquelle l'ancienne réglementation des Bureaux des recommandaresses fut, en partie, reproduite. Mais malgré ces efforts et malgré l'emploi de 440.000 fr. de subventions, de 1821 à 1829, la décadence de la Direction ne put pas être arrêtée. Le chiffre de ses placements annuels, se réduisant toujours, était tombé à 1.600.

Un rapport, présenté au milieu de ces conditions au Conseil général des hospices, le 11 mars 1828, concluait, au nom de la Commission administrative, au rétablissement de l'ancien monopole du Bureau général « comme seul moyen de sauver la Direction municipale d'une ruine assurée et de sauvegarder les intérêts de la population parisienne. » Le Conseil accepta ces conclusions, et la Commission administrative, s'adressant au Gouvernement, demanda formellement, le 20 janvier 1830, la présentation aux Chambres d'un projet de loi dans ce but. Mais les bureaux particuliers trouvèrent un patron puissant et dévoué dans le préfet de police qui combattit pour eux, au nom des droits acquis et de la liberté de l'industrie. La direction générale des esprits, si favorable alors à la liberté et hostile aux monopoles et aux priviléges, servait puissamment la cause des *Petits bureaux* et ne permettait pas le retour en arrière que la Direction municipale réclamait dans l'intérêt des pauvres. Le gouvernement ne fit rien, et la Direction, déclinant de plus en plus, en vint en 1831 au chiffre de 940 placements de nourrissons. Cette situation l'obligea l'année suivante à réduire son personnel; à ne plus conserver que six de ses seize arrondissements ruraux de placement d'enfants et de recrutement de nourrices. C'est à cette époque, enfin, qu'on voit apparaître pour la première fois, dans les documents administratifs, la pensée de remplacer les sous-inspecteurs salariés par des comités gratuits d'inspection formés par des dames charitables et par les notables des localités.

Cependant la Commission administrative des hospices semblait ne pas renoncer à l'espoir du rétablissement de l'ancien monopole. On voit cette idée développée de nouveau dans les rapports administratifs de 1837 et 1838; mais, d'autre part, on voit apparaître, dès ce moment, une idée tout opposée et qui a grandi considérablement depuis, celle de la suppression de la Direction municipale comme bureau de placement et de sa transformation en un bureau de secours pour distribuer aux familles pauvres des sommes à employer au paiement des mois de nourrices. Le préfet de la Seine produisit le premier cette proposition; il l'indiquait comme l'expression d'un vœu émis au sein du conseil municipal de Paris et que le conseil général des hospices était invité à soumettre à l'étude d'une commission. Une commission fut en effet nommée et les deux chefs des administrations rivales, le préfet de la Seine et le préfet de police s'y trouvèrent en présence. Cette commission dut s'occuper d'autant plus sérieusement de la question, qu'au moment où elle la discutait, en 1841, le chiffre des placements de la Direction municipale tombait à 886. Mais au milieu de sa détresse, la Direction trouva des défenseurs et une majorité favorable qui, loin de conclure à sa suppression conclut au rétablissement du monopole, tandis que la minorité réclamait le maintien des bureaux particuliers et demandait que la Direction passât dans les attributions du Préfet de police.

C'est au milieu de ces luttes que fut rendue l'importante Ordonnance du 14 septembre 1842 qui, empruntant aux anciennes ordonnances la plupart des articles applicables à notre temps, établit le système de règlementation auquel les bureaux particuliers sont présentement soumis. Les choses changèrent peu jusqu'en 1848. Le conseil général des hospices semblait avoir perdu toute espérance de relever cette situation. Au mois de septembre 1847, le préfet de la Seine transmit au Ministre une délibération de ce Conseil portant que « dans le cas où l'autorité supérieure retarderait sa décision, l'administration des hospices se verrait, à regret, obligée de renoncer à un service dont elle ne pouvait accepter la responsabilité sans avoir les moyens de la soutenir. » Mais la révolution de février emportait bientôt après, en même temps que le haut personnel administratif de la monarchie, le Conseil général des hospices lui-même.

La nouvelle administration de l'assistance publique dut reprendre à nouveau ces questions. Elle ne tarda pas à reconnaitre et à déclarer que la principale cause de la prospérité des bureaux particuliers, consistait dans « le détestable moyen des Primes accordées aux sages-femmes et aux accoucheurs qui adressaient les familles à ces bureaux pour le louage des nourrices. »

Nous trouvons à cette époque, dans un rapport administratif remarquable (1), lu le 18 juillet 1850, au conseil de surveillance des hospices, le point de départ d'un certain relèvement de la Direction municipale.

Recherchant les causes de sa décadence depuis la suppression des meneurs en 1821, l'auteur de ce rapport, M. Duvergier, dit : « Les meneurs songèrent à profiter de leurs relations, soit avec les nourrices, soit avec les familles ; ils formèrent des bureaux et réussirent à y attirer une nombreuse clientèle. Aux nourrices, ils promettaient qu'elles auraient plus facilement des nourrissons ; qu'elles ne seraient pas soumises aux mesures et à la surveillance que l'administration leur imposait ; pour attirer les familles, ils employaient l'influence des sages-femmes et des accoucheurs auxquels ils payaient des primes de 8 à 10 fr. et même de 12 fr. »

M. Duvergier reconnaissait qu'il ne fallait plus songer ni à la suppression des bureaux particuliers, ni au rétablissement des anciens priviléges. « Ce-

---

(1) Rapport de la Commission chargée de l'examen des propositions relatives aux modifications à introduire dans l'organisation de la Direction des nourrices. Commissaires : MM. Lepelletier d'Aulnay; Dubois, Daveluy, Hachette, Rémond de la Croisette, Horteloup et M. Duvergier, rapporteur.

pendant, disait-il, il est impossible de laisser les choses dans l'état actuel ; » et il passait à l'examen des moyens proposés dans un rapport du chef du service de la Direction.

« Un moyen certain de rappeler la clientèle, disait ce dernier, serait de mettre dans les intérêts de la Direction les sages-femmes et les accoucheurs à l'aide des primes. Mais ce moyen serait indigne d'une administration publique. » En résumé, on s'arrêta aux mesures suivantes proposées par le Directeur du Bureau municipal :

1° *Supprimer le droit d'immatricule et le prélèvement du dixième sur les sommes versées par les familles sur les frais d'abonnement avec les médecins.* — Ce droit d'immatricule consistait dans le paiement d'une somme de 3 fr. par les parents au moment de l'inscription de l'enfant. De plus, les parents devaient verser 10 0/0 en sus du montant de toutes les sommes exigées d'eux, même des frais funéraires, lorsque l'enfant mourait en nourrice. Cette double perception servait à couvrir les frais de l'administration centrale. M. Duvergier lui trouvait l'inconvénient de donner à la Direction le caractère d'un établissement commercial. Il prétendait en outre que la loi et le décret de 1806 ne l'autorisaient pas. En la supprimant, disait-il, on ramène l'institution à son but philanthropique ; on offre aux familles une économie de 24 fr., les deux prélèvements s'élevant à peu près à cette somme par enfant. (Dans les bureaux particuliers on payait 3 fr. d'immatricule et 1 fr. par mois.)

2° *Fournir aux nourrices, pendant leur séjour à Paris, une partie des aliments qui leur sont nécessaires.* — Les nourrices étaient logées à la Direction ; mais elles devaient pourvoir, à leurs frais, à leur nourriture et elles allaient, comme le font encore celles des bureaux particuliers, prendre leurs repas dans de petits restaurants ou dans des cabarets, où elles ne trouvaient que des aliments de qualités suspectes et étaient exposées à bien d'autres dangers. Le directeur proposait de leur donner gratuitement deux repas composés l'un d'un bouillon sans pain, l'autre d'une soupe et d'une portion de viande ou de légumes sans vin. Il évaluait cette dépense (à raison de 0 fr. 50 par nourrice, pour 40 nourrices) à 20 fr. par jour, soit 7,200 fr. par an.

3° *Elever la garantie des mois de nourrices de 10 fr. à 12 fr. par mois en limitant cette garantie à huit mois au lieu de onze.* — « L'administration disait M. Duvergier, garantit aux nourrices leur paiement jusqu'à concurrence de 10 fr. par mois. Les 3/5 des mères qui confient leurs enfants à la Direction sont hors d'état d'ajouter un supplément à la somme ainsi garantie et qui se trouve par conséquent former toute la rétribution effectivement reçue. Les préposés et les médecins de l'administration signalent de toute part cette rémunération comme insuffisante et son insuffisance comme l'une des principales causes de l'éloignement de bonnes nourrices. » La réduction à 8 mois de la durée de la garantie, même avec l'augmentation de 2 fr. par mois, constituait une économie pour la Direction municipale puisque la somme à payer n'était plus que de 96 fr. (pour 8 mois à 12 fr.) au lieu de 110 fr. (pour 11 mois à 10 fr.) ; mais la Commission dont M. Duvergier était l'organe, en admettant une augmentation de 4 fr. par mois, craignit que la fixation de la durée de la garantie à 8 mois, ne compromît la santé des nourrissons en amenant leur restitution aux parents à la fin du 9° mois (le premier mois étant payé d'avance). Elle proposa, en conséquence de fixer la durée de la garantie à 9 mois et le taux à 12 fr.

4° *Changer d'une manière avantageuse pour les nourrices le mode de paiement usité.* — Ce mode donnait lieu à de vives réclamations Le premier mois était versé d'avance par les parents ; mais la Direction ne payait les nourrices qu'au *prorata* du nombre de jours entre la remise de l'enfant et la fin du mois. Le surplus n'était payé qu'à la fin de la nourriture. En outre, et lorsque le prix convenu avec les parents était supérieur au prix garanti par la Direction, la différence n'était payée aux nourrices qu'à la fin de chaque trimestre. La Commission reconnaissait la nécessité de supprimer ces mesures.

5° *Rendre à la Direction le droit d'exiger le paiement des frais de poursuites exercées contre les parents des nourrissons.* — Le décret de 1806 avait accordé une vraie faveur aux débiteurs de mois de nourrices et mis à la charge de l'administration les frais de poursuites. Aussi les débiteurs de mauvaise foi ne tenaient-ils plus aucun compte des avertissements et l'administration reculait devant les poursuites. C'est pourquoi la Commission demandait que désormais les poursuites pussent s'exercer dans les conditions du droit commun.

6° *Élever le taux et mieux asseoir les bases de la rémunération des préposés et des médecins dans les départements.* — «Aujourd'hui, disait M. Duvergier, les préposés reçoivent 5 0⁄0 sur le montant des sommes versées par les familles. Les *non valeurs* s'élevant à 45 0⁄0, les émoluments des préposés se trouvent réduits dans les mêmes proportions et plusieurs ne reçoivent pas au-delà de 200 à 300 fr. La Commission proposait de fixer le minimum du traitement à 600 fr. et d'ajouter, à titre de prime d'encouragement, une somme de 0,75 c. par mois et par enfant pour les préposés chargés de la surveillance de plus de 60 enfants. Ces modifications devaient entraîner une dépense de 22,200 fr. en calculant sur une moyenne de 2,000 enfants dans les 12 arrondissements de nourrissage.

Les médecins devaient continuer à recevoir, à titre d'abonnement, la somme de 0,50 pour la location de chaque nourrice, et la même somme par mois, pour soins donnés à chaque enfant.

La Commission espérait qu'à l'aide de ces améliorations la Direction des nourrices « *atteindrait le but primitif de son institution.* » Elle sera, disait M. Duvergier, un établissement mixte ; elle se présentera d'abord comme un intermédiaire entre les familles et les nourrices, rendant aux premières un important service à des conditions peu onéreuses, en facilitant le placement des enfants et exerçant sur les nourrices une active surveillance. En second lieu, au moyen de la garantie du paiement des mois à un taux convenable, la Direction sera pour les parents pauvres une institution charitable et hospitalière intervenant dans les situations les plus dignes d'intérêt. »

Le rapporteur montrait que les sacrifices demandés par la Commission ne

devaient pas être sans compensation. « Sans doute, disait-il, la garantie
plus élevée entraînera des frais plus considérables ; mais les enfants qui seront placés par les soins de l'administration auraient été abandonnés dans
une certaine proportion et seraient devenus une occasion de dépenses plus
considérables. »

La nouvelle administration de l'assistance publique avait alors à sa tête
M. Davenne et sous l'active impulsion de ce directeur, le Conseil de surveillance donna son consentement à toutes les mesures proposées dans le rapport
de M. Duvergier. Enfin par un décret en date du 9 janvier 1851, le Ministre de
l'Intérieur leur accorda son approbation. On put croire que, grâce à ces améliorations et aux avantages offerts aux familles et aux nourrices, la Direction municipale allait avoir des jours prospères, et triompher de la concurrence des bureaux particuliers. Le nombre des placements qu'on avait vu
réduit à 567, en 1848, remonta en effet, et, en 1856, il atteignait 2,201. Mais
cette année fut le terme de cette période ascendante. En 1862, on était revenu
au chiffre de 1517, tandis que les placements des bureaux particuliers s'élevaient à près de 10,000. C'est en présence de ces résultats que le chef de la division des Secours, M. Vée, présenta, le 9 janvier 1863, au Conseil général
de l'assistance publique le remarquable rapport, dont nous avons déjà
fait mention plusieurs fois et qui concluait à la suppression du Bureau municipal :

« Si, disait M. Vée, la Direction pouvait être maintenue, elle ne saurait
l'être qu'à ces trois conditions :

1° Supprimer la garantie, en permettant les rapports des nourrices avec
les parents dans des conditions semblables à celles en usage dans les bureaux
particuliers ;

2° Rétablir les droits modérés d'inscription et de surveillance des enfants
placés directement par les familles ;

3° Eclairer l'opinion publique sur les abus des primes et les inconvénients
du défaut de surveillance extérieure et autres faits reprochables aux entreprises fondées par l'industrie libre, pour le louage des nourrices. »

Mais en indiquant de pareilles mesures, le chef de la division des Secours
déclarait que leur efficacité lui paraissait très-douteuse, ce qui le forçait à poser
la question suivante : L'intérêt public exige-t-il, à Paris, le maintien d'un bureau municipal des nourrices ? Il répondait négativement à cette question.

M. Vée ne pouvait pas méconnaître qu'en venant proposer sans détour,
la suppression d'un service placé dans ses propres attributions, il était
en contradiction avec les opinions et les tendances persistantes des chefs
de l'administration à laquelle il appartenait ; que le Conseil général des
hospices, que le préfet de la Seine, que le Conseil municipal lui-
même étaient disposés à son maintien ; que le préfet de police, malgré
ses tendances contraires, n'avait pas nié les avantages de la Direction. Ces
avantages pouvaient être résumés comme il suit :

1° La Direction municipale des nourrices assure la population parisienne
contre le retour d'une disette de nourrices semblable à celle qui a motivé en

1769 la création de cet établissement et qui compromettait l'existence de beaucoup d'enfants.

2° Il est nécessaire de conserver le type d'un établissement modèle dont la concurrence stimule les efforts des établissements particuliers et qui, assurant des nourrices à bas prix, tend à préserver la population peu aisée des exigences des bureaux particuliers;

3° Il faut offrir en tout temps à l'administration de l'assistance publique les moyens de placer en nourrice les enfants des familles pauvres et les enfants illégitimes secourus pour prévenir l'abandon;

4° On doit surveiller les enfants en nourrice, aux lieu et place des familles qui ne peuvent le faire elles-mêmes et soigner la santé des enfants et des nourrices, au moyen d'une organisation médicale généralisée dans tous les lieux de placement, organisation que les bureaux particuliers sont incapables de créer.

De ces divers avantages le principal et plus incontestable, suivant M. Vée, est celui du *service extérieur*, c'est-à-dire de la *surveillance médicale des nourrissons*, créé en 1821 et qui manquait et manque encore complètement dans le service des bureaux particuliers. « La préfecture de police, dit M. Vée, (1) a essayé il est vrai de remédier à ces inconvénients, en se tenant en correspondance avec les maires des communes du domicile des nourrices. Mais ce moyen a été peu efficace; bien peu de maires ont pu ou voulu exercer une surveillance et entretenir une correspondance régulière avec la Direction. Il suffit de savoir ce qui se passe; combien il est difficile de

---

(1) Un mémoire justificatif qui porte la date du 24 juin 1873 et tend à repousser certaines accusations produites dans les publications de la Société protectrice de l'enfance de Paris, prouve que la préfecture de police garde encore des illusions sur l'efficacité de ses moyens d'information du sort des nourrissons et de surveillance des nourrices. La citation de quelques passages de cette apologie du service de surveillance exercé par la police, n'est pas sans intérêt à cette place :

» La préfecture de police répond que tous les nourrissons dont le départ pour la campagne lui est signalé par les bureaux de nourrices sont l'objet d'un bulletin particulier transmis aux maires des communes où ils ont été emportés; que ces bulletins sont renvoyés remplis par les fonctionnaires, qui pour la plupart ne craignent pas d'aller s'assurer en personne de l'état de santé des enfants et des soins qu'on leur donne; que les indications ainsi obtenues par la préfecture de police lui suffisent généralement pour renseigner d'urgence les familles et prendre, quand il y a lieu, des mesures contre les mauvaises nourrices..... Ces indications transmises par MM. les maires, quoique ne comportant pas l'exactitude et les développements, parfois nécessaires d'un certificat médical, suffisent à l'administration et ce mode offre d'ailleurs l'avantage de ne rien coûter ni à l'état, ni aux familles, ni à des souscripteurs quelconques. » Il est difficile de mieux montrer que l'administration est forcée de se contenter de peu, et n'a encore que de faibles arguments à faire valoir en faveur de l'organisation actuelle du service de surveillance.

» Pour répondre à ces attaques, est-il dit en terminant, la préfecture n'a qu'à énumérer les actes qu'elle a accompli seulement depuis 18 mois :

1° Huit meneurs et meneuses ont été révoqués pour irrégularité de service et actes d'indélicatesse.

2° Une meneuse a été suspendue pendant 3 mois pour mêmes motifs ;

3° Un bureau a été, après avertissement de la Direction, fermé pendant deux mois, à la diligence de la préfecture de police;

4° Le tribunal municipal de Paris, a prononcé 16 condamnations à l'amende : 11 contre les bureaux, 2 contre des meneurs, 1 contre une nourrice et 2 contre des sages-femmes;

5° Les tribunaux de police correctionnelle ont condamné une nourrice à huit jours d'emprisonnement pour homicide par imprudence, et 2 meneuses, l'une à deux mois de prison pour abus de confiance et l'autre à quinze mois de la même peine pour abus de confiance et escroquerie dans l'œuvre de leurs fonctions.

faire remplir des formalités de rigueur plus simples, pour n'avoir pas l'illusion de croire que les maires puissent se charger d'un tel service. » M. Vée rappelle que les enquêtes ont révélé au contraire de très-graves abus; notamment celui des certificats de complaisance donnés par les maires.

Le rapport que nous citons en ce moment pourrait être invoqué par nous comme un plaidoyer puissant en faveur de la loi que nous préparons, car, n'ayant en vue que les nourrissons parisiens, il démontre avec évidence qu'il faut faire *pour tous*, sans exception, ce que la préfecture de police n'est pas en mesure de faire, et ce que la Direction municipale ne pourrait faire que pour un huitième environ de ces nourrissons. Il ne parle, il est vrai, que pour Paris et croit trouver des armes dans l'ancienne législation. « Il ne sera contesté par personne, dit-il (p. 40), que le devoir le plus clair et le plus pressant de l'autorité publique est de veiller à la sécurité des citoyens, surtout dans le cas où ceux-ci sont incapables de pourvoir eux-mêmes à leurs besoins? Or, qui peut appeler cette protection d'une manière plus urgente que ces frêles créatures? — « Cette action de l'autorité ne peut s'exercer, il est vrai, qu'en se manifestant sous une forme légale. Cette sanction existe dans l'espèce et la surveillance des enfants est autorisée par l'article 14 de la Déclaration royale du 24 juillet 1769 qui dit : « *Il sera proposé par le lieutenant général de police un ou plusieurs inspecteurs de tournées qui se transporteront dans tous les endroits où il y aura des nourrissons de Paris à l'effet d'y visiter ces nourrissons et d'exécuter tout ce qui leur sera ordonné par le dit lieutenant de police.* » Cette Déclaration ayant été enregistrée au parlement, avait acquis force de loi, et ses prescriptions n'ayant été abrogées par aucune disposition législative subséquente et n'ayant rien de contraire à l'esprit de la législation actuelle, l'auteur du rapport jugeait qu'elle conserve encore toute son autorité. « Quoi qu'en effet, disait-il, le droit de surveillance soit dévolu à un magistrat dont le titre n'existe plus, il est certain que ces fonctions sont parfaitement représentées par celles du préfet actuel de police,

---

« Voilà pour les mesures répressives. Voyons les mesures préventives :

1° L'une des plus efficaces a été l'affichage des peines ci-dessus mentionnées dans l'antichambre où attendent, en moyenne 12,000 nourrices par an ;

2° Des circulaires ont été adressées aux directeurs des bureaux, les invitant à suivre exactement les prescriptions de l'ordonnance de police relatives à la remise régulière des bulletins de départ des nourrices etc. ; à recommander aux meneurs de fournir dans les bulletins mensuels, des renseignements très-exacts sur la santé des nourrissons et les soins dont ils sont l'objet;

3° Dans la crainte que des nourrices refusées à la préfecture de police ne s'adressent au bureau municipal ou à l'hospice des enfants assistés, ces trois services se sont entendus pour se signaler mutuellement les mauvaises nourrices ;

4° Une surveillance plus attentive des bureaux a été recommandée aux commissaires de police des quartiers et aux inspecteurs de maisons de santé.

« Près de ces mesures comminatoires ou préventives, il y a lieu de placer la mesure équitable qui a consisté à signaler à M. le préfet de la Seine, par des tableaux mensuels, dont chaque article avait fait l'objet d'une enquête spéciale, 571 nourrices qui n'avaient pas été payées des soins qu'elles avaient donnés à des enfants de Paris pendant le siége. Ce nombre eût été doublé, si, au mois d'octobre 1872, M. le directeur de l'assistance publique n'avait fait connaître à la préfecture de police que M. le préfet de la Seine ne pourrait plus à la date du 31 dudit mois, accueillir des propositions d'indemnité en faveur de nourrices non rémunérées. »

qui a hérité de tous les droits et devoirs de l'ancien lieutenant général de police. »

Le rapport de M. Vée se terminait par les conclusions suivantes :

« 1° L'administration a poussé jusqu'aux dernières limites les concessions à faire aux familles pour les ramener à placer leurs enfants par l'intermédiaire de la Direction municipale, et elle n'y a point réussi. Les faits ont montré, du reste, que des placements beaucoup plus nombreux grèveraient nos finances de charges énormes.

2° Le seul moyen d'atténuer ces charges serait de supprimer la garantie accordée aux nourrices, de les laisser libres de renvoyer les enfants aux familles, lorsque les mois ne seraient pas exactement payés, ainsi que cela se pratique dans les bureaux particuliers ; mais cette mesure achèverait d'éteindre la clientèle de la Direction.

3° Dans l'état actuel de nos mœurs, avec les facilités et le bon marché des moyens de communications, le soin d'établir les rapports nécessaires entre les parents des enfants à allaiter et les nourrices de campagne, peut être abandonné à l'industrie privée convenablement réglementée et surveillée.

4° L'abus réellement grave, existant dans la pratique de cette industrie, c'est-à-dire les primes allouées aux sages-femmes et aux accoucheurs, pourrait être réprimé par des mesures légales qu'il serait d'autant plus facile de prendre que l'opinion publique ne pourrait en attribuer le motif au désir de soutenir l'établissement municipal, si celui-ci venait à être supprimé.

5° Les sommes accordées par l'intermédiaire de la Direction des nourrices pourraient être données sous une autre forme : le sacrifice qui résulte de la garantie des mois serait appliqué plus efficacement à des secours alloués dans les conditions ordinaires d'examen et d'enquête préalable.

6° Le service de surveillance des enfants à la campagne, qui rend des services incontestables, mais actuellement renfermés dans des bornes trop étroites, pourrait, par une organisation nouvelle, être étendu à tous les enfants de Paris envoyés en nourrice.

7° La Direction des nourrices qui ne peut se soutenir que par une subvention annuelle de 2 à 300.000 fr. et par la concession de la jouissance d'un immeuble représentant un capital de plus de 1 million, peut donc être supprimée sans inconvénient pour la population parisienne. »

Cette proposition de suppression émise ainsi avec hardiesse en 1863, fut reprise avec de plus forts arguments, en 1866, par le nouveau directeur de l'assistance publique, M. Husson (1). Dans un mémoire, en date du 8 janvier de cette année, il déclarait fermement que, malgré tous les efforts tentés pour étendre le cercle de ses opérations et pour augmenter sa clientèle, la Direction municipale des nourrices, *ne rend plus les services qu'on doit attendre d'elle* ; que les habitants de la

---

(1) Mémoire au Conseil de surveillance sur la proposition de supprimer la Direction municipale des nourrices et d'instituer, en faveur des familles nécessiteuses, des secours spéciaux pour l'allaitement des enfants. — Suivi d'un mémoire complémentaire et de documents sur le même objet, par M. Husson. — Paris, in-4. Paul Dupont.

capitale s'adressent presqu'exclusivement aujourd'hui aux bureaux particuliers fondés par l'industrie privée. Pour le prouver, M. Husson dit :
« D'après les renseignements fournis par le préfet de police, le nombre des
locations de nourrices de campagne faites chaque année à Paris, (1) s'élève
à 11.000 environ, dont 9.500 locations, en moyenne, par les bureaux particuliers et 1.500 environ par la Direction municipale.... » Celle-ci figurait donc pour moins de 13,64 0[0 dans le nombre des locations des nourrices
et les bureaux particuliers opéraient plus de 86 0[0 de ces placements.
Cependant la Direction municipale offrait aux familles des avantages nombreux et des garanties qui ne se trouvaient nulle part ailleurs : Examen
médical des nourrices à leur départ pour Paris, et après leur arrivée à
Paris ; surveillance active des nourrices et des enfants pendant la période
de l'allaitement ; enfin traitement assuré des maladies des enfants par des
médecins choisis.

M. Husson faisait remarquer que ces avantages, tout majeurs qu'ils sont,
demeurent peu appréciés par la population, et que ce qui décidait surtout les
familles qui s'adressaient à la Direction municipale, c'est qu'elles savaient
qu'en cas de non-paiement des mois de nourrice, les enfants n'étaient pas
rendus aux parents avant leur dixième mois révolu et que la Direction ne
poursuivait jamais judiciairement le recouvrement des sommes payées par
elle à la place des familles pour mois de nourrice.

Ce dernier point était mis hors de doute par le tableau suivant, où
se trouvent indiqués, pendant une période de huit années, le nombre toujours croissant des parents débiteurs de mois de nourrice payés par la
Direction, le montant toujours croissant aussi des non-valeurs, c'est-à-dire
des sommes dues par les parents et reconnues irrécouvrables.

Nous avons ajouté à ce tableau deux colonnes qui font connaître pendant
les mêmes années, le montant de la subvention faite à la Direction municipale, et le nombre des placements volontaires ou par secours :

| ANNÉES. | NOMBRE des débiteurs. | MONTANT des non valeurs. | MONTANT de la subvention municipale. | NOMBRE des placements volontaires. |
|---|---|---|---|---|
| 1857 | 1.716 | 63.989 95 | 340.000 | 1.893 |
| 1858 | 1.148 | 66.835 20 | 316.173 | 1.457 |
| 1859 | 1.214 | 78.797 43 | 225.000 | 1.598 |
| 1860 | 1.497 | 83.065 25 | 260.000 | 1.342 |
| 1861 | 2.121 | 101.170 70 | 269.000 | 1.351 |
| 1862 | 2.170 | 100.006 10 | 200.000 | 1.281 |
| 1863 | 2.421 | 102.781 51 | 200.000 | 1.231 |
| 1864 | 2.222 | 107.309 80 | 200.000 | 1.474 |

(1) Dans une note, M. Husson évalue le nombre des placements à près de 14,000, non compris
les placements directs par les parents. Il faut, en effet, ajouter environ 1.800 placements par
secours faits par la Direction municipale. En outre, les bureaux particuliers avaient, en 1865,
procuré 11,906 nourrices au lieu de 9,500.

Nous devons à l'obligeance de M. le Préfet de la Seine quelques renseignements qui trouvent ici leur place, par ce qu'ils nous permettent de suivre, jusqu'au moment présent, avec une lacune d'une seule année, la série des faits sur lesquels M. Husson appelait l'attention en 1866 et qui forment le chapitre le plus important de l'histoire de la Direction municipale. Nous avons prié M. le Préfet de la Seine de nous faire connaître, pour les années comprises entre 1866 et 1873 : 1° le montant des *non-valeurs*, c'est-à-dire des sommes que les familles ne payent pas sur le prix convenu entr'elles et les nourrices, prix sur lequel on a vu la Direction garantir d'abord 10 fr., puis 12 fr. et aujourd'hui 15 fr. par mois; 2° le nombre des enfants confiés à la Direction que leurs parents abandonnent et que la Direction est obligée d'envoyer à l'hospice des enfants assistés.

Il nous a été répondu que les renseignements contenus dans le tableau suivant :

| ANNÉES. | ENFANTS placés en nourrice par la direction municipale. | ENFANTS envoyés à l'hospice par la direction à leur retour de nourrice. | RAPPORT du nombre des abandons à celui des admissions. | MONTANT des sommes payées par la direction en garantie des mois de nourrice. |
|---|---|---|---|---|
| 1866 | 1.973 | 89 | 22.17 | 74.133.90 |
| 1867 | 1.905 | 80 | 24.56 | 80.007.05 |
| 1868 | 1.178 | 65 | 33.51 | 84.705.30 |
| 1869 | 1.120 | 04 | 33.26 | 107.289.65 |
| 1870 | 1.655 | 28 | 50.11 | 142.945.25 |
| 1871 | 622 | 101 | 6.16 | 33.585.60 |
| 1872 | 3.468 | 45 | 77.07 | 111.603.30 |
| 1873 | 4.728 | 274 | 17.26 | 227.484.10 |

Nous écartons pour le moment les commentaires que ce tableau réclame et nous ajoutons aux renseignements numériques fournis par le mémoire de M. Husson, un dernier tableau, que nous empruntons au rapport de M. Vée (p. 29), et qui nous permet de faire remonter jusqu'en 1850, certaines séries de chiffres :

| ANNÉES. | NOMBRE des débiteurs. | NOMBRE DES PLACEMENTS PAR SECOURS. | | | | MONTANT de la subvention municipale. |
|---|---|---|---|---|---|---|
| | | Volontaires. | Bureaux des secours. | Bureaux des enfants assistés | Total. | |
| 1850 | » | 725 | 990 | Seulement à | 1.714 | 100.000 |
| 1851 | » | 1.074 | 1.346 | partir de 1860. | 2.420 | 131.000 |
| 1852 | » | 1.287 | 1.967 | | 3.254 | 195.500 |
| 1853 | » | 1.447 | 2.523 | | 3.370 | 197.500 |
| 1854 | » | 1.326 | 2.702 | | 4.028 | 282.500 |
| 1855 | » | 1.544 | 1.809 | | 3.359 | 382.000 |
| 1856 | » | 2.901 | 605 | | 2.806 | 383.000 |
| 1857 | » | 1.850 | 175 | | 2.075 | 340.000 |

Nous n'avons présenté ces tableaux à cette place que parce qu'ils renferment la justification ou tout au moins l'explication des conclusions radicales du mémoire que nous analysons. Rappelant tous les efforts faits en 1856 pour réorganiser la Direction, pour lui donner une impulsion énergique en augmentant largement les avantages qu'elle offrait aux familles, l'auteur montrait, par les chiffres, l'inutilité de ces efforts. Il montrait aussi, comme M. Vée, la cause qui, malgré la supériorité de la Direction sur les entreprises fondées par l'industrie privée ne permettait pas de soutenir la concurrence avec celles-ci : « Les bureaux, dit-il, offrent une prime aux intermédiaires qui viennent louer des nourrices, et cet appat (1) suffit pour leur attirer la clientèle non seulement de toutes les sages-femmes, mais encore d'un certain nombre de praticiens peu soucieux de leur dignité. »

En conséquence, M. Husson croyait le moment venu de se résoudre à la suppression de la Direction municipale, suppression « *dont le conseil municipal voulait faire étudier la convenance dès* 1837, *et vers laquelle le conseil général des hospices, paraissait incliner dès* 1846. »

M. Husson faisait valoir les avantages financiers de cette mesure. Il reconnaissait que s'il y a des familles qui spéculent sur la bienveillance de l'administration, et sont décidées d'avance à lui laisser la charge des mois de nourrice, il y en a aussi que leur situation domine et qui doivent être assistées ; mais une somme de 60,000 fr. lui paraissait suffisante pour fournir à ces secours exceptionnels, en sorte qu'il devait résulter de la suppression, une économie de 140,000 fr., sans parler de la libre disposition rendue d'un immeuble valant un million. Le mémoire finissait par l'annonce de la translation des bureaux de la Direction de la rue Sainte-Appolline dans les locaux qu'elle a occupés depuis, rue des Tournelles, (à la place de la *Filature des indigents*), et par la proposition formelle de faire cesser le service à partir du 1er avril 1866.

Une mesure aussi radicale en matière administrative, devait rencontrer beaucoup d'opposition. On ne pouvait manquer d'insister sur les considérations d'humanité et sur les inconvénients de supprimer un *Établissement de bienfaisance*, dont les services étaient acquis depuis si longtemps à la population pauvre de Paris. M. Husson ne laissa pas ces arguments sans réponse. Dans un nouveau Mémoire au Conseil de surveillance de l'administration de l'assistance publique (en date du 28 février 1866), il soutint que la Direction municipale « n'avait jamais été qu'une institution économique, destinée à assurer l'allaitement naturel des enfants. » — « On a cité, disait-il, une phrase extraite d'un rapport attribué à Thouret, et qui exprime que le bureau des nourrices est un véritable établissement de bienfaisance..... mais, ajoutait-il, on entendait si peu créer un service public de bienfaisance, que la Déclaration du roi du 24 juillet 1769, institue 24 receveurs pour percevoir les mois de nourrice, un par quartier,

---

(1) M. Husson reconnaissait, du reste, que « les bureaux ne négligent rien pour satisfaire les familles et qu'ils recrutent aujourd'hui les nourrices à peu près dans les mêmes conditions que les agents de la Direction. »

et deux pour la banlieue. Nulle part on n'aperçoit la prévision des remises ou des non-valeurs ; au contraire, les poursuites étaient rigoureuses, et donnaient lieu à de nombreuses incarcérations, si bien que plus tard, une association particulière se forma pour tirer de prison les pères de famille incarcérés pour défaut de paiement des mois de nourrices ? »

D'après M. Husson, l'hypothèse attribuée à Thouret était inadmissible sous un régime de privilége ; elle était irréalisable sous le régime de la liberté ! «Ceux qui disent que la location des nourrices est un objet que l'intérêt social commande de placer hors du commerce, ont réclamé pour la Direction un privilége exclusif ; ceux qui admettent qu'aujourd'hui il serait impossible de constituer légalement un tel privilége, doivent reconnaître que l'administration de l'assistance publique a épuisé la série des expédients qui semblaient pouvoir conjurer les résultats d'une lutte inégale. »

A l'appui de son opinion, M. Husson produisait des documents nouveaux auxquels nous ferons encore quelques emprunts :

Dans le compte des recettes et des dépenses de la Direction pour l'exercice de 1864, on voit, dans la section des *Recettes*, que sur un total de.......................................................... 576.024.82

Les familles fournissaient, pour frais de voyage et mois de nourrices.................................................... ...... 294.143.65

Et que les fonds de subvention ou de secours pour le même objet étaient de................................................. 282.881.17

En sorte que dans l'ensemble des opérations il y avait une perte ou un sacrifice d'environ 5) 0|0.

Dans la section des *Dépenses*, on voit les frais d'administration se monter à................................................. 147.517  »

Dans laquelle somme la dépense du personnel figure pour. 115.987  »

Le personnel de la Direction proprement dit coûtait.................................................... 45.964  »

Le personnel du service extérieur......... 70.964  »

Dans ce dernier personnel figurent cinquante-cinq médecins rétribués à raison de 1 fr. par enfant et par mois (total, 3),717 40.)

Le montant des mois de nourrices s'élevait à............. 411.037.40

Dont 334,980 fr. 85 cent. pour les placements volontaires.

Le Mémoire contient le tableau suivant du mouvement de la population des enfants placés ou surveillés par l'intermédiaire de la Direction pendant les cinq dernières années qu'on avait pu relever :

| CATÉGORIES D'ENFANTS. | 1860 | 1861 | 1862 | 1863 | 1864 |
|---|---|---|---|---|---|
| Enfants existants au 1er janvier.............. | 1.829 | 2.087 | 2.027 | 2.182 | 2.161 |
| Enfants placés volontairement par l'intermédiaire de la Direction................................ | 1.342 | 1.331 | 1.281 | 1.201 | 1.474 |
| Enfants placés directement par les parents et pour lesquels ceux-ci ont réclamé la surveillance de la Direction................................ | 170 | 160 | 171 | 167 | 138 |
| Enfants placés par la Direction et secourus sur les fonds départementaux destinés à prévenir les abandons.................................... | 430 | 596 | 682 | 844 | 366 |
| Enfants placés par la Direction et secourus sur les fonds hospitaliers ...................... | 207 | 156 | 181 | 168 | 207 |
| Totaux.......... | 3.978 | 4.356 | 4.322 | 4.558 | 4.341 |
| Enfants sortis. { Enfants rendus aux parents ...... | 615 | 1.023 | 854 | 965 | 823 |
| Enfants ramenés faute de paiement. | 615 | 350 | 524 | 497 | 514 |
| Enfants envoyés à l'hospice ....... | 61 | 105 | 155 | 123 | 150 |
| Totaux.......... | 1 317 | 1.478 | 1.533 | 1.585 | 1.487 |
| Enfants décédés .......................... | 574 | 851 | 607 | 812 | 751 |
| Totaux des enfants sortis et des décédés. | 1 891 | 2.329 | 2.140 | 2.397 | 2.238 |
| Total des enfants en nourrice au 31 décembre. | 2 087 | 2.027 | 2.182 | 2.161 | 2.103 |

A propos de la catégorie, qu'on voit si peu nombreuse dans ce tableau,
des enfants placés directement par les familles, surveillés par la Direction,
M. Husson fait remarquer, que : « Pour obtenir le bénéfice de cette sollicitude, il suffit que la famille fasse inscrire à la Direction, l'enfant qu'elle
a elle-même envoyé en nourrice. Chaque enfant ainsi surveillé coûte par
an, à l'administration 17 fr., à savoir : 12 fr. pour les visites et les soins
du médecin, et 5 fr. pour la remise allouée au sous-inspecteur chargé du service administratif, la famille n'a aucune charge à supporter, alors même
que l'enfant serait malade ; cependant un bien petit nombre de pères recourent à nous, puisque pendant la période de cinq ans sur le tableau, le maximum a été 170. Rien ne prouve mieux l'indifférence des parents pour les
avantages qu'ils trouveraient à la Direction. »

M. Husson démontrait que les deux catégories d'enfants confiés à la Direction par la population de Paris, constituent une clientèle forcée, qui n'est
attirée que par le besoin d'être affranchie des frais de nourrice. Insistant sur
celle des *enfants ramenés faute de paiement*, c'est-à-dire des enfants
qui dépassent l'âge de dix mois, terme auquel la garantie de la Direction cesse. « J'appelle surtout, disait-il, l'attention sur le chiffre croissant des enfants qui nous ont été confiés par des parents ayant promis
paiement et que nous avons dû envoyer à l'hospice des enfants assistés par
suite d'abandon. De 61, en 1860, le nombre s'est élevé à 155, et il est de 150.
Ce mode d'abandon a cela de particulièrement triste, qu'il offre aux familles
indifférentes ou coupables le moyen de se séparer de leurs enfants sans formalités ni soucis. Une mère qui eût hésité, au moment de son accouchement,
de faire porter son enfant à l'hospice des enfants assistés, s'abstient de le

faire réclamer, après s'être habituée à la séparation et à l'oubli... La Direction peut devenir ainsi un instrument d'abandon fort commode pour les parents qui manquent d'entrailles. »

En regard de cette peinture de la Direction municipale en 1864 on trouve dans le mémoire en question, le tableau suivant de la situation de l'industrie des bureaux particuliers à cette époque. Nous le reproduisons afin qu'on puisse le rapprocher de celui que nous avons rapporté précédemment pour l'année 1872.

| BUREAUX DE NOURRICES (18.651). | NOURRICES de campagne. | NOURRICES sur lieux. |
| --- | --- | --- |
| 1. Rue Thouin, n° 9 | » | 647 |
| 2. Rue Pascal, n° 13 | » | 482 |
| 3. Rue du Faubourg-Saint-Denis, n° 63 | 1.360 | 46 |
| 4. Rue de la Harpe, n° 55 | 867 | » |
| 5. Rue des Ecouffes, n° 5 | 1.496 | 5 |
| 6. Rue Lacepède, n° 33 | 95 | 690 |
| 7. Rue Pagevin, n° 11 | 1.303 | 67 |
| 8. Rue Chaptal, n° 20 | 487 | 381 |
| 9. Rue du Cherche-Midi, n° 24 | 1.242 | ,,102 |
| 10. Rue de la Victoire, n° 29 | 1.144 | 145 |
| 11. Rue du Faubourg-Saint-Denis, n° 42 | 1.048 | 58 |
| 12. Rue Pascal, n° 9 | » | 241 |
| Totaux | 9.042 | 2.864 |
| Total général : 11.906 | | |

Confirmant par cette comparaison les arguments de son premier mémoire, M. Husson disait : « les locations faites par la Direction ne dépassent guère 1,300 ou 1,400 pour les placements volontaires ou 1,800 à 2,000 en y ajoutant les *placements par secours* ; le nombre des nourrices que nous procurons à la population parisienne, égale donc à peine le 10ᵉ, dans la 1ʳᵉ hypothèse et le 7ᵉ dans la 2ᵉ, de la totalité des nourrices louées par des intermédiaires... et, pourtant que l'on compare les avantages offerts aux nourrices et les garanties offertes aux parents ! Du côté des bureaux particuliers : charge, au moment de la location et pendant la nourriture et cela sans compensation. De la part de la Direction : affranchissement de toutes charges et jouissance absolument gratuite d'une organisation perfectionnée qui pourvoit à tout ; cependant le public ne vient pas à elle. Nous en avons dit la cause : le système corrupteur des primes accordées aux accoucheurs et aux sages-femmes. »

L'examen du compte des *non-valeurs*, dans le second Mémoire de M. Husson mettait en évidence l'impossibilité des recouvrements à opérer sur un grand nombre de familles clientes. En 1864, on avait compté 2,222 articles de non valeurs, formant une somme de 104,399 fr. 80 c. Ces non-valeurs accumulées dans une période de 10 ans, de 1855 à 1864, ne s'élevaient pas à moins de 1,134,234 fr 66 c. Sur cette somme 834,749 fr. 22 c., représentant la garantie de 12 fr. par mois que la Direction prenait à sa charge, avaient été payées avec les ressources propres de celle-ci. La différence, s'élevant à 357,485 fr. 43 c. représentait les sommes restées dues aux nourrices d'après les conventions du nourrissage et qui ne leur avaient pas été payées. M. Husson s'apitoyait avec raison sur cette énorme perte essuyée par ces pauvres femmes.

Il ressortait encore de l'importante étude que nous analysons, que ce ne sont pas seulement les nourrices qui ont à souffrir du défaut de payement de la portion des mois qui excède la garantie payée par la Direction. Les enfants deviennent les victimes de l'inexactitude de leurs parents. Lorsque le mois cesse d'être payé, la nourrice, réduite aux 12 fr. garantis (aujourd'hui 15 fr.), consent quelquefois à garder l'enfant; mais, elle se croit bien rarement en devoir de lui donner le lait et tous les soins qu'il réclame et lorsque l'Administration s'en aperçoit, elle ne peut y remédier, parce qu'elle ne peut pas trouver une autre nourrice au prix de 12 fr. « Qu'en arrive-t-il, écrivait à ce sujet un des médecins inspecteurs? qu'une partie de ces enfants meurt et que l'autre est rendue en général dans un état déplorable, ayant le carréau, ou une disposition à la scrophule et à la phthysie, population qui, un jour, doit occasionner de grandes dépenses aux hôpitaux et priver la Société de travaux. » — « Et cette insuffisance de l'alimentation propre à l'enfance, ajoutait M. Husson ; ce manque de soins s'applique en général à des enfants de 7 à 8 mois pour lesquels une nourriture solide et souvent grossière est une cause de mort. »

Les résultats de la garantie effective de la Direction pour 1864, s'exprimaient ainsi en 1866 : D'après un tableau des mois de nourrices correspondant à l'année 1864, dressé par ordre de M. Husson, 1,416 parents auraient dû payer à la Direction, cette année, 10,945 mois ; 915 seulement, avaient payé tout ou partie des sommes dues ; il restait à verser le montant de 5,986 mois. Sur ce chiffre, 4,959 mois restaient dus en 1866, notamment par 501 parents qui n'avaient rien payé.

« Je n'ai pas besoin d'en dire davantage, remarquait M. Husson, pour montrer que la Direction est devenue le refuge des parents qui après avoir annoncé pouvoir payer les mois et s'être engagés à le faire, s'affranchissent du soin de remplir leurs obligations. La garantie de 12 fr. donnée par la Direction devient ainsi une prime accordée à l'indifférence des parents et souvent à leur mauvaise foi. — tels sont les motifs qui m'ont amené à la conviction que la Direction des nourrices est aujourd'hui un instrument usé qui ne peut plus fonctionner pour le bien et qui est devenu au contraire une cause d'abus impossible à prévenir. » M. Husson insistait en conséquence plus vivement encore pour la suppression du service et la création d'un fonds de secours qu'on aurait distribué avec sollicitude et réservé pour prévenir les abandons d'enfants des familles pauvres, de même que l'Administration distribuait un secours pour prévenir les abandons des enfants provenant d'unions illégitimes. »

M. Husson a dit devant la Commission, le 3 décembre dernier, comment n'étant pas parvenu à la suppression de la Direction municipale et s'étant trouvé, au contraire, chargé de la maintenir vivante, il a dû recourir à la seule ressource qui fut en son pouvoir et à l'emploi de laquelle il n'a pas cherché d'autre justification que l'absolue nécessité : la création de primes aux accoucheuses qui procurent des nourrissons.

Le contraste de cette conséquence obligée du maintien de la Direction municipale avec la conclusion des mémoires de MM. Vée et Husson, s'offre à nous comme le trait le plus saillant de l'histoire actuelle de ce service, en même temps qu'un des renseignements les plus utiles à retirer des importants documents que nous avions le devoir de faire connaître avec détail, à cause de la nécessité d'une solution qui paraît devoir s'imposer avec plus de force après le vote de la loi proposée à l'Assemblée.

Il nous reste, pour terminer ce long article à faire connaître les principaux éléments de la situation actuelle. On les trouvera d'abord dans un résumé sommaire du budget de la Direction pour l'exercice de 1873 que nous devons à l'obligeance de M. le préfet de la Seine. Ce budget se soldait par :

Recettes........ 489.968 fr.<br>
Dépenses ........ 799.968

Excédant des dépenses,... 270.000 fr.

couvert par une subvention municipale d'égale somme.

Les principaux articles de recette donnent pour cet exercice :

Paiement par les familles des frais de voyage des nourrices et des enfants............................................................. 40.000 fr.

Droit d'immatricule à raison de 3 fr. par enfant............. 7.500

Recouvrement de mois de nourrices............. ............ 441.328

Les articles de dépenses sont :

Personnel de la Direction à Paris, des agents en province, des surveillants des convois, frais de tournée de l'inspecteur et des sous-inspecteurs ............................................................. 96.118 fr.

Paiement de mois de nourrices à la campagne.............. 525.000

Nourriture des nourrices................................. 12.000

Voyage des nourrices et des enfants......... ............ 51.654

Primes aux nourrices..................................... 5.000

Frais de surveillance par les médecins à la campagne........ 38.000

Les prévisions de ce budget ne se sont pas exactement réalisées ; ainsi, les recouvrements sur les familles prévus pour 441.328 fr. ne se sont élevés en réalité qu'à 343.532 fr. ; et les dépenses au contraire, portées pour 525.000, ont atteint 571.128 fr. 20. Il a donc été nécessaire de recourir à des crédits supplémentaires portés pour 123,000 aux chapitres additionnels du budget de 1873.

Les renseignements sur la situation présente de la Direction qui résultent des chiffres que nous avons déjà consignés dans ces notes, seront complétés par les chiffres que le chef consciencieux et éclairé de ce service, M. Cortillet, a groupés dans le cadre suivant et a bien voulu nous communiquer à la date du 5 février dernier :

**Renseignements statistiques sur le service de 1864 à 1873 inclusivement.**

| ANNÉES. | PLACEMENTS | | TOTAL. | NOMBRE DES ABANDONS. | SUBVENTION ANNUELLE. | NOMBRE DES DÉBITEURS. | MONTANT ANNUEL des non-valeurs. | OBSERVATIONS. |
|---|---|---|---|---|---|---|---|---|
| | volontaires. | avec secours. | | | | | | |
| | | | | | fr. | | fr. c. | |
| 1864 | 1612 | 568 | 2180 | 150 | 200.000 | 2222 | 104.399 80 | Dans les chiffres por- |
| 1865 | 1470 | 504 | 1974 | 101 | 200.000 | 2048 | 124.288 95 | tés pour la subvention |
| 1866 | 1574 | 399 | 1973 | 89 | 200.000 | 1880 | 123.800 85 | annuelle sont compris |
| 1867 | 1557 | 408 | 1965 | 79 | 235.000 | 1984 | 136.592 50 | les crédits supplémen- |
| 1868 | 1713 | 465 | 2178 | 64 | 358.308 | 2062 | 133.779 20 | taires. |
| 1869 | 1624 | 505 | 2129 | 63 | 254.000 | 2131 | 153.093 45 | |
| 1870 | 1246 | 409 | 1655 | 28 | 270.000 | 2323 | 193.946 70 | Service interrompu en août. |
| 1871 | 487 | 135 | 622 | 101 | 270.000 | 1451 | 163.335 65 | Service repris en juillet. |
| 1872 | 994 | 2474 | 3468 | 45 | 279.600 | 2306 | 150.474 25 | |
| 1873 | 1067 | 3662 | 4729 | 274 | 393.000 | » | » » | Exercice non clos. |

Exercice 1873...... { Dépenses............... 759.968 fr. / Recettes............... 480,968

Exercice 1874...... { Dépenses prévues...... 951.307 / Recettes............ 621.279

On remarquera dans ce tableau, que les placements effectués en 1873 attei-
gnent un chiffre précédemment inconnu, plus que double de ceux des années
1868 et 1869 déjà les plus chargées de tout ce siècle. Nous dirons plus loin à
quelle cause nouvelle ce résultat est dû et à quel prix il est payé. Mais
avant de traiter ce dernier point, nous devons, à cause de l'importance de
la question, compléter par quelques indications rétrospectives, ce qui a été
dit dans les mémoires qui viennent d'être analysés sur le système de garantie
des mois de nourrice, que nous venons de montrer comme le grand ressort
vital de la Direction.

Les difficultés dans le paiement et l'importance des non-paiements des
mois de nourrice étaient déjà, sous l'ancien régime, avec des proportions variables avec les circonstances et la prospérité des temps, le vice le plus
senti de l'industrie nourricière. Il faut bien reconnaître que les dispositions de la Déclaration de 1769 nous offrent le premier effort sérieusement tenté pour y remédier. « La Déclaration, dit M. Vée, mit dans les
attributions des directeurs du Bureau général, le soin de faire opérer le
payement des mois. La recette ne devait plus s'en effectuer par les meneurs,
mais par 22 préposés spéciaux (un pour chaque quartier de Paris et 2
pour la Banlieue). Les meneurs continuant à effectuer les paiements dans les
campagnes, ils recevaient l'argent des mains des directeurs, qui centrali-

saient les sommes, tenaient les écritures, et administraient à leurs risques et périls, moyennant la remise de 1 sol par livre sur toutes les sommes versées. — Telle a été, ajoute M. Vée, l'origine de la *garantie*, qui pèse encore de nos jours sur nos frais d'administration! »

L'administration de l'ancien régime ne voulait pas, il est vrai, l'interpréter ainsi, à en juger par ses violents efforts pour échapper aux suites de cette garantie et s'exonérer des charges financières qui en résultaient. Armée contre ses débiteurs du droit sommaire et terrible de prise de corps, elle fit incarcérer les pères de famille avec une rigueur qui finit par émouvoir profondément la pitié publique. Des associations charitables vinrent au secours de ces malheureux et prirent à leur charge le paiement de leur dette. Pendant plusieurs années plus de 50,000 livres par an furent payés ainsi, en sorte que ce qu'on appelait la *sèche garantie* ne dépassa jamais 3,000 livres par an, à la charge de l'administration du Lieutenant général de police.

Ce régime ayant pris fin avec la révolution française, le premier acte de l'Assemblée nationale à ce sujet, fut le vote d'une subvention de 225,000 livres pour empêcher les poursuites. Elle compléta cet acte le 25 août 1792, en supprimant la contrainte par corps pour les débiteurs de mois de nourrices et en décrétant, le 27 septembre suivant, « *sur la demande de plusieurs citoyennes*, la mise en liberté immédiate des prisonniers détenus, *pour mois de nourrice.* »

Le 20 janvier 1793, la Convention votait un *secours* de 67,112 livres à payer au Bureau de nourrices, pour 1,664 pères de famille.

Le premier rapport, fait par l'administration nouvelle (1) sur sa gestion de l'an X, constate que la situation ne s'était pas améliorée et que la *garantie promise aux nourrices* était, en grande partie, illusoire. Un arriéré de 152,000 fr. de leur salaire promis était dû à ces femmes.

L'administration se trouvait désormais désarmée contre les pères de famille récalcitrants par le décret qui avait fait rentrer ces dettes dans le droit commun ; les frais et les formalités de poursuites absorbaient les sommes à recouvrer. Pour remédier à cette situation, il fut rendu enfin un décret, en date du 25 mars 1806, par lequel il était ordonné que le recouvrement des mois de nourrice s'effectuera sur un rôle rendu exécutoire par le préfet du département, avec droit de décerner contrainte, comme en matière de contributions, mais sans permettre la prise de corps, ni la poursuite en répétition de frais.

Le rapport de Péligot, (du 25 avril 1821) offre le tableau d'un état de choses déplorable au moment où la Direction prenait par la suppression définitive des meneurs, la forme qu'elle a aujourd'hui. Le désordre des écritures ne permettait pas de savoir au juste ce qui était dû aux nourrices. On l'é-

---

(1) Le Conseil général des hospices ne prit possession des archives et de la caisse de l'ancien Bureau général qu'en vertu d'un arrêté du 13 prairial an IX. Dans le rapport sur l'exercice de l'an X, il est dit que le bureau de la direction, qui était à la Préfecture de police et l'ancien bureau des recommandaresses, situé rue de Grammont, avaient été réunis à l'hôtel de la Trémouille, rue Sainte-Avoye.

valuait au chiffre énorme de 6 à 700,000 fr., malgré que l'administration eût reçu en 20 ans en subventions ou dons particuliers une somme de 1.245.723 fr. à consacrer pour cet article.

S'il fallait chercher la véritable origine de la *garantie* telle qu'elle se pratique aujourd'hui, c'est dans les réformes opérées alors en face d'une situation extrême que nous la trouverions. Elle résulta en effet de l'arrêté, en date du 1er juillet 1821, par lequel le Conseil général des hospices, ayant à se prononcer sur cette question, traça des règles, *limita* la garantie assurée aux nourrices par l'administration, en fixa le montant à 10 fr. par mois et réduisit à 10 mois la durée du nourrissage garanti.

La situation ne parut pas s'améliorer après cette réforme. Un rapport au Conseil général, du 24 novembre 1824, constatait qu'il ne s'était opéré presqu'aucun recouvrement sur les arriérés antérieurs à 1821. Le montant des créances irrécouvrables s'élevait à 637,677 fr. et ce total énorme ne représentait que le quart des sommes dues aux nourrices. Le chiffre du nouvel arriéré formé pendant les années 1822 et 1823, figurait dans ces sommes pour 170,000 fr., malgré que le chiffre des placements fût descendu à 3,200. Nous avons dit plus haut comment le déclin continuant, on le vit descendre à 940 en 1831 et à 567 en 1848.

Après la Révolution de février, la nouvelle administration de l'Assistance publique comprit que pour assurer à la Direction une clientèle vainement cherchée jusque-là, il fallait empêcher désormais les non-paiements d'être pour les nourrices de véritables banqueroutes administratives. En même temps qu'elle chercha à améliorer ses recouvrements en obtenant, par un décret impérial du 17 juin 1852, l'abrogation de l'article 4 du décret de 1806 qui exigeait *que les poursuites pour frais de recouvrement des mois de nourrices fussent opérées sans frais*, on la voit entrer, dès 1850, dans la voie qu'elle n'a plus quittée, celle de l'abandon de toutes poursuites rigoureuses contre les parents qui manquent à leurs engagements envers les nourrices et du payement entier de ses deniers, dans les limites de la garantie fixée par ses règlements.

Ce système ne pouvait manquer de ramener des nourrissons et nous avons vu M. Vée s'effrayer en 1863 en présence de l'accroissement progressif du chiffre de cette garantie effective et ce chiffre devenir un de ses principaux arguments à l'appui de sa proposition de supprimer la Direction municipale. L'argument avait encore plus de force, lorsque M. Husson reprit lui-même, en 1866, cette proposition de la suppression, puisque, comme on peut le voir dans les tableaux produits ci-dessus, le montant des non-valeurs atteignait 104.400 fr. en 1864 et 124.300 fr. en 1865, tandis que le chiffre des placements était au-dessous de 3000. On pouvait prévoir la somme, considérable à laquelle la garantie s'élèverait lorsque le chiffre des placements approcherait de 3,500, comme en 1872 et dépasserait 4,700 comme en 1873.

M. Vée prévoyant déjà ce mouvement ascensionnel des non-valeurs, comme conséquence forcée des développements de la clientèle de la Direction municipale, s'exprimait ainsi sur le système de la garantie, considéré à la fois dans le passé et dans l'avenir. « La garantie, disait-il, fut un moyen de salut invoqué dans un moment de détresse, alors que les nourrices, rebutées par la détestable gestion des recommandaresses avaient cessé de venir chercher les enfants de Paris. Elle prit naissance en même temps que la Direction municipale et si elle produisit l'effet désiré, c'est parce qu'elle fut accompagnée d'un ensemble de mesures qui donnaient pleinement satisfaction aux justes griefs des femmes de la campagne. » M. Vée montre ensuite qu'aujourd'hui le mal ne vient pas du manque de nourrices, mais qu'il tient à ce que, par la force des choses, depuis la suppression de toutes poursuites, la Direction, attire à elle de plus en plus la clientèle des gens pauvres qui calculent sur les facilités qu'ils trouveront pour se dispenser de payer les mois de nourrices. Aussi prédisait-il que par suite de l'extension donnée aux placements par secours, la Direction aurait besoin de subventions de plus en plus considérables et, calculant le progrès de ces deux éléments d'après les chiffres connus, il disait que puisque 2,200 placements volontaires avaient exigé une subvention de 382,000 fr., avec 10,000 placements il faudrait plus d'un million. Il montrait enfin que si ce système offrait un côté humanitaire, il avait aussi son côté démoralisateur. « Il est clair, disait-il, que les familles sachant bien que la plus grande partie du salaire des nourrices leur est garanti ; que leurs enfants ne leur seront ramenés, en aucun cas, avant le dixième mois; que les poursuites contre elles n'auront rien de sérieux, cesseront en grand nombre de se préoccuper de verser exactement les sommes dues aux nourrices et il en résultera une *espèce de démoralisation* pour la population en même temps qu'une charge énorme pour les finances municipales. »

L'administration de l'assistance publique chercha des expédients pour atténuer les conséquences financières de son système et jusqu'à la fin de l'empire on l'a vue réussir à écarter un grand nombre de placements onéreux, particulièrement ceux des enfants des filles-mères, en acordant des *Bons* de un ou deux mois de secours, à l'aide desquels ces enfants étaient portés aux bureaux particuliers et placés par ces bureaux. On comprend, sans qu'il soit nécessaire d'insister, quelles devaient être, les conséquences de cette pratique et en particulier son influence sur le nombre des abandons (1) d'enfants en nourrice. Aussi n'est-on pas surpris de la voir attaquer dès 1872, au sein du Conseil municipal républicain de Paris et d'en voir exiger la suppression, malgré la pénurie des finances municipales. M. le D<sup>r</sup> Clémenceau, ancien Représentant de la Seine prit l'initiative de cette réforme vraiment humaine, en faisant adopter dans la séance du Conseil du 2 mars 1872, une proposition ainsi conçue : « Le Conseil municipal émet le vœu que l'administration renonce à diriger certaines classes de nourrissons sur les bureaux de nourrices particuliers. »

---

(1) Par contre le nombre des abandons était plus faible dans le service même de la Direction sous le régime des *Bons*. En 1872, il n'a été que de 45. En 1873, après la suppression des *Bons*, les abandons ont repris leur cours et se sont élevés à 274, le nombre des placements étant de 3,458.

Nous ne devons pas oublier de noter que la question de la suppression de la Direction a reparu dans cette même séance. Après avoir blâmé l'usage des *Bons de secours* aux filles-mères indigentes et leur renvoi aux bureaux particuliers, M. Clémenceau demanda au Secrétaire-général de la Préfecture de la Seine, si le bureau municipal ne pourrait pas être supprimé dans un avenir rapproché ? Le Secrétaire-général était l'ancien Directeur de l'assistance publique qui avait proposé autrefois cette suppression et qui montra qu'il n'avait pas varié dans sa conviction. Après avoir rappelé les circonstances qui avaient maintenu jusqu'ici son existence, M. Husson reconnaissait que cette institution ne peut pas lutter contre les bureaux particuliers et qu'on doit prévoir sa suppression dans un certain avenir. Il indiquait la né-cessité de faire précéder cette mesure de l'intervention d'une loi à solliciter et qui « instituera, disait-il, d'une manière générale, des garanties analogues à celles que présente la Direction. »

Nous ne devions pas négliger ces détails rétrospectifs au moment où, comme nous l'avons dit, la suppression ou, pour mieux dire, une transformation complète de ce service, nous apparaît comme la conclusion logique de son histoire et comme une conséquence inévitable du vote de la loi de protection que nous préparons.

Il est juste, malgré cette conclusion, à laquelle les documents nous ont conduit, de parler avec l'éloge qu'ils méritent des règlements actuels de la Direction. Nous sommes persuadé que lorsque la loi de protection des nourrissons sera votée, on pourra leur faire d'utiles emprunts pour la confection des règlements qui doivent la compléter. Nous n'aurions qu'à passer en revue, pour le prouver, les 16 chapitres de l'*Instruction sur le service*, dont la dernière édition date du mois de janvier 1872. Le chapitre 1er relatif aux *attributions des sous-inspecteurs* ; le chapitre 11, relatif aux *médecins* et le chapitre 111, relatif à la levée des *nourrices et à leur envoi à Paris*, sont le fruit d'une expérience consommée des besoins du nourrissage. Nous devons excepter l'article 14 du chap. 11 portant que les *médecins fournissent à leurs frais, sur les émoluments qui leur sont alloués, les médicaments qu'ils ont à employer*. On ne peut que blâmer cette disposition fâcheuse ; mais on doit applaudir aux sages prescriptions relatives au double allaitement, à la nourriture supplémentaire à donner aux enfants, au sevrage, à la vaccination obligatoire, aux layettes et vêtures, etc.

Une ombre cependant s'élève bientôt, sur ce tableau si correct lorsque passant des prescriptions théoriques à la pratique, nous examinons les relevés de la mortalité. Afin de n'avoir pas à ajouter encore, sur ce point, un nouveau chapitre à l'histoire beaucoup trop longue de la Direction municipale, nous nous contenterons de recommander à l'attention un intéressant tableau que nous devons l'obligeance de M. Cortilliot et dans lequel se trouve établie entre les nourrissons une distinction en deux catégories, qu'il faut soigneusement faire désormais lorsqu'on parle de la mortalité.

| SOUS-INSPECTIONS. | NOMBRE des enfants surveillés en 1873. | | TOTAL GÉNÉRAL des enfants surveillés en 1873. | NOMBRE des décès. | | TOTAL GÉNÉRAL des décès pendant l'année 1873. | MOYENNE des décès pour 100. | | MOYENNE GÉNÉRALE des décès pour 1873. |
|---|---|---|---|---|---|---|---|---|---|
| | au sein. | en sevrage. | | au sein. | en sevrage. | | au sein. | en sevrage. | |
| Argentan (Sarthe) | 610 | 337 | 947 | 89 | 106 | 257 | 14.59 | 49.85 | 27.13 |
| Château-Thierry (Aisne) | 532 | 332 | 864 | 117 | 188 | 305 | 21.99 | 56.62 | 35.50 |
| Joigny, 1re section (Yonne) | 794 | 269 | 1.063 | 202 | 122 | 324 | 25.44 | 45.35 | 30.47 |
| Joigny, 2e section (Yonne) | 491 | 431 | 922 | 95 | 219 | 314 | 19.34 | 50.81 | 34.05 |
| Mamers (Sarthe) | 542 | 345 | 887 | 98 | 141 | 239 | 18.08 | 40.86 | 26.94 |
| Mortagne (Ille-et-Vilaine) | 792 | 312 | 1.104 | 160 | 128 | 288 | 20.20 | 41.02 | 26.08 |
| Nogent-le-Rotrou (Eure-et-Loir) | 110 | 16 | 126 | 9 | 6 | 15 | 8.18 | 37.50 | 11.90 |
| Sens (Yonne) | 498 | 411 | 909 | 109 | 238 | 347 | 21.88 | 57.90 | 38.17 |
| Tonnerre (Yonne) | 65 | 37 | 102 | 10 | 23 | 33 | 15.38 | 62.16 | 32.35 |
| TOTAUX | 4.434 | 2.490 | 6.924 | 889 | 1.233 | 2.122 | 20.04 | 49.51 | 30.64 |
| Différence en plus pour la mortalité des enfants en sevrage...... | | | | | | | 29.47 | | |

Malgré notre désir d'éviter tout développement nouveau et de n'ajouter aucune réflexion à ces chiffres, il est impossible de ne pas nous arrêter à cette catégorie de nourrissons désignés sous l'expression d'*enfants en sevrage*, par opposition avec celle d'*enfants au sein*. On y voit dans une trop frappante évidence la partie la plus triste du service de la Direction municipale, la place considérable qu'elle donne à l'allaitement artificiel et les déplorables résultats que produit cet allaitement. Ne ressort-il pas, en effet, du tableau que, sur près de 7,000 enfants livrés aux nourrices en 1873, plus d'*un tiers*, presque les deux cinquièmes, ont été *mis en sevrage*, c'est-à-dire livrés à des *nourrices sèches* et nourris au *biberon anglais*, en usage général dans le service de la Direction ? Et serait-il possible d'hésiter dans le jugement à porter sur cette pratique, après avoir jeté les yeux sur les chiffres juxtaposés dans les deux colonnes placées sous ce titre : *moyenne des décès* ? D'une part, on y voit l'allaitement au sein donnant, dans la sous-inspection de Nogent-le-Rotrou pays si mal famé pour le nourrissage, une mortalité de 8, 18 0[0 seulement, tandis que, par contre, l'allaitement au biberon anglais donne, malgré la surveillance, une mortalité de 37,50 0[0.

Dans la sous-inspection d'Argentan ou trouve une mortalité de 14,59 0[0 pour les enfants *au sein* et une mortalité de 49,85 0[0 pour les enfants *en sevrage* ; enfin dans la sous-inspection de Tonnerre, on voit la mortalité de cette dernière catégorie atteindre le chiffre énorme de 62,16 0/0, tandis que celle des enfants *au sein* ne dépasse pas 15,38 0/0. C'est avec ces éléments si disparates et ces chiffres si importants à relever séparément que se compose la moyenne générale des décès des nourrissons de la Direction municipale, qui a été pour 1873 de 30,64 0/0.

On ne trouvera pas inutile, après de semblables constatations, que nous terminions ce chapitre par quelques renseignements, pris sur place, sur l'emploi du *biberon anglais* par la Direction municipale. Nous les tenons d'un observateur aussi impartial qu'éclairé avec lequel nous avons eu l'occasion de nous entretenir de ce sujet, dans un récent voyage à Château-Thierry. Voici ce que nous écrit, de cette ville, M. le docteur Danis :

Monsieur le Rapporteur,

« J'ai récemment, dans mon petit livre d'hygiène, intitulé *Autour d'un berceau*, signalé aux mères, je signale aujourd'hui à la Commission de la loi protectrice des enfants en bas-âge, un danger redoutable, dont on observe les effets pernicieux très en grand, depuis un certain nombre d'années et qui consiste dans l'emploi d'un système d'élevage artificiel au moyen d'un biberon dit *biberon anglais*.

« Je vous le dénonce comme détestable. Il se compose d'une bouteille plate, en forme de gourde, dans laquelle plonge un tube de verre adapté à un tube de caoutchouc long de 25 à 30 centimètres, terminé par un bout également en caoutchouc vulcanisé. Cet appareil a été inventé pour favoriser la paresse de l'éleveuse (de là son succès), il procure à l'enfant les plus mauvaises digestions (de là son danger). On le place en effet sur le lit du nourrisson, le tube dans sa bouche, à demeure ; l'habitude vient alors de boire sans cesse, et du lait froid, du lait fermenté la plupart du temps.

« Cela revient au mode usité en Finlande, où, d'après William Fare, la mortalité était beaucoup plus considérable que dans le reste de la Suède : « On reconnut que ce triste résultat était dû à la coutume des paysannes de ne pas allaiter leurs enfants, mais de suspendre au-dessous de leurs berceaux et à leur portée, une corne remplie de lait, afin que les mères pussent aller travailler au-dehors pendant toute la journée. Une loi fut faite pour les obliger à emmener leurs enfants aux champs dans un berceau, à la manière des Lapons et à les allaiter durant le jour. Une amende est infligée aux parents qui contreviennent à ces dispositions, toujours en vigueur ; mais telle est la force des habitudes que, au dire du Dr Berg, directeur du département de statistique, qui a fourni ces détails, on n'a pu complètement changer l'ancienne coutume et les résultats du nouvel état de choses ne se font pas encore beaucoup sentir. »

« La corne joue en Finlande le rôle pernicieux du *biberon anglais* dans nos pays et, chez les suédois comme chez nous, les digestions ne peuvent manquer d'être pitoyables par suite de ce continuel arrivage dans l'estomac. L'enfant s'épuise à sucer ainsi sans relâche ; le caséum ammoniacal, l'hydrogène sulfuré, qui se produisent au bout de peu, l'empoisonnent ; il a souvent le haut de la poitrine mouillé, car le tube s'échappe des lèvres, et, en même temps qu'une santé débile, il acquiert, s'il ne meurt, une habitude dont on le débarrasse difficilement. S'il vit, on le voit souvent, chétif, avec un gros ventre, de petites jambes, une soif inextinguible, et une faim insatiable, voué au carreau, ou bien au rachitisme. Tel est le sort des malheureux livrés à cet allaitement artificieux, non moins qu'artificiel.

« Vous le savez, monsieur et très-honoré confrère, ce n'est pas ainsi qu'il faut donner le biberon ; il est nécessaire de le présenter chaque fois, comme on ferait du sein, à des heures réglées, dans les conditions de température voulues, avec du lait réunissant toutes les qualités qu'il perd dans ces appareils de caoutchouc, impossibles à bien nettoyer.

« Je viens donc vous demander, M. le Rapporteur, si vous ne jugeriez pas nécessaire de provoquer une enquête académique sur les différentes sortes de biberons. Cette préoccupation est-elle indigne du législateur, en présence des faits que je vous relate ?

« Je dois dénoncer cet instrument anglais parce qu'il s'en vend des quantités fabuleuses — des centaines de mille — non-seulement aux particuliers, mais aux administrations qui n'en fournissent pas d'autres à leurs pseudo-nourrices de cinquante ans.

« On envoie vraiment ces malheureux enfants mourir en province; au reste on les expédie quelquefois dans un tel état qu'ils n'arrivent pas vivants et succombent en chemin de fer !

» N'y aurait-il donc plus de lait aux mamelles des françaises, pour qu'on ait recours à ces procédés d'empoisonnement ? C'est à croire, attendu que les nourrices au sein ne reviennent pas plus cher que les nourricières. L'administration municipale de Paris leur donne à chacune quinze francs de garantie, somme insuffisante et qui devrait être portée à vingt francs au moins.

» Pour augmenter le danger, on donne à ces femmes à leur départ de Paris, des biberons à tube de caoutchouc, tels que je vous les décris au commencement de ma lettre. Il y en a de toutes marques, car tous les fabricants de bandages en font, variant la forme du bouchon avec ou sans vis, avec ou sans soupape, tous avec tube de caoutchouc, tétine de caoutchouc ; on y verse un mélange d'eau de gomme et de fleurs d'oranger, pour la route ; ces mixtures fermentent vite, combinées avec le caoutchouc vulcanisé, comme fera le lait plus tard ; elles donnent de l'hydrogène sulfuré et les enfants, à une demi-journée de Paris, ont déjà la diarrhée dont ils font l'apprentissage, dont ils se remettent un peu, qui leur revient ensuite et qui, sous l'influence de la même cause persistante, les mène à la mort.

» Les femmes qui *élèvent au sevrage* reconnaissent elles-mêmes la cause du mal. J'en ai entendu me dire : « Ah ! monsieur, mon enfant ne vient pas, c'est ce tuyau-là qui en est la cause, je n'en veux plus. »

» Je l'ai sentie bien souvent, cette odeur infecte; j'ai constaté maintes fois ses propriétés toxiques à l'arrivée même, propriétés révélées par des coliques, de la diarrhée, quand, au dire même de la nourricière, il n'y avait rien au départ.

» Qu'on juge de la gravité des faits quand on saura, d'après la statistique propre de l'assistance, dont vous avez bien voulu mettre les chiffres à ma disposition, que dans une circonscription de 110 à 120 communes, on a livré en un an (1873) 278 nourrissons à élever au moyen de cet instrument meurtrier, quand on n'en a confié que 299 à de véritables nourrices, nourrices au sein. Sur les premiers, 173 sont morts ; sur les seconds, 87 : soit 260 décès pour 577, chiffre dans lequel le sevrage entre pour les deux tiers.

» Soit encore, 29 pour 100 de décès dans l'allaitement au sein, et 62 p. 100 dans l'allaitement au biberon.

»En été, pendant les mois de juillet, août, septembre, la mortalité augmente; je l'ai vue de 9 décès en décembre, sur 354 enfants, quand elle fut de 43, en août, sur 370 enfants, sans qu'il y eut d'épidémie locale, la fermentation plus active dans le biberon étant la cause principale de cet accroissement.

» Dans de telles conditions, au dehors, chez une mercenaire, le danger est bien plus grand que dans les cas où le biberon est employé par les mères, celles-ci apportant des soins, éclairés par leur amour, à l'entretien de propreté, à l'emploi de lait non aigri, etc... tandis que les femmes dont c'est le métier, ne s'inquiètent pas de toutes ces minuties. L'enfant a son affaire, il ne crie plus, il boit sans cesse ; qu'est-ce qu'il lui manque? La bonne femme, mal payée, va gagner sa vie aux champs. Telle est la cause principale de la mort des enfants. On observe que dans les pays où les éleveuses restent plus à la maison, surveillent mieux par conséquent — en Normandie, par exemple — la mortalité des nourrissons est beaucoup moindre que dans les endroits où elles travaillent à la culture.

« Pour ces raisons, j'ai regardé comme un cas de conscience de signaler hautement de pareils faits et je demande qu'on décide s'il ne serait pas urgent de supprimer un tel état de choses. »

---

## XXV

**Abandon des enfants en nourrice par leurs parents.**

M. le secrétaire donne lecture d'une lettre adressée à la Commission, à la date du 8 mai, par MM. Anglada, vice-président et Bodart, secrétaire général de la Société protectrice de l'enfance du département d'Indre-et-Loire. Les auteurs de cette lettre proposent différentes modifications aux articles 2, 12 et 13 du projet de loi de la Commission. Ils proposent notamment d'ajouter à l'article 13, un paragraphe additionnel ainsi conçu :

*L'abandon par les parents d'un enfant chez la nourrice à laquelle ils l'auront confié, pourra être puni des peines de simple police et, en cas de récidive, d'un emprisonnement de cinq jours à trois mois et d'une amende qui ne dépassera pas 200 francs.*

M. le secrétaire reconnait que les auteurs de la lettre soulèvent dans cette dernière proposition, une question intéressante et digne de la sollici-

Séance du 22 mai.

tude du législateur, mais qui ne figure pas dans le programme des discussions de la Commission et que celle-ci a paru disposée à en écarter, par les raisons qui l'ont déterminée à ne pas trop s'étendre et à ne pas sortir du cadre dans lequel ses devanciers de la Commission de 1869-1870 s'étaient enfermés. La Commission jugera-t-elle à propos, à ce point de ses travaux, de revenir sur ses premières déterminations ? Dans ce cas, quelle place et quelle forme pourrait il être donné à une disposition législative à introduire dans le projet de loi sur la question de l'abandon des nourrissons par leurs parents ?

M. Amat dit que pour s'occuper utilement de la question de l'abandon, il faudrait préalablement l'avoir bien définie. Et d'abord quel est le fait auquel on veut attacher une pénalité ? Est-ce le retard mis par les parents au paiement des mois de nourrice ? Quel est, en ce cas, le point du retard où commencera l'acte délictueux ? Si on examine de près ce fait du non paiement ou du retard de paiement, on reconnaîtra la nécessité de distinguer les cas dans lesquels la cause réside dans l'impossibilité de payer des cas dans lesquels elle réside dans la mauvaise volonté. Il y a dans ce fait beaucoup de nuances délicates. La Direction municipale des nourrices, qui place en général des enfants appartenant aux classes les moins riches, a assis sur ce fait du non-paiement tout son système de garantie des mois de nourrice, parce qu'elle sait quelle part il faut faire aux impossibilités résultant de la pauvreté ! Elle sait que beaucoup de parents n'ont recours à elle que parce qu'ils ont cette confiance qu'au cas où leurs ressources ne permettraient pas de faire les frais du nourrissage de leur enfant, l'enfant n'aurait pas pour cela à souffrir et qu'il continuerait à être nourri jusqu'au delà de dix mois.

On voit par ce peu de mots, combien, avant d'examiner quelle place la proposition qui vient d'être soulevée pourrait prendre dans le projet de loi, il serait indispensable de commencer par en préciser les termes.

M. Théophile Roussel rappelle (1) que cette question de l'abandon a déjà été soulevée devant la Commission dans la séance du 15 décembre dernier et quelle a été produite alors par M. le docteur Devilliers dans des termes plus précis. M. le docteur Devilliers proposait un article dans lequel le fait délictueux était caractérisé par la disparition des parents sans qu'ils aient fait connaître leur nouvelle résidence, ni donné aucun avis de leur départ à qui que ce soit.

M. de Tillancourt demande si l'on ne pourrait pas imposer aux parents, outre l'obligation de faire connaître leur domicile lorsqu'ils placent l'enfant en nourrice, l'obligation, en cas de changement de résidence, de faire connaître leur nouvelle résidence ?

M. Théophile Roussel dit que le projet de loi n'impose qu'une seule obligation aux parents. Il exige, par l'art. 7, que toute personne qui place un enfant en nourrice en fasse la déclaration à la mairie où la déclaration de

_________________

(1) Voir aussi page 131 l'article 5, relatif à l'abandon, d'un projet de loi proposé par M. Alex. Mayer.

naissance a eu lieu et remette à la nourrice un bulletin contenant un extrait de l'acte de naissance.

Après une discussion à laquelle prennent part MM. Amat, Charton, de Melun et Schœlcher, la Commission décide que le programme de la Commission ne sera pas modifié et qu'il ne sera pas donné d'autre suite présentement à la discussion de la question de l'abandon des nourrissons.

---

## XXVI

**Nourrissons envoyés des villes du Midi dans les montagnes de l'Ardèche. — Enfants assistés de l'Hérault, envoyés dans le département de l'Aveyron. — Placements clandestins.**

M. Théophile Roussel communique à la Commission plusieurs lettres qui lui ont été écrites de différents points de la France, par des médecins sur l'industrie nourricière. Ces lettres montrent avec quelle triste monotonie, avec quelle affligeante ressemblance dans les causes et dans les résultats, les mêmes faits se produisent dans toutes les parties de notre territoire. M. Roussel appelle plus particulièrement l'attention sur les passages suivants, qui se rapportent à des pays éloignés du centre parisien et sur lesquels la Commission n'a reçu jusqu'à ce jour que peu de renseignements :

M. le docteur Chabanon écrit de Vals (Ardèche) :

« Malgré un certain déploiement de soins réglementaires qui vont se perfectionnant, les petits êtres de Marseille, âgés d'un jour ou de plusieurs jours, ne sont pas transportés dans nos montagnes sans courir beaucoup de dangers. Le passage d'une altitude à une autre, d'une température à une autre, avec des différences si marquées, aggrave considérablement les mauvais effets produits par la privation de la mamelle maternelle ou nourricière pendant les deux ou trois jours de leur voyage, qui sont les deux ou trois premiers jours de leur vie.

» Il semble inexact de dire que les nourrissons des hôpitaux sont les plus mal soignés. Il est une autre catégorie qui, tout en ayant père et mère, se trouvent bien plus abandonnés, je vous parle des enfants de tous ces petits ménages des grandes villes ou des petites villes, de Marseille, d'Avignon, d'Aubenas, etc., dont la mère exerce une petite industrie, le père une différente, ayant un petit magasin, et un simple réduit sous les combles pour la nuit ; je parle aussi de tous les enfants que la mère ne nourrit pas sous un prétexte moins bon encore. Ceux-là sont confiés à première venue, à la nourrice *sans lait*, qui descend des montagnes, vers les villes du midi. Quelles garanties peut-il y avoir pour la vie de ces nourrissons? »

Séance du 8 juin.

---

Les notes suivantes sont extraites d'une lettre d'un honorable fonction
naire du département de l'Aveyron :

Coupiac, 12 mai 1874.

« Le pays est littéralement envahi par des enfants nouveau-nés étrangers.

» C'est principalement dans le canton de Saint-Sernin (Aveyron), et dans
une partie du canton d'Alban (Tarn), pays montagneux et assez misérable,
que se fait ce que j'appellerai le commerce des nourrissons. On peut évaluer
à plus de 200 le nombre d'enfants apportés annuellement dans ces deux
cantons.

» L'administration des hospices de l'Hérault en envoie une bonne partie.
Elle cherche, je crois, à faire pour le mieux ; n'ayant guère le choix des
nourrices, elle ne se montre pas exigeante. Bien des enfants têtent du lait
de deux ans et de trois ans. Je connais, pour mon compte, des femmes qui,
après avoir nourri leur enfant légitime, ont nourri ensuite deux autres nourrissons successivement. Les voyages des hospices de l'Hérault, se font dans
une grande voiture où les enfants sont assez bien, mais nourris le plus souvent au biberon, et ils restent quelquefois soumis plusieurs jours à ce régime
avant d'être placés. Il va sans dire que la bouillie vient soulager la nourrice
le plus tôt possible, et qu'en général le sevrage est prématuré.

» Quant aux soins de propreté, de coucher, de vêture, ils sont nuls, les
enfants légitimes étant aussi très-négligés sous ces rapports. Il vient bien
tous les ans un inspecteur de bienfaisance, mais son passage annoncé partout dans la campagne ne produit pas les résultats désirables. Le plus souvent, du reste, cet inspecteur, n'étant pas médecin, est peu capable de constater le manque de soins hygiéniques et les conséquences qui en résultent.
Si sa visite peut avoir quelques bons fruits, ce n'est pas pour la santé des
enfants.

» Mais ce n'est pas là que le mal est le plus grand, et les pauvres enfants
trouvés protégés par les établissements charitables, ne sont pas les plus mal
partagés, surtout depuis que la suppression des tours en a diminué le nombre.
Voici les plus vraies misères, et je ne sais si la suppression des tours n'en
est pas une des causes ?

» Tous les enfants n'arrivent pas ici sous l'égide tutélaire d'une administration hospitalière. Malheur aux pauvres êtres mis au monde clandestinement, clandestinement enlevés et apportés dans nos montagnes ! Quelques
matrones, vieilles mégères, qui doivent n'avoir jamais tété du lait de femme,
se font les intermédiaires criminels entre les mères que la contrainte ou la
honte obligent à éloigner leur enfant, et les paysannes que l'appât du gain
pousse à les prendre. Ces enfants sont condamnés d'avance à disparaître.
Les monstres femelles qui viennent les distribuer, apportent le plus souvent
le prix de leur mort. Le Tour les eût recueillis. »

## XXVII

### Nourrissons du service des Enfants assistés du département de Seine-et-Oise.

Il résulte des renseignements donnés à M. Théophile Roussel par M. le docteur Sellier, inspecteur du service des Enfants assistés du département de Seine-et-Oise, que depuis plus de quinze ans, l'Administration a dû renoncer à tenter sérieusement d'effectuer des placements de nourriture au sein dans ce département. Une enquête toute récente, dont nous donnons ci-dessous les résultats, a établi que 13 communes seulement sur 685, ont offert quelques placements au sein, et encore à des conditions trop onéreuses pour pouvoir être acceptées.

A défaut de ressources locales, l'Administration a cherché en Bourgogne des placements au sein. Elle a réussi à en trouver dans l'arrondissement d'Avallon. Elle a nommé des agents et des médecins dans le pays et fait choisir, autant que possible, de bonnes nourrices convenablement payées et surveillées. Les placements chez les indigents sont repoussés. Ces placements ont commencé au mois de septembre 1863. Jusqu'ici, les résultats paraissent très-satisfaisants ainsi qu'on peut le voir dans le relevé comparatif qui termine cette note. En moyenne, les placements au sein, en Bourgogne, n'ont donné qu'une mortalité de 22,40 0/0, tandis que les placements chez les nourriciers du département de Seine-et-Oise, donnaient une moyenne de 66,54 0/0.

Voici d'abord les résultats de l'Enquête faite pour déterminer les ressources offertes par les communes du département de Seine-et-Oise pour le placement en nourrice des enfants assistés :

|  |  |  |  |  |
|---|---|---|---|---|
|  |  | 3 à raison de | 30 fr. par mois. |  |
| 13 Communes signalent des placements de nourriture au sein. | 1 | — | 32 | — |
| (Les enfants ne resteront que jusqu'à 4 ou 5 ans | 4 | — | 35 | — |
| auprès des personnes qui les ont élevés). | 4 | — | 40 | — |
|  | 1 | — | 50 | — |
| 4 — signalent des placements pour des enfants sevrés et jusqu'à 5 ou 6 ans...................... | 4 | — | 25 | — |
| 8 — signalent des placements pour des enfants de 6 à12 ans. (Mais préférence pour des enfants de plus de 12 ans). | 8 | — | 20 | — |
| 55 — déclarent que les placements aux conditions demandées par le service d'assistance (petits cultivateurs, aisance, moralité, soins, éducation convenable, fréquentation de l'école, service médical, surveillance, maintien en placement d'apprentissage après la 12° année) seront très-difficiles ; ces communes donnent des renseignements sur les conditions de placement des enfants de particuliers jusqu'à 5 ou 6 ans...................... |  |  | 30 | — |
|  |  |  | 25 | — |
|  |  |  | 20 | — |
| 475 — déclarent que les placements d'enfants assistés sont complètement impossibles. |  |  |  |  |
| 34 Chefs-lieux de canton n'ont pas été consultés. |  |  |  |  |
| 96 Communes n'ont pas encore adressé de réponse. |  |  |  |  |

Total 685 Communes.

# ENFANTS ASSISTÉS DE SEINE-ET-OISE.

**ENFANTS DE 0 A 1 AN NÉS EN 1872.**

(Sorties et décès avant le 365e jour de l'existence).

| | | | | |
|---|---|---|---|---|
| Nombre des admis : 43 | Placements de Seine-et-Oise. | Alimentation au sein. 1 | Sortis..... | » |
| | | | Décédés... | » |
| | | | Restent.... | 1 |
| | | Alimentation artificielle. 42 | Sortis..... | 13 |
| | | | Décédés... | 26 |
| | | | Restent.... | 3 |

**ENFANTS DE 0 À 1 AN**

Assistés depuis le 1er janvier 1873 jusqu'au 30 juin 1874.

| | | | | |
|---|---|---|---|---|
| Nombre des admis : 39 | Placements de Seine-et-Oise. 21 | Alimentation au sein. 2 (1). | Sortis..... | » |
| | | | Décédés... | » |
| | | | Restent... | 2 |
| | | Alimentation artificielle. 19 (2). | Sortis..... | 5 |
| | | | Décédés... | 10 |
| | | | Restent.... | 4 |
| | Placements dans l'arrondissement d'Avallon. 18 | Alimentation au sein. 10 | Sortis..... | » |
| | | | Décédés... | » |
| | | | Restent... | 10 |
| | | Alimentation artificielle. 8 (3). | Sortis..... | » |
| | | | Décédés... | 5 |
| | | | Restent.... | 3 |

(1) Enfants placés par leurs mères, décédées depuis l'époque de l'admission, placements maintenus.

(2) En raison de l'impossibilité de s'assurer le concours de nourrices au sein.

(3) En l'absence de renseignements précis sur la santé des mères (soupçonnées atteintes de syphilis), le placement de ces 8 enfants ne pouvait être effectué que pour l'alimentation artificielle.

## Relevé comparatif de décès d'Enfants assistés.

| ENFANTS DE 1 JOUR A 1 AN. | | | | | | | ENFANTS DE 1 AN A 12 ANS. | | | | | | |
|---|---|---|---|---|---|---|---|---|---|---|---|---|---|
| ENFANTS de Seine-et-Oise, assistés et placés dans le département. | | | NAISSANCES DE : | ENFANTS assistés de la Seine placés dans l'arrondissement d'Avallon (Yonne). | | | ENFANTS assistés de Seine-et-Oise, placés dans le département. | | | ANNÉES : | ENFANTS assistés de la Seine, placés dans l'arrondissement d'Avallon. | | |
| Présents. | Décédés. | P. 0/0. | | P. 0/0. | Décédés. | Présents. | Présents. | Décès. | P. 0/0. | | P. 0/0. | Décès. | Présents. |
| 36 | 30 | 83 | 1863 | 43 | 24 | 55 | 291 | 18 | 6.18 | 1863 | 1.90 | 9 | 470 |
| 31 | 28 | 90 | 1864 | 25 | 13 | 52 | 313 | 13 | 4.15 | 1864 | 1.47 | 7 | 473 |
| 32 | 13 | 40 | 1865 | 46 | 19 | 41 | 295 | 28 | 9.42 | 1865 | 1.61 | 8 | 497 |
| 28 | 15 | 53 | 1866 | 29 | 11 | 37 | 270 | 18 | 5.20 | 1866 | 2.69 | 14 | 520 |
| 26 | 17 | 65 | 1867 | 27 | 11 | 40 | 262 | 21 | 8.01 | 1867 | 1.79 | 10 | 537 |
| 32 | 18 | 36 | 1868 | 41 | 18 | 43 | 311 | 21 | 7.04 | 1868 | 3.18 | 19 | 594 |
| 17 | 8 | 47 | 1869 | 41 | 20 | 48 | 293 | 14 | 8.01 | 1869 | 3.57 | 21 | 588 |
| 34 | 22 | 64 | 1870 | 30 | 14 | 42 | 266 | 29 | 10.80 | 1870 | 2.02 | 11 | 543 |
| 25 | 12 | 48 | 1871 | 20 | 8 | 40 | 311 | 17 | 6.43 | 1871 | 1.06 | 6 | 567 |
| 43 | 26 | 60 | 1872 | 31 | 12 | 68 | 341 | 24 | 7.38 | 1872 | 1.11 | 6 | 541 |
| 284 | 189 | | | | 150 | 436 | 2.953 | 203 | | | | 111 | 5.354 |
| 66.54 0/0. | | | | 22.40 0/0. | | | 6.85 0/0. | | | | 2 0/0. | | |

| Condition : alimentation artificielle, placements chez des indigents, surveillance illusoire, service médical non-assuré. | Condition : alimentation au sein, surveillance rigoureuse, service médical assuré. | Condition : placements peu aisés, agglomération d'enfants, service médical irrégulier. | Condition : placements aisés, surveillance rigoureuse, service médical fonctionne régulièrement. |
|---|---|---|---|

## TABLE ALPHABÉTIQUE DES MATIÈRES.

### A



### B



### C

**D**